高等职业教育"十二五"规划教材
汽车专业工作过程导向职业核心课程双证系列教材
人力资源和社会保障部职业技能鉴定中心组编

汽车保险与理赔
一体化项目教程

（第二版）

主　编　蔡文创

副主编　田井贵　翟炳锋　刘　浩

主　审　吕惠敏

上海交通大学出版社

内 容 简 介

本书是根据汽车专业所面向的主要就业岗位调查,组织召开汽车保险销售与保险理赔岗位工作任务分析研讨会,以工作过程中所需知识与技能为核心,整合为"汽车保险与理赔"课程。主要内容包括:车辆风险的识别与控制、汽车保险介绍、汽车保险产品介绍、汽车保险销售、制订投保方案、签订汽车保险合同、报案受理与派工、交通事故责任认定、交通事故现场查勘、事故车辆损失确定、汽车保险赔案缮制、汽车保险核赔与结案等12个典型的工作任务。通过对典型工作任务的解决,重点介绍汽车保险、汽车销售与汽车保险理赔等方面的知识与技能。强调按企业实际工作过程来培养学生汽车保险销售、汽车保险理赔等专业能力和职业核心能力。

本书可作为高职高专、技工院校、普通高校、远程教育和培训机构的汽车保险与理赔教材,也可作为各类汽车商务与保险从业人员的培训、自学教材与职业鉴定前的应试教材。

为了方便老师教学及学生自学,本书配有多媒体课件,欢迎读者来函来电索取。联系电话(021)61675263;电子邮箱:shujun2008@gmail.com。

图书在版编目(CIP)数据

汽车保险与理赔一体化项目教程/蔡文创主编. —2版. —上海:上海交通大学出版社,2015(2017重印)
汽车专业工作过程导向职业核心课程双证系列教材
ISBN 978-7-313-08163-6

Ⅰ.汽… Ⅱ.蔡… Ⅲ.汽车保险—理赔—中国—职业教育—教材 Ⅳ.F842.63

中国版本图书馆 CIP 数据核字(2012)第 026077 号

汽车保险与理赔一体化项目教程
(第二版)
蔡文创 主编
上海交通大学出版社出版发行
(上海市番禺路951号 邮政编码200030)
电话:64071208 出版人:郑益慧
上海天地海设计印刷有限公司 印刷 全国新华书店经销
开本:787mm×1092mm 1/16 印张:18 字数:416千字
2012年6月第1版 2015年8月第2版 2017年1月第4次印刷
ISBN 978-7-313-08163-6/F 定价:45.00 元

序

随着社会经济的高速发展和现代制造业的不断升级，我国对技能人才地位和作用的认识得到了空前的提高，技能人才的价值越来越得到认可。如何培养符合未来中国经济社会发展需要的技能人才也得到社会的广泛关注。

人力资源和社会保障部职业技能鉴定中心、中国就业培训技术指导中心担负着为我国就业和职业技能培训领域提供技术支持和技术服务的重要任务。在新的形势下，为各类技工院校、职业院校和培训机构提供技能人才培训、培养模式及方法等方面的技术指导尤为重要。在党中央国务院就业培训政策方针指引下，中心结合国情，开拓创新思路，探索培训方式，研究扩大就业，提供技术支持，为国家就业服务和职业培训鉴定事业的发展，提供了强有力的支撑。与此同时，中心不断深化理论研究，注重将理论转化为实践，成果也十分明显，由中心组编的"汽车专业工作过程导向职业核心课程双证系列教材"便是这种实践成果之一。

我国作为世界汽车生产和消费大国，汽车产业的快速发展和汽车消费的持续增长，为国民经济的增长产生了巨大拉动作用。近年来，我国汽车专业职业教育事业取得了长足发展，为汽车行业输送了大量的人才。随着汽车产业的迅猛发展，社会对汽车专业人才提出了更高的要求。进一步深化人才培养模式、课程体系和教学内容的改革，不断提高办学质量和教学水平，培养更多的适应新时代需要的具有创新能力的高技能、高素质人才，是汽车专业教育的当务之急。

作为汽车专业教育的重要环节，教材建设肩负着重要使命，新的形势要求教材建设适应新的教学要求。职业教育教材应针对学生自身特点，按照技能人才培养模式和培养目标，以应用性职业岗位需求为中心，以素质教育、创新教育为基础，以学生能力培养、技能实训为本位,使职业资格认证培训内容和教材内容有机衔接,全面构建适应 21 世纪人才培养需求的汽车类专业教材体系。

　　我热切地期待,本系列教材的出版将对职业教育汽车类专业人才的培养和教育教学改革工作起到积极的推动作用。

　　　　　　　　　　　　　　　　　　人力资源和社会保障部职业技能鉴定中心主任
　　　　　　　　　　　　　　　　　　中国就业培训技术指导中心主任

　　　　　　　　　　　　　　　　　　　　　　　　　　　2011 年 5 月

目 录

第一部分

课程整体设计

1. 课程整体设计

本课程按照汽车保险实际工作内容进行设置,包括汽车保险销售与汽车保险理赔两个教学项目,12 个典型工作任务,具体的教学安排建议如下表。

项目名称	工作任务	课时分配
汽车保险销售	识别和控制车辆风险	4
	介绍汽车保险	4
	介绍汽车保险产品	6
	销售汽车保险	6
	制订投保方案	6
	签订保险合同	4
汽车保险理赔	报案受理与调度派工	4
	交通事故责任认定	4
	交通事故的现场查勘	8
	确定事故车辆损失	6
	汽车保险赔案缮制	4
	汽车保险核赔与结案	4

项目一　汽车保险销售,将汽车保险销售过程分为 6 个步骤。在各个步骤中学习销售过程中所用到的保险基本知识、汽车保险产品介绍、投保方案设计、保险合同签订等方面的内容,并运用到各情景任务操作中。

项目二　汽车保险理赔,根据保险理赔的工作程序,将汽车保险理赔分为 6 个步骤,通过对各个步骤的操作,学习汽车保险理赔过程当中所运用到的保险受理与调度、现场查勘、车辆定损、赔案缮制、核赔与结案等知识与技能。

2. 课程目标设计

能识别客户车辆面临的风险,并提出风险控制的建议。

能介绍汽车保险的作用,并能运用汽车保险原则对保险事故进行分析。

能介绍各汽车保险险种的特点、承保范围及责任免除。

笔记

知道汽车保险销售的流程,并能进行汽车保险的销售。

能制订汽车保险投保方案。

能签订汽车保险合同。

能对出险报案进行受理,并进行查勘调度派工。

知道交通事故的处理程序,并能认定简单交通事故的责任。

能进行交通事故的现场查勘。

能确定事故车辆的损失。

能进行汽车保险赔案缮制工作。

能对汽车保险赔案进行核赔,并进行结案操作。

在完成任务的过程中,培养良好的沟通能力和团队合作能力,增强服务意识。

3. 课程教学资源要求

师资要求:建议中级以上职称,或具有汽车保险销售、汽车保险理赔等企业工作经验的老师进行授课。

实训资源:

实训场所名称	实训场所要求	设备序号	设备名称	数量	设备功能
汽车保险与理赔实训室	1. 设有接待前台 2. 有接待顾客,并进行洽谈的场所 3. 能够连接网络	(1)	计算机	5台	辅助教学
		(2)	电话机	2台	工作过程模拟
		(3)	相机	2台	拍摄
		(4)	卷尺	5条	丈量现场
		(5)	印泥	5个	拓印车架号
		(6)	小轿车	1辆	实训用车
		(7)	保险销售单据	5套	销售工作用
		(8)	保险理赔单证	5套	理赔工作用
		(9)	行驶证样本	5份	核实单证
		(10)	驾驶证样本	5份	核实单证
		(11)	事故认定书样本	5份	核实单证
		(12)	保险理赔系统	1套	理赔系统操作

4. 项目设置与项目培养目标分解

序号	项目名称	工作任务	能力(知识、技能、职业素养)	课时分配
1	汽车保险销售	识别和控制车辆风险	(1) 知道风险的含义 (2) 能够识别车辆风险 (3) 知道控制车辆风险的技术	4
		介绍汽车保险	(1) 知道保险的含义和作用 (2) 知道汽车保险的种类 (3) 能够解释汽车保险原则	4
2	汽车保险销售	介绍汽车保险产品	(1) 知道交强险的特点 (2) 知道常见的汽车保险产品特点 (3) 能够介绍各险种内容 (4) 能够介绍保险公司的险种异同	6

笔 记

续 表

序号	项目名称	工作任务	能力(知识、技能、职业素养)	课时分配
2	汽车保险销售	销售汽车保险	(1) 知道汽车保险销售的流程 (2) 能够进行汽车保险销售 (3) 知道汽车保险销售的禁忌	6
		制订投保方案	(1) 能够为客户选择合适的保险公司 (2) 能够制订合理的投保方案 (3) 能够估算保险费 (4) 能够向客户解释投保方案	6
		签订保险合同	(1) 知道汽车保险承保流程 (2) 能够指导投保人进行投保 (3) 能够进行汽车保险初步核保 (4) 能签订汽车保险合同	4
3	汽车保险理赔	报案受理与调度派工	(1) 知道报案受理的工作内容 (2) 知道客服电话礼仪规范 (3) 能够进行报案受理工作 (4) 能够进行调度派工工作	4
		交通事故责任认定	(1) 知道发生交通事故的应对措施 (2) 知道公安机关处理交通事故的程序 (3) 能够确定交通事故处理方法 (4) 能够认定简单的道路交通事故责任	4
		交通事故的现场查勘	(1) 知道交通事故现场查勘的工作内容 (2) 知道交通事故现场的查勘程序 (3) 能够对交通事故现场进行查勘 (4) 能够判断交通事故是否属于保险责任	8
		确定事故车辆损失	(1) 知道事故车辆定损的流程 (2) 能够确定事故车辆损失的项目 (3) 能够确定事故车辆的换修方案 (4) 能够确定车辆的损失费用	6
		汽车保险赔案缮制	(1) 能够审核索赔资料 (2) 能够进行赔款计算 (3) 能够缮制赔款计算书	4
		汽车保险核赔与结案	(1) 知道汽车保险核赔流程 (2) 能够审核汽车保险赔案 (3) 能够进行汽车保险赔付结案 (4) 能够进行汽车保险拒赔工作	4

5. 课程考核方案设计

序号	考核项目	考核任务	考核方案	考核权重(%)
1	汽车保险销售	识别和控制车辆风险	过程考核	5
		介绍汽车保险	过程考核	10
		介绍汽车保险产品	过程考核	10
		销售汽车保险	过程考核	10
		制订投保方案	过程考核	10
		签订保险合同	过程考核	5

续　表

序号	考核项目	考核任务	考核方案	考核权重(%)
2	汽车保险理赔	报案受理与调度派工	过程考核	5
		交通事故责任认定	过程考核	10
		交通事故的现场查勘	过程考核	10
		确定事故车辆损失	过程考核	10
		汽车保险赔案缮制	过程考核	10
		汽车保险核赔与结案	过程考核	5

6. 教学建议

本课程是汽车技术服务专业学生从事汽车保险服务所必修的专业技能核心课程,课程以岗位职业能力为依据,基于岗位工作任务分析选取专业知识,设置学习任务。以汽车保险销售与汽车保险理赔为学习主线,根据认知特点,学习任务之间采用递进结构来展现。本书的项目按工作过程系统化原则进行编写,即参考项目工作流程"咨询—决策—计划—实施—检验—评估",将本书的编写思路确定为:任务情景—相关知识—任务实施—任务评价—学习拓展。

本书建议按工作过程系统化项目教学和任务驱动组织教学,以解决汽车保险销售与汽车保险理赔实际工作的中工作场景任务为引导,将汽车保险知识、汽车保险销售与汽车保险理赔的知识与技能渗透到各个项目或任务中,以工作完成具体的任务展开学习,边学习边做任务。通过12个项目任务的训练,培养学生"接受任务—分析任务—准备相关知识—制订任务实施计划—任务实施—检验与评估"的企业工作或学习的过程能力,实现"做中学,学中做"的一体化教学核心思想。同时,建议建立汽车保险与理赔实训室,模拟企业工作环境,从解决企业工作过程的实际工作岗位任务入手按"任务情景—相关知识—实务实施—任务评估—学习拓展"等五个环节实施项目教学。在教学过程中,体现教师引导、学生训练为主的现代职业教育理念(职业活动行动导向教学法),在培养学生专业能力的同时全过程渗透职业核心能力训练。同时对解决问题的方法进行潜移默化的启发和指导,培养学生的工作职业能力。

第二部分

教 学 内 容

项目一   汽车保险销售

Description 项目描述	王先生新购了一辆车,尚未购买保险,保险销售人员在获得王先生购车的信息后,判断王先生是个比较理想的销售对象,于是开始接触王先生,开展汽车保险销售活动 汽车保险销售人员应当如何开展销售工作
Objects 项目目标	1. 能帮助客户分析车辆风险 2. 能够介绍汽车保险产品 3. 运用销售技巧促成汽车保险销售 4. 能根据客户需要制订投保方案 5. 能签订汽车保险合同
Tasks 项目任务	任务 1.1:识别和控制车辆风险 任务 1.2:认识汽车保险 任务 1.3:介绍汽车保险产品 任务 1.4:销售汽车保险 任务 1.5:制订投保方案 任务 1.6:签订保险合同
Implementation 项目实施	项目实施步骤及其涉及的工作岗位如下图 识别和控制车辆风险 介绍汽车保险 介绍汽车保险产品 —— 销售员 ⇄ 客户 销售汽车保险 制订投保方案 签订保险合同 —— 销售员 ⇄ 核保人 ⇄ 出单员 ⇄ 客户

任务 1.1　识别与控制车辆风险

一、学习目标

通过本任务的学习，你应当：

1. 知道风险的含义；
2. 能够识别车辆风险；
3. 知道控制车辆风险的技术。

二、任务情景

情景描述	客户王先生新购买一款奔驰 S400L 高级轿车，主要是平常上下班代步用，王太太偶尔也会开车，王家还有一个女儿，节假日经常全家驾车外出自驾游，王先生家中有私人的车库。保险工作人员需帮王先生分析车辆使用中的风险，进行风险识别与风险控制
任务目标	1. 识别车辆所面临的风险 2. 评价车辆所面临的风险 3. 对车辆的风险控制提出有效建议

三、相关知识

知识要点 1　什么是风险

1. 风险的概念

风险是损失的不确定性。它有两层含义，一是可能存在损失；二是这种损失是不确定的，如图 1-1-1 所示。所谓不确定性是指：是否发生不确定；发生的时间不确定；发生的空间不确定，即在什么地点发生不确定；发生的过程和结果不确定，即损失程度不确定。

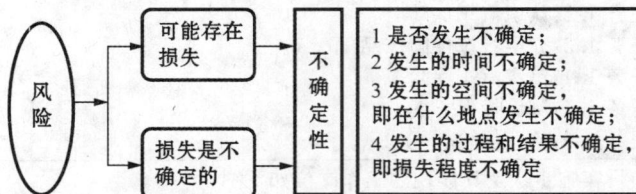

图 1-1-1　风险的不确定性

2. 风险的基本要素

风险的基本要素由风险因素、风险事故和损失构成。

（1）风险因素。

风险因素是指引起或增加风险事故发生的机会或扩大损失幅度的原因和条件。它是风险事故发生的潜在原因，是造成损失的内在的或间接的原因。如抽烟是导致肺癌的重要因素一样，酒后开车、汽车刹车系统失灵则是导致车祸的重要因素。

（2）风险事故。

风险事故是造成生命财产损失的偶发事件,又称风险事件。也就是说,风险事故是损失的媒介,是造成损失的直接的或外在的原因,即风险只有通过风险事故的发生,才能导致损失。如刹车系统失灵酿成车祸而导致人员伤亡,其中,刹车系统失灵是风险因素;车祸是风险事故;人员伤亡是损失。如果仅有刹车系统失灵,而未导致车祸,则不会导致人员伤亡。但有时风险因素与风险事故很难区分,某一事件在一定条件下为风险因素,而在另一条件下则为风险事故。如下冰雹,使得路滑而发生车祸,造成人员伤亡,这时冰雹是风险因素,车祸是风险事故;若冰雹直接击伤行人,则它为风险事故。故而,应以导致损失的原因来区分,导致损失的直接原因是风险事故;导致损失的间接原因则为风险因素。

(3) 损失。

在风险管理中,损失是指非故意的、非预期的和非计划的经济价值的减少。显然,风险管理中的损失包括两方面的条件:一为非故意的、非预期的和非计划的观念;二为经济价值的观念,即损失必须能以货币来衡量。两者缺一不可。如折旧、馈赠,虽有经济价值的减少,但不符合第一个条件;又如某人因病使其智力下降,虽然符合第一个条件,但不符合第二条件,也不能称智力下降为损失。在保险实务中,损失分为直接损失和间接损失,前者是实质的、直接的损失;后者包括额外费用损失、收入损失和责任损失。

(4) 三者关系。

如图 1-1-2 所示,风险是由风险因素、风险事故和损失三者构成的统一体,三者的关系为:风险因素是指引起或增加风险事故发生的机会或扩大损失幅度的条件,是风险事故发生的潜在原因;风险事故是造成生命财产损失的偶发事件,是造成损失的直接的或外在的原因,是损失的媒介。上述三者之间存在着一种因果关系:风险因素增加或产生风险事故;风险事故引起损失。

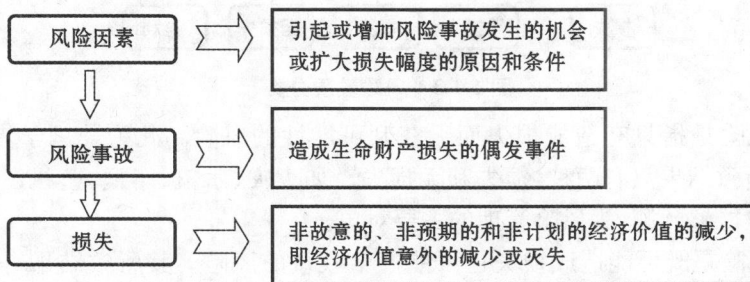

图 1-1-2 风险因素、风险事故和损失的关系

知识链接

风 险 因 素

风险因素根据性质通常分为实质风险因素、道德风险因素和心理风险因素三种类型。

(1) 实质风险因素是有形的并能直接影响事物物理功能的因素。又称物理风险因素,属于有形的因素。即某一标的本身所具有的足以引起或增加损失的机会和损失幅度的客观原因和条件,如汽车的刹车系统失灵是车祸发生的实质风险因素;建筑材料不良是引起建筑物火灾的实质风险因素;环境污染是影响人们健康的实质风险因素。

（2）道德风险因素是与人的品德修养有关的无形的因素,即是由于个人的不诚实、不正直或不轨企图促使风险事故发生,以致引起社会财富损毁或人身伤亡的原因或条件。如保险欺诈、纵火骗赔、盗窃、抢劫、贪污等。

（3）心理风险因素是与人的心理状态有关的无形因素。又称风纪风险因素。它是由于人们主观上的疏忽或过失,以致增加风险事故发生的机会或扩大损失程度的因素。如由于投保人的疏忽,出门忘了锁门;仓库值班人员未尽职守,增加了偷窃风险的发生;停车时未拉手刹。

知识要点 2 风险的类别

对风险的分类有各种各样方法,但基本的分类法如下所示。通过分类有利于我们对风险不确定性的认识、测定和管理。

1. 纯粹风险和投机风险

这是按风险的性质进行的分类,如图 1-1-3 所示。

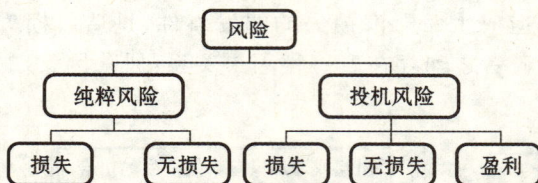

图 1-1-3 风险性质分类

（1）纯粹风险是指只有造成损失而无获利可能性的风险。此为美国学者毛伯莱所创立。纯粹损失所致结果只有两种:损失和无损失。如火灾、水灾、车祸、坠机、死亡、疾病、战争等。纯粹风险能够预测,为风险管理的主要对象。

（2）投机风险是既可能造成损失也可能产生收益的风险。其所致结果有三种可能:损失、无损失和获利。如股市行情的变动、商品价格的涨落、赌博等。保险人对于投机风险一般不予承保。

两者的区别在于:前者总是不幸的,事故发生则可能带来损失,故为人们所畏惧和厌恶;后者由于有可能获利,具有诱惑力,故有些人为了获利,甘愿冒这种风险。在保险活动中,保险公司一般只承保纯粹风险,而不承保投机风险。

2. 静态风险和动态风险

这是按产生风险的环境进行的分类,如图 1-1-4 所示。

（1）静态风险是由于自然力变动或人的行为失常所引起的风险。前者如地震、海难、雹灾等;后者如人的死亡、残疾、盗窃、欺诈等,此类风险大多在社会经济结构未发生变化的条件下发生,因此是静态风险。

```
                           风险
              ┌─────────────┴─────────────┐
          静态风险                      动态风险
   ┌──────────────────┐        ┌──────────────────┐
   │ 静态风险是指在社会经济 │        │ 动态风险是指社会经济、 │
   │ 正常情况下存在的风险，ᅳᅳ│        │ 结构变动或政治变动、  │
   │ 是由于自然力的不规则运动│        │ 科技发展等因素带来的风险。│
   │ 或人们的过失或错误判断等│        └──────────────────┘
   │ 导致的风险          │
   └──────────────────┘
```

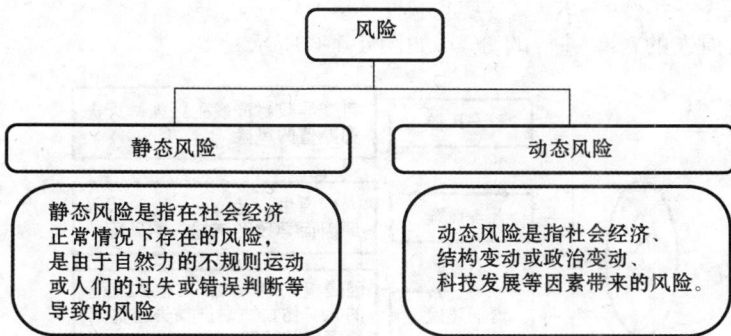

图 1-1-4　风险的环境分类

（2）动态风险是由于人类社会活动而产生的各种风险。例如，政府经济政策的改变、新技术的运用、产业结构的调整、人们消费观念的改变、军事政变等所导致的风险。战争、通货膨胀等，此类风险多与经济及社会变动密切相关。

上述两种风险都具有不确定性，但两者存在一定区别：静态风险的变化比较规则，能较好地适用大数法则，因此能比较好地预测，而动态风险的运动极不规则，难以进行综合预测；静态风险所波及的面只涉及到少数人，而动态风险所涉及的面较为广泛；静态风险总是纯粹风险，动态风险既可能是纯粹风险，也可能是投机风险。

3. 基本风险和特定风险

按风险起源和结果分类，可分为基本风险和特定风险，如图 1-1-5 所示。

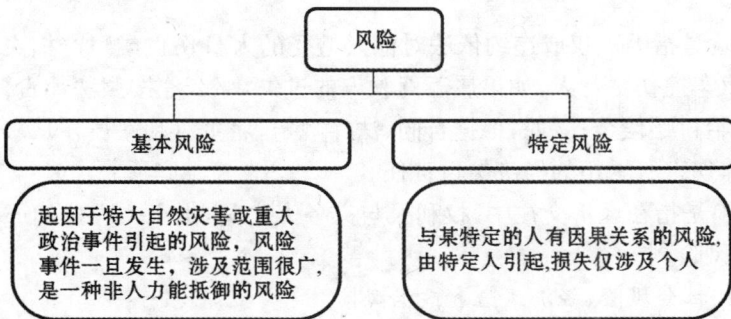

```
                           风险
              ┌─────────────┴─────────────┐
          基本风险                      特定风险
   ┌──────────────────┐        ┌──────────────────┐
   │ 起因于特大自然灾害或重大 │        │ 与某特定的人有因果关系的风险，│
   │ 政治事件引起的风险，风险 │        │ 由特定人引起,损失仅涉及个人 │
   │ 事件一旦发生，涉及范围很广，│        └──────────────────┘
   │ 是一种非人力能抵御的风险 │
   └──────────────────┘
```

图 1-1-5　按风险起因分类

（1）基本风险是风险的起源与影响方面都不与特定的人有关，至少是个人所不能阻止的风险。即全社会普遍存在的风险。这些风险中，可能是与社会、政治有关的风险，如战争、罢工等；也可能是与自然灾害有关的风险，如地震，都属于基本风险。

（2）特定风险是与某特定的人有因果关系的风险。即由特定的个人所引起且损失仅涉及个人的风险。如盗窃、火灾、爆炸导致财产损失的风险。

两者的界定不是绝对的，它随着时代和观念的不同而不同。如失业、车祸和职业灾害过去均认为是特定风险，现在视为基本风险。一般情况而言，特定风险属于纯粹风险；基本风险则包括纯粹风险和投机风险。

4. 财产风险、人身风险、责任风险和信用风险

这是按风险损失的对象进行的分类,如图 1-1-6 所示。

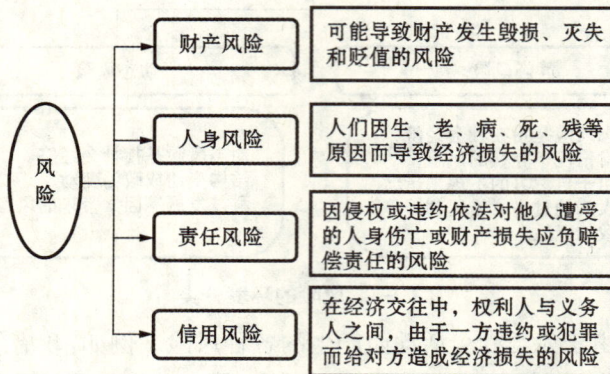

图 1-1-6 按风险损失对象分类

(1) 财产风险是可能导致财产发生毁损、灭失和贬值的风险。例如,厂房、机器设备等因风险事故的发生,一方面直接导致厂房、机器设备的经济价值的减少,另一方面使企业不能再凭借这些厂房、机器设备获取正常的经济利益的利润损失。

(2) 人身风险是指人们因生、老、病、死、残等原因而导致经济损失的风险。如因为疾病、伤残、死亡、失业等导致个人、家庭或企业经济收入减少。生、老、病、死虽然是人生的必然现象,但在何时发生,并不确定,一旦发生,将给其本人或家属在精神和经济生活上造成困难。

(3) 责任风险是指因侵权或违约依法对他人遭受的人身伤亡或财产损失应负赔偿责任的风险。例如,汽车撞伤了行人,如果属于驾驶人的过失,那么他按照法律责任规定,就须对受害人或其家属给付赔偿金;又如,根据合同、法律规定,雇主对其雇员在从事工作范围内的活动中,造成身体伤害所承担的经济给付责任。

(4) 信用风险是指在经济交往中,权利人与义务人之间,由于一方违约或犯罪而给对方造成经济损失的风险。

5. 自然风险、社会风险、经济风险和政治风险

按损失发生的原因进行的分类,可分为自然风险、社会风险、经济风险和政治风险。

(1) 自然风险是指由于自然现象或物理现象所导致的风险。如洪水、地震、风暴、火灾、泥石流等所致的人身伤亡或财产损失的风险。

(2) 社会风险是指由于个人行为的反常或不可预料的团体行为所致损失的风险。如偷窃、抢劫、罢工、动乱、战争等。其产生有两种情况:一是由于个人行为失常,如盗窃、疏忽等而引起损失的风险;二是由于不可预料的团体行为,如罢工、战争等引起损失的风险。

(3) 经济风险是指在产销过程中,由于各种因素的变动或估计的错误,导致产量减少或价格涨跌所致损失的风险。它是在生产经营过程中,由于经营管理不善,市场预测错误,或者其他相关因素的变化导致的企业收入损失甚至破产的风险。

(4) 政治风险是由于种族或宗教的冲突、叛乱、战争所引起的风险。社会风险与政治风险很难严格区分,如社会问题本为社会风险,但很可能因累积过久而导致成为政治问题,从而引起政治风险。

知识要点 3　风险管理

1. 风险管理的概念与目标

风险管理是经济单位透过对风险的认识、衡量和分析,以最小的成本取得最大安全保障的管理方法。风险管理是研究风险发生规律和风险控制技术的一门管理学科,各经济单位通过风险识别、风险估测、风险评价,并在此基础上优化组合各种风险管理技术对风险实施有效的控制和妥善处理风险所致损失的后果,期望达到以最小的成本获得最大安全保障的目标。

> ✎ 知识链接
>
> ### 风险管理目标
>
> 风险管理目标由两个部分所组成:损失发生前的风险管理目标和损失发生后的风险管理目标,前者的目标是避免或减少风险事故形成的机会,包括节约经营成本、减少忧虑心理;后者的目标是努力使损失的标的恢复到损失前的状态,包括维持企业的继续生存、生产服务的持续、稳定的收入、生产的持续增长、社会责任。两者有效结合,构成完整而系统的风险管理目标。
>
> 1. 损失发生前的风险管理目标
>
> (1) 降低损失成本。风险事故的形成势必增加企业的经营成本,影响企业利润计划的实现。因此,企业必须根据本身运作的特点,充分考虑到企业所面临的各项风险因素,并且将这些风险因素可能形成的风险事故进行分析,从经济和技术的角度进行抵御风险的处理,从而使风险事故可能对于企业造成的损失成本为最小,达到最大安全保障的目的。
>
> (2) 减轻和消除精神压力。风险因素的存在对于人们的正常生产和生活造成了各种心理的和精神的压力,通过制定切实可行的损失发生前的风险管理的目标,便可减轻和消除这种压力,从而有利于社会和家庭的稳定。
>
> 2. 损失发生后的风险管理目标
>
> (1) 维持企业的生存。在损失发生之后,企业至少要在一段合理的时间内能部分恢复生产或经营,这是损失发生后的企业风险管理工作的最低目标。只有在损失发生后能够继续维持受灾企业的生存,才能使企业有机会减少损失所造成的影响,尽早恢复损失发生之前的生产状态。
>
> (2) 生产能力的保持与利润计划的实现。这是损失发生后的企业风险管理工作的最高目标。如何使风险事故对于企业所造成的损失为最小,保证企业的生产能力与利润计划不因为损失的发生而受到严重的影响,是企业风险管理工作中必须策划的目标。为了保证这个目标的实现,企业在制定和设计损失发生后的风险管理目标的过程中,就必须根据企业的资本结构和资产分布状况确定消除风险事故影响的最佳经济和技术方案。

笔记

（3）保持企业的服务能力。这是损失发生后的企业风险管理工作的社会义务目标。企业的社会责任之一就是保证其对于社会和消费者所作出的服务承诺的正常履行，这种责任的履行不仅是为了维护企业的社会形象，而且是为了保证企业发挥作为整个社会正常运转的一个链条的作用。所以，对于企业来说，这个目的具有强制性和义务性的特点。

（4）履行社会责任。即尽可能减轻企业受损对其他人和整个社会的不利影响，因为企业遭受一次严重的损失灾难转而会影响到雇员、顾客、供货人、债权人、税务部门以至整个社会的利益。这是损失发生后的企业风险管理工作的社会责任目标。企业作为社会的一部分，其本身的损失可能还涉及到企业员工的家属、企业的债权人和企业所在社区的直接利益，从而使企业面临严重的社会责任压力。

2. 风险管理的基本程序

风险管理的基本程序包括风险识别、风险估测、风险评价、风险控制和管理效果评价等环节，如图 1-1-7 所示。

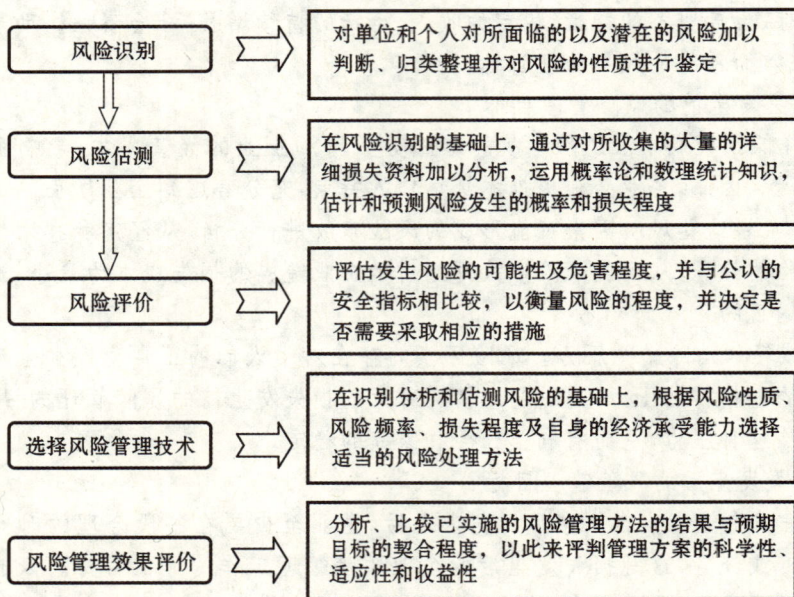

风险识别	⇒	对单位和个人对所面临的以及潜在的风险加以判断、归类整理并对风险的性质进行鉴定
风险估测	⇒	在风险识别的基础上，通过对所收集的大量的详细损失资料加以分析，运用概率论和数理统计知识，估计和预测风险发生的概率和损失程度
风险评价	⇒	评估发生风险的可能性及危害程度，并与公认的安全指标相比较，以衡量风险的程度，并决定是否需要采取相应的措施
选择风险管理技术	⇒	在识别分析和估测风险的基础上，根据风险性质、风险频率、损失程度及自身的经济承受能力选择适当的风险处理方法
风险管理效果评价	⇒	分析、比较已实施的风险管理方法的结果与预期目标的契合程度，以此来评判管理方案的科学性、适应性和收益性

图 1-1-7   风险管理程序

1）风险识别

风险识别是单位和个人对所面临的以及潜在的风险加以判断、归类整理并对风险的性质进行鉴定的过程，它是风险管理的第一步。风险是多种多样错综复杂的，因此，必须采取有效的方法和途径识别潜在风险，并进行经验判断和归纳整理，对风险的性质予以鉴定。对风险的识别，一方面依靠感性认识、经验判断；另一方面，可利用财务分析法、流程分析法、实地调查法等进行分析、归类整理。从而发现各种风险的损害情况以及具有规律性的损害风险。在此基础上，鉴定风险的性质，从而为风险衡量作准备。

风险识别的方法主要有：

（1）现场调查法。现场调查法是风险管理部门通过现场考察企业的设备、财产以及生产流程发现许多潜在风险并能及时地对风险进行处理的方法，可见现场调查法对风险识别的重要性。

（2）风险列举法。风险列举法是风险管理部门根据本企业的生产流程按生产环节的先后顺序进行风险排列的方法。一般从列出企业购买过程可能遇到的风险开始，继而列出生产过程、销售过程可能面临的所有风险因素。

（3）生产流程图法。这种方法是在列举法的基础上发展起来的。它是风险管理部门根据生产流程图从企业原材料、电力等投入开始，经生产过程，到产品抵达消费者手中，将其间一切环节系统化、顺序化，制成流程图，以便发现企业面临的风险。该方法的优点是简明扼要，可以揭示生产过程中的薄弱环节。

（4）财务报表分析法。财务报表分析法是按照企业的资产负债表、财产目录、损益计算书等资料，对企业的固定资产和流动资产的分布进行风险分析，以便从财务的角度发现企业面临的潜在风险和财务损失。

风险管理部门在风险识别的过程中，可以选择上述的一种方法，也可以选择几种方法的组合。

2）风险估测

风险估测是指在风险识别的基础上，通过对所收集的大量的详细损失资料加以分析，运用概率论和数理统计，估计和预测风险发生的概率和损失程度。风险估测的内容主要包括损失频率和损失程度两个方面。风险频率的高低取决于风险单位数目、损失形态和风险事故；损失程度是指某一特定风险发生的严重程度。风险估测不仅使风险管理建立在科学的基础上，而且使风险分析定量化，损失分布的建立、损失概率和损失期望值的预测值则为风险管理者进行风险决策、选择最佳管理技术提供了可靠的科学依据。它要求从风险发生频率、发生后所致损失的程度和自身的经济情况入手，分析自己的风险承受力，为正确选择风险的处理方法提供根据。

3）风险评价

是在风险识别和估测的基础上，对风险发生的概率、损失程度，结合其他因素全面进行考虑，评估发生风险的可能性及危害程度，并与公认的安全指标相比较，以衡量风险的程度，并决定是否需要采取相应的措施。

4）选择风险管理技术

选择风险管理技术是在识别分析和估测风险的基础上，根据风险性质、风险频率、损失程度及自身的经济承受能力选择适当的风险处理方法的过程。它是根据风险评价结果，为实现风险管理目标，选择最佳风险管理方法与实施。风险管理方法分为控制法和财务法两大类，前者的目的是降低风险频率和减少损失程度，重点在于改变引起风险事故和扩大损失的各种条件；后者是事先做好吸纳风险成本的财务安排。

（1）控制型风险处理技术。

控制型风险管理是指避免、消除或减少风险发生频率及控制风险损失扩大的一种风险管理方法，如图1-1-8所示。

笔记

```
          风险处理技术
     ┌──────────┴──────────┐
  风险控制型              财务型
┌──┬──┬──┬──┐      ┌────┬────┐
风险 风险 损失 集合    风险   风险
避免 预防 抑制 与分散  自留   转移
```

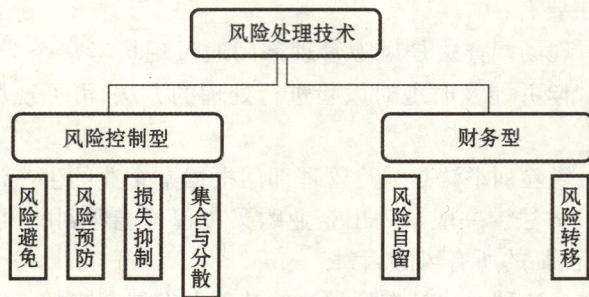

图 1-1-8　风险处理技术

①风险避免。风险避免是放弃某项活动以达到回避因从事该项活动可能导致风险损失的目的。它是处理风险的一种消极方法。通常在两种情况下进行：某特定风险所致损失频率和损失幅度相当高时；在处理风险的成本大于其产生的效益时。避免风险虽简单易行，有时能够彻底根除风险，如担心发生交通事故，可放弃使用汽车等。但有时回避风险放弃了经济利益，增加了机会成本，且避免的采用通常会受到限制。如新技术的采用、新产品的开发都可能带有某种风险，而如果放弃这些计划，企业就无法从中获得高额利润；地震、人的生老病死、世界性经济危机等在现有的科技水平下，是任何经济单位和个人都无法回避的风险。

②风险预防。预防是指在风险发生前为了消除或减少可能引发损失的各种因素而采取的处理风险的具体措施。其目的在于通过消除或减少风险因素而达到降低风险频率的目的。如在长途行车前，认真检查车辆的状况，尤其是车辆的转向系、制动系、轮胎、传动系等，一旦发现故障隐患，及时修理，可降低长途行车中由于车辆故障而产生安全事故的可能性。

③损失抑制。抑制是指风险事故发生时或之后采取的各种防止损失扩大的措施。它是处理风险的有效技术。例如，在机动车中设置被动安全装置如安全气囊、安全带、安全车身等，其目的是控制事故发生时损失扩大。损失抑制常在损失幅度高且风险又无法避免和转嫁的情况下采用。

④集合或分散。集合或分散是集合性质相同的多数单位来直接分担所遭受的损失，以提高每一单位承受风险的能力。就纯粹风险而言，可使实际损失的变异局限于预期一定幅度内，适用大数法则的要求；就投机风险而言，如通过兼并、联营等手段，以此增加单位数目，提高风险的可测性，达到把握风险、分担风险、降低风险成本的目的。

（2）财务型风险处理技术。

由于人们对风险的认识受许多因素的制约，因而对风险的预测和估计不可能达到绝对精确的地步，而各种控制型风险处理方法，都有一定的缺陷。为此，有必要采用财务法，以便在财务上预先提留各种风险准备金，消除风险事故的发生所造成的经济困难和精神忧虑。

财务型风险管理是通过提留风险准备金事先做好吸纳风险成本的财务安排来降低风险成本的一种风险管理方法。即对无法控制的风险事前所做的财务安排。它包括自留和转移两种。

①风险自留。自留是经济单位或个人自己承担全部风险成本的一种风险管理方法，即对风险的自我承担。采取自留方法，应考虑经济上的合算性和可行性。一般来说，在风险所致损失频率和幅度低、损失短期内可预测以及最大损失不足以影响自己的财务稳定时，宜采

用自留方法。

②　风险转移。风险转移是一些单位或个人为避免承担风险损失而有意识地将风险损失或与风险损失有关的财务后果转嫁给另一单位或个人承担的一种风险管理方式。风险转移分为直接转移和间接转移。直接转移是风险管理人将与风险有关的财产或业务直接转移给他人；间接转移是指风险管理人在不转移财产或业务本身的条件下将与财产或业务的风险转移给他人。前者主要包括转让、转包等；后者主要包括租赁、保证、保险等。

上述财务法、控制法的各种形式各有利弊，适用于不同的风险损失类型。现将不同风险损失类型及适宜的处理方法列分析表，见表 1-1-1。

表 1-1-1　风险处理方法列分析表

类　型	风险频率	损失程度	适宜的处理方法
1	低	低	自留
2	高	低	自留或避免
3	高	高	避免或预防
4	低	高	转移或中和

5）风险管理效果评价

风险管理效果评价是分析、比较已实施的风险管理方法的结果与预期目标的契合程度，以此来评判管理方案的科学性、适应性和收益性。由于风险性质的可变性，人们对风险认识的阶段性以及风险管理技术处于不断完善之中，因此，需要对风险的识别、估测、评价及管理方法进行定期检查、修正，以保证风险管理方法适应变化了的新情况。所以，我们把风险管理视为一个周而复始的管理过程。风险管理效益的大小取决于是否能以最小风险成本取得最大安全保障，同时还要考虑与整体管理目标是否一致，具体实施的可行性、可操作性和有效性。

知识要点 4　保险与风险

1. 风险与保险的关系

风险与保险存在着密切关系，表现为：两者的研究对象都是风险，相辅相成，如图 1-1-9 所示。

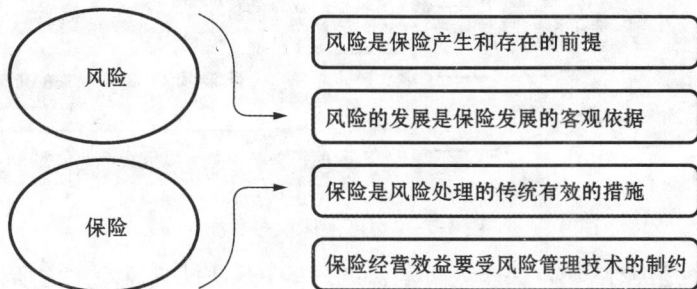

图 1-1-9　风险与保险关系

（1）风险是保险产生和存在的前提。无风险则无保险。风险是客观存在的，时时处处威胁着人的生命和物质财产的安全，是不以人的意志为转移的。风险的发生直接影响社会生产过程的继续进行和家庭正常的生活，因而产生了人们对损失进行补偿的需要。保险是一种被社会普遍接受的经济补偿方式,因此,风险是保险产生和存在的前提,风险的存在是保险关系确立的基础。

(2)风险的发展是保险发展的客观依据。社会进步、生产发展、现代科学技术的应用,在给人类社会克服原有风险的同时,也带来了新风险。新风险对保险提出了新的要求,促使保险业不断设计新险种、开发新业务。从保险的现状和发展趋势看,作为高风险系统的核电、石油化学工业、航空事业的风险,都可以纳入保险的责任范围。

(3)保险是风险处理的传统有效的措施。人们面临的各种风险损失,一部分可以通过控制的方法消除或减少,但风险不可能全部消除。面对各种风险造成的损失,单靠自身力量解决,就需要提留与自身财产价值等量的后备基金,这样既造成资金浪费,又难以解决巨额损失的补偿问题,从而,转移就成为风险管理的重要手段。保险作为转移方法之一,长期以来被人们视为传统的处理风险手段。通过保险,把不能自行承担的集中风险转嫁给保险人,以小额的固定支出换取对巨额风险的经济保障,使保险成为处理风险的有效措施。

(4)保险经营效益要受风险管理技术的制约。保险经营效益的大小受多种因素的制约,风险管理技术作为非常重要的因素,对保险经营效益产生很大的影响。如对风险的识别是否全面,对风险损失的频率和造成损失的幅度估测是否准确,哪些风险可以接受承保,哪些风险不可以承保,保险的范围应有多大,程度应如何,保险的成本与效益的比较等,都制约着保险的经营效益。

2. 可保风险

可保风险是保险人可接受承保的风险。即符合保险人承保条件的风险,是风险的一种形式。如前述,并非所有风险都可以通过保险转移方式转移给保险公司承担。作为保险人乐于承保的风险具有哪些性质呢? 也就是说构成可保风险的条件有哪些呢? 一般而论,可保风险条件如图 1-1-10 所示。

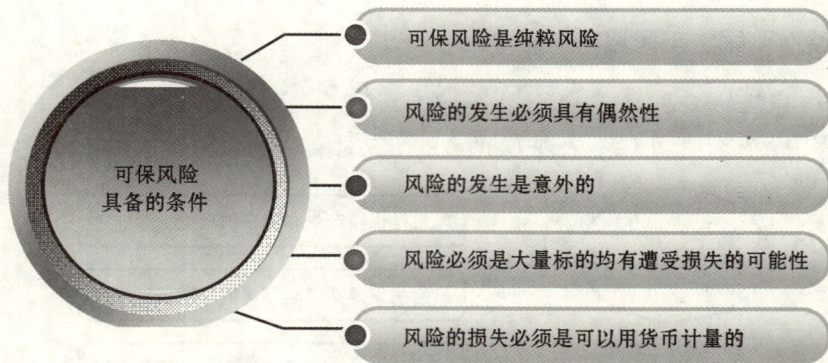

图 1-1-10 可保风险条件

(1)可保风险是纯粹风险,保险人可承保的风险,不是投机风险。之所以可保风险不能是投机风险在于:投机风险的运动不规则,难以运用大数法则准确计量;有些投机风险为国家法律所禁止,不为社会道德所公允;承保投机风险,有可能引起道德风险,使被保险人因投保而获得额外收益,违反保险的原则;承保投机风险将使整个社会失去发展的动力。

(2)风险的发生必须具有偶然性。风险发生的偶然性是指对每一个具体标的而言,若知某一具体标的肯定不可能遭受某种风险损失,则保险就没有必要;反之,则保险人一般不予承保,如自然损耗、折旧等一般属于不保风险,而对于建筑物的火灾风险,在风险事故发生前,人们无法知道火灾是否发生、何时发生,以及发生是否有损失及损失大小,则属于可保风险。

(3)风险的发生是意外的。所谓意外,是非人们的故意行为所致。故意行为容易引起道德风险,为法律所禁止,与社会道德相矛盾;必然发生为人们准确预期。因此,故意行为引起风险及必然发生的风险,都不可能通过保险来转移。如赌博、自然损耗、机器磨损等则为不可保风险,赌博为法律所禁止,自然损耗、折旧为必然,因此就不可能为保险人承保。非意外风险属于不保风险。

(4)风险必须是大量标的均有遭受损失的可能性。这是由于保险需要大数法则作为保险人建立稳固的保险基金的数理基础,只有一个标的或少量标的所具有的风险,是不具备这种基础的。要准确地认识风险,则必须通过大量的风险事故,才可能对风险进行测定,认识风险的运动规律。

(5)风险的损失必须是可以用货币计量的。凡是不能用货币计量其损失的风险是不可保的风险。但对人的保险来说,很难计算一个人的伤残程度或死亡所蒙受损失的价值量,所以死亡给付的标准在出立保单时就确定了。以上五个可保风险条件是相互联系、相互制约的,确认可保风险时,必须将五个条件综合考虑、全面评估,以免发生承保失误。应当指出,可保风险是个相对的概念。在保险的发展史上,可保风险的范围并不是一成不变的。

四、任务实施

任务步骤1　拟定任务实施计划

在机动车的使用过程中,为了达到避免、减少和防范车辆风险的目的,必须对车辆进行风险识别,确定车辆所面临的风险。并在此基础上进行风险的管理,对风险进行估测和评价,针对车辆所存在的风险因素而采取减少和控制风险损失频率和损失程度的技术。车辆风险的识别与控制可按照下面的流程进行,如图1-1-11所示。

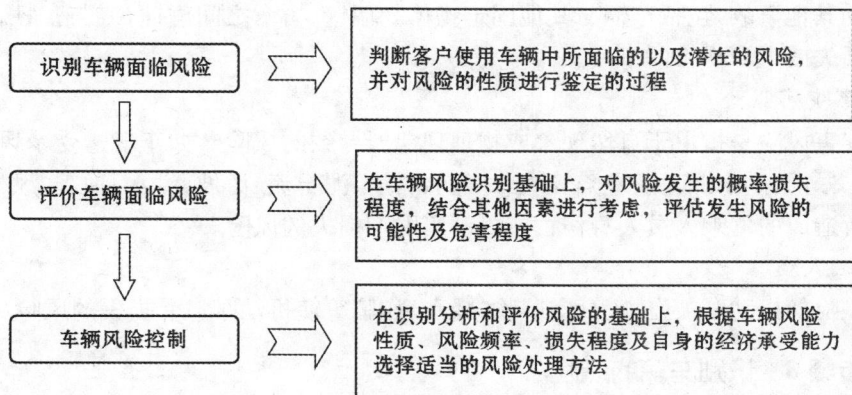

识别车辆面临风险	⇒	判断客户使用车辆中所面临的以及潜在的风险,并对风险的性质进行鉴定的过程
↓		
评价车辆面临风险	⇒	在车辆风险识别基础上,对风险发生的概率损失程度,结合其他因素进行考虑,评估发生风险的可能性及危害程度
↓		
车辆风险控制	⇒	在识别分析和评价风险的基础上,根据车辆风险性质、风险频率、损失程度及自身的经济承受能力选择适当的风险处理方法

图1-1-11　识别和控制车辆风险任务实施流程

任务步骤 2　认知车辆的所面临风险

造成损失的风险事故一般可分为道路交通事故、自然灾害、其他因素所造成的事故。故车辆所面临的风险一般有三类,如图 1-1-12 所示。

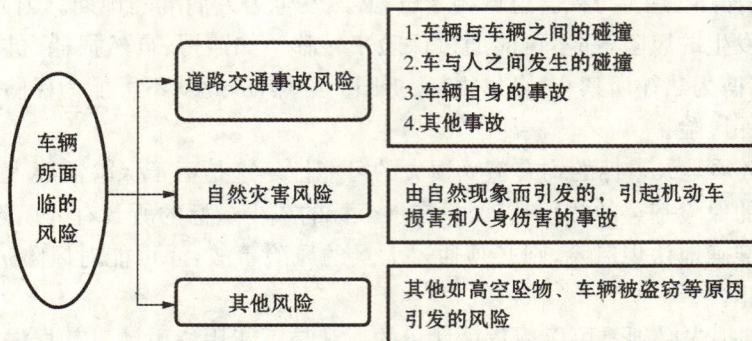

图 1-1-12　机动车辆所面临的风险

1. 道路交通事故风险

1) 车辆与车辆之间的碰撞

车辆与车辆之间的碰撞,是指发生在道路上行驶的各种机动车辆或非机动车辆之间相互碰撞,从而造成财产或人身遭受损害的事故。

2) 车与人之间发生的碰撞

车与人之间发生的碰撞,是指发生在行驶中的各种机动车辆与道路上活动的行人之间相互碰撞,从而造成财产或人身遭受损害的事故。

3) 车辆自身的事故

车辆自身的事故,是指在使用车辆的过程中,由于自行失控、倾覆、坠落、起火、爆炸而引起财产损失或人身伤害的事故。

4) 其他事故

车辆的其他事故,包括车辆与其他固定物体如墙壁、树木之间碰撞,或与畜牲、家禽碰撞造成财产损失或人身伤害的事故。

2. 自然灾害风险

自然灾害风险是指由于自然现象或物理现象所导致的风险。如车辆遭受暴风、龙卷风、雷击、雹灾、暴雨、洪水、海啸、地陷、冰陷、崖崩、雪崩、泥石流、滑坡、洪水、地震、风暴、火灾等自然灾害所造成的驾乘人员人身伤亡或机动车财产损失的风险。

3. 其他风险

其他风险如机动车被盗抢、高空坠物、骚乱、诈骗等使机动车遭受损失的风险。

任务步骤 3　识别车辆的风险

车辆使用过程中,有多种因素会对车辆的风险事故产生影响。不同情况下,车辆所面临的风险不尽相同,在车辆的风险识别中,需根据不同车辆的情况,识别影响车辆风险事故发生的风险因素。识别车辆的风险可按图 1-1-13 所示流程进行。

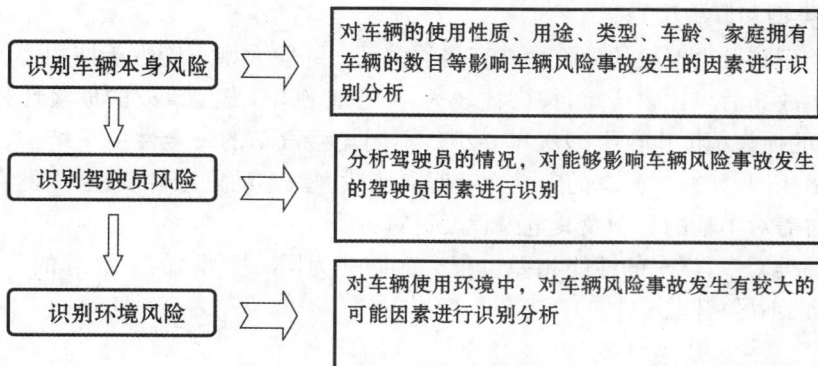

图 1-1-13　识别车辆的风险

1. 识别车辆本身的风险

车辆本身影响风险事故发生的因素如图 1-1-14 所示。

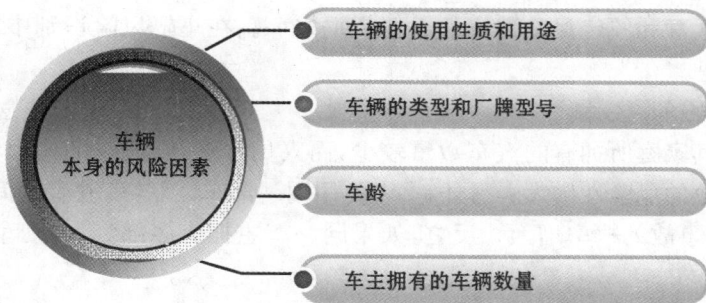

图 1-1-14　影响车辆本身风险的因素

1）车辆的使用性质和用途

车辆使用性质和用途的不同,对车辆行驶里程、使用频率、损耗程度以及技术状况有不同的影响,这些因素对于交通事故发生的概率有较大的影响。车辆的使用性质一般可分为家用和商用、我国的保险实践中以营业和非营业为标准划分。私用车辆一般使用频率较低、年行驶里程较低、其风险发生的概率相对低一些;而商用车辆使用频率一般较高,事故的发生率也较高。所以,车辆的使用性质的不同,发生损失风险的危险也不同。

汽车用途的不同,其危险程度也不同,从而使得用于确定保险费的依据也不同。表 1-1-2 所示是按照车辆的不同用途而进行划分不同层次危险程度的一种方法。

表 1-1-2　不同用途车辆的危险层次

层次	用途	危险程度
1	上班代步、家庭使用、社交活动	小
2	被保险人自身驾驶汽车从事业务活动或处理与职业有关的事务	较小
3	被保险人的家庭活动、娱乐、社交活动以及用于被保险人或其雇主开展商务活动	较高
4	除被保险人的家庭活动、娱乐、社交活动以及用于被保险人或其雇主开展商务活动之外,还包括汽车的租赁和与汽车贸易活动有关的事务	高

2) 车辆类型和厂牌型号

车辆的类型与发生事故的危险性有直接的关系。一般大型车辆由于体积大、功率大,一旦发生交通事故其后果比较严重,损失比较大;而小型汽车,发生事故的危险性相对而言较小一些,事故的损失幅度也比大型汽车要小。不同类型汽车的安全性由于结构、大小不同,其安全性不尽相同,如载货汽车的安全性就明显比载客汽车的安全性要差,因此在识别车辆本身的风险时需对车辆的类型及其危险程度进行分类。

汽车的种类繁多,汽车的性能相差也很大。即使为同一类型、同一品牌的汽车,如型号不同,其性能也不尽相同。

3) 车龄

车龄是指汽车已使用的年限,它与汽车的技术性能有很大的关系,一般条件下,车龄越大的车辆,汽车技术状况就越差,其安全性能也就越差,发生风险事故的概率必然越高。而且车龄与车辆的折旧有很大的关系,直接影响到保险金额的确定,也会影响到车辆的修理成本。所以,在从车费率模式(在厘定费率时,以被保险车辆的风险因素为主)的车辆保险中,车龄是确定保险金额和厘定保险费率的重要依据之一。在车辆风险识别中,需对车辆的车龄进行充分的考虑。

4) 车主拥有的车辆数量

如果车主或其家庭所拥有的汽车数量较少,而人员较多,则汽车的使用频率会很大,从而使汽车发生事故的危险性增大。另外,多人使用同一部车,因各驾驶者之间的驾驶习惯不同,会使汽车发生事故的概率增大。反之,如果同一车主拥有多部汽车,则车辆发生事故的概率会减低。

2. 识别驾驶员风险

驾驶员风险的识别中,分析对风险事故发生有影响的因素,如图 1-1-15 所示。

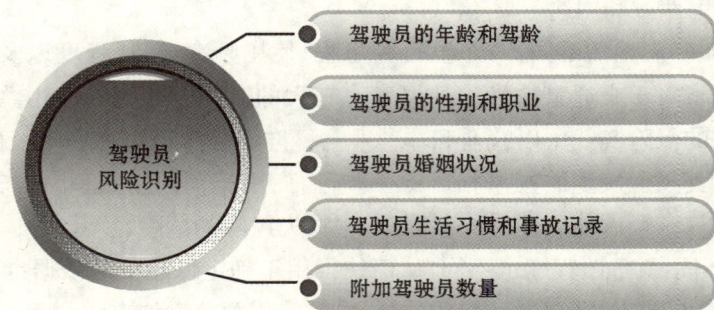

图 1-1-15　识别驾驶员风险

1) 驾驶员的年龄和驾龄

研究表明,驾驶员的年龄是影响交通事故的发生率的因素之一。据统计资料表明,26岁至 30 岁的驾驶员驾车发生事故概率最高,之后逐年下降,大约在 40～50 岁时降到最低,此后略有上升。因交通事故的发生与驾驶员的生理状况和心理状态有很大关系。一般情况下,年轻人的心理尚未成熟,容易争强好胜,驾车时容易超速,因此事故发生率较高,20 岁至30 岁的年轻人正成为考驾照的主力军,学车一族越来越年轻化、学生化,由于新手缺乏经验,在高速公路上很容易出事,现在很多年轻学员拿了驾驶证,却没有能力买车,因此很少驾车,成为名副其实的"本本一族",这些人一旦开车上高速公路就很容易发生交通事故;而老年人的生理机能衰退,反应较为迟钝,事故发生率也较高。所以在识别车辆的风险时应当考虑驾驶员的年龄。

驾驶员的驾龄跟交通事故发生率也有很大关系。就一般而言,新手驾驶车辆往往容易发生交通事故。有关统计资料表明,3年以下驾龄的驾驶员驾驶技巧应对复杂路况的能力不足,遇到紧急情况不能化解或回避,这样就容易发生事故;另外,6年至10年的驾驶员也较容易发生交通事故,此驾龄的驾驶员自认为驾驶技术很好、遇到情况时能轻易处理,驾驶过程中肆意超速行驶、违法变道,往往在不自觉中就引发了交通事故。在进行车辆的风险识别时,驾驶员的驾龄应给予充分的重视。

2)驾驶员的性别和职业

驾驶员的性别与交通事故的发生有很大的关系。由于男性驾驶员驾驶车辆时比女性驾驶员更加容易受到干扰,所以事故的发生率男性比女性要高一些,但当女性驾驶员超过60岁时,其驾驶车辆发生事故的概率要比男性略高。在一般情况下,厘定保险费率时,男性驾驶员应当比女性驾驶员要高一些。

职业对于风险事故发生的影响主要体现在,不同的职业对人的情绪和体力的影响很大,同时也会影响人的心理状态,从而造成对事故发生概率的影响。研究资料表明,不同职业的汽车驾驶员出事故的概率差别很大。例如,从事体力劳动的工人比起行政人员要高。因此,驾驶员的职业反映其生活习惯和生活方式,也影响到汽车保险的使用频率和使用范围,是交通事故的危险因素之一。

3)驾驶员的婚姻情况

驾驶员的婚姻情况也是影响交通事故发生的因素之一。如果驾驶员已经结婚,家庭的责任会促使他小心驾车,从而减低事故发生的概率;反之,如果驾驶员未婚,其驾驶时显然不如已婚者谨慎,容易发生交通事故。所以,识别车辆的风险时,应考虑驾驶员的婚姻情况。

4)驾驶员的生活习惯和事故记录

驾驶员的生活习惯对于驾驶员的安全驾驶也有影响。如驾驶人员有吸烟的习惯,在驾驶过程中吸烟,必然会妨碍其安全驾驶操作。而驾驶员的酗酒对驾驶的安全性影响更加严重,酗酒会导致驾驶员反映迟钝、判断失误,酒后驾车一直是交通事故发生的主要原因之一。

驾驶员的曾经事故记录可以反映此驾驶员驾车发生事故的危险程度,如果驾驶员过去频繁发生交通事故,表明其驾驶技术低下,以后发生交通事故的概率也较高。保险公司在厘定保险费率时,通常会考虑驾驶员以往的事故记录,如果驾驶员有多次发生事故的记录,包括超速驾驶,酒后开车等,其保险费率相应地会增加。

5)附加驾驶员的数量

由于附加驾驶员的个人情况相差较大,显然会增加事故发生的概率。附加驾驶员的人数越多,事故发生的概率也就越大。

3.识别车辆环境风险

1)车辆的行驶范围

车辆行驶的范围对交通事故的发生也有影响。由于各地的情况不相同,车辆行驶的范围越广,车辆与驾驶员需要更多的时间去适应各地的情况,事故发生的概率也会增加。

2) 车辆使用的气候环境

车辆使用地的气候环境对于发生事故会有很多的影响,如果车辆使用的地点,经常有自然灾害,如暴雨、台风等,则车辆发生损失的概率会加大。

3) 车辆使用的道路环境

车辆使用地的道路环境会影响到车辆发生交通事故的概率,如车辆经常在交通条件恶劣的地方行驶,其发生交通事故的概率要比在路况良好的地方行驶时高。

任务步骤 4　评价车辆的风险

在识别车辆风险之后,要对风险发生的概率、损失程度,并结合其他因素进行考虑,评估车辆面临的各种风险发生的可能性及危害程度,如图 1-1-16 所示。

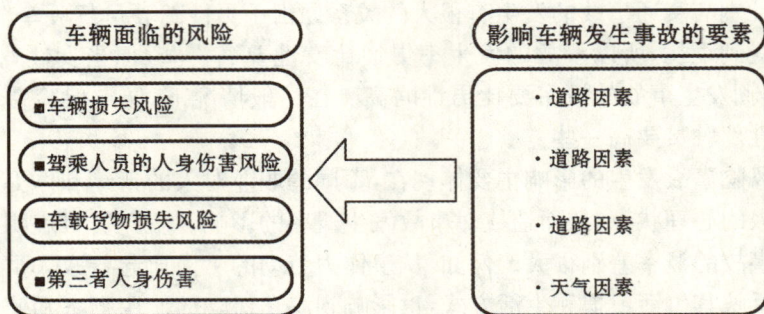

车辆面临的风险		影响车辆发生事故的要素
■车辆损失风险		·道路因素
■驾乘人员的人身伤害风险	⬅	·道路因素
■车载货物损失风险		·道路因素
■第三者人身伤害		·天气因素

图 1-1-16　评价车辆风险

1. 车辆面临的风险

机动车辆发生风险事故,造成损失主要有几个方面。

1) 车辆的损失

由于自然灾害或意外事故造成的车辆损失、车辆被盗、被抢而受到的损失、车辆损坏停驶所造成的损失和费用支出。

2) 车辆驾乘人员人身伤害

由于自然灾害或意外事故造成的自身车辆上驾乘人员的人身伤害、死亡的风险。

3) 车辆运载货物损失

由于自然灾害或意外事故造成的车辆上货物、财产损失的风险。

4) 责任赔偿

车辆发生意外事故,造成第三者人身伤亡、财产损失需要负责的赔偿责任。

就车辆的使用者而言,对各种损失发生的可能性,损失发生的严重程度进行评价,是进行风险处理的基础。

就保险经营者而言,通过风险识别,细分量化上述风险,提醒被保险人采取合理有效的措施,减少或者避免灾害事故的发生,是机动车辆保险经营稳定的前提,也是经营利润的有力保证。

对于机动车辆的保险事故,可能影响事故的发生和损失程度的因素有很多,例如,车辆性能、维护保养状况、道路状况、道路上车辆流量状况、天气条件甚至与驾驶人员的健康状况、心情等等这些因素都可能成为机动车交通事故的直接诱因,研究这些致损原因发生发展的规律,是降低事故发生概率,减少被保险人的损失,实现车险经营利润的有效途径。

2. 影响机动车辆发生事故的要素

1) 道路要素

道路状况是影响机动车交通事故的主要因素之一,拓宽道路、提高道路等级、增加道路上的指示标志等措施,可以加大道路通行能力,减少道路拥堵状况,降低事故发生的频率。

2) 车辆要素

乘用车排气量越大,其可以达到的最高时速就越高,发生事故后车辆自身的损失及对第三者造成的伤害也越大。

商用车吨位越大,发生事故后对第三者造成的损害越大。

车辆不按时进行维修保养,车况没有达到最佳状态,易发生事故。

车辆违反安全装载规定上路,发生事故的概率要远远大于正常情况下的事故概率。

3) 天气要素

天气因素是机动车发生事故的一大诱因,它能影响机动车的性能和行驶状态;有时甚至能直接造成机动车辆的重大损失。2005 年,北京地区的雹灾、福建地区龙王台风形成的大面积水灾,直接造成当地机动车辆几千万元的损失,更不用说分布在各地频发的泥石流、暴雨、暴雪、大雾等自然灾害性的气候造成的损失。

4) 驾驶员要素

驾驶员的身体状况、精神状况、其驾驶车辆时遵纪守法的意识,都有可能对交通事故的发生产生直接影响。

车辆风险的评价就是综合考虑车辆使用时各个要素,评估其损失发生的可能性与损失幅度。

任务步骤 5 控制车辆的风险

1. 机动车拥有者控制车辆风险的措施

对于机动车拥有者、管理者而言,控制车辆的风险,减少车辆风险的发生以及减低损失幅度主要有下述几种方法,如图 1-1-17 所示。

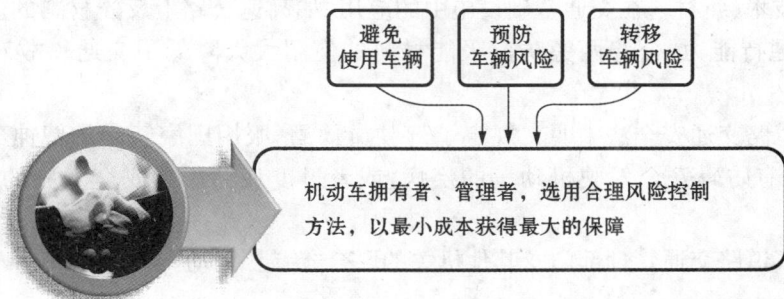

图 1-1-17 个人风险控制方法

1）避免使用车辆

只要使用车辆，就有发生风险事故的可能性，为了尽量避免风险，尽可能地减少车辆的使用。

2）预防车辆风险

在使用车辆的过程中，通过各种方法减少风险事故发生的概率。如谨慎驾驶，严格遵守交通安全规范；加强车辆的维护，提高车辆的安全性能；增加车辆安全设施如倒车雷达，安全气囊等都可以在一定程度上控制车辆风险。

3）转移车辆风险

为避免承担风险损失而有意识地将车辆风险损失或与风险损失有关的财务后果转嫁给另一单位或个人承担。保险是转移车辆风险最常见的一种方式，也是现阶段进行车辆风险控制的最重要的一种方式。我国规定，所有上路行驶机动车辆均需要购买交通事故责任强制保险。在选择保险作为控制车辆风险的方法时，可根据车辆的具体情况，分析各种影响车辆风险的因素，正确评价车辆风险，有选择性地转移车辆的风险，以最小的成本获得最高的风险保障。

2. 保险经营主体控制风险措施

（1）建立与气象部门和地质灾害预测部门的紧密联系，采取合理有效的办法，将这些信息及时送给被保险人，组织自身和社会资源，建立抢险救灾预警机制。

（2）提醒车辆所有者和管理者及时保养车辆，使车辆保持良好的技术状态。

（3）鼓励机动车辆安装超速报警装置，安装超速行驶报警装置。如安装 GPS 系统，在承保时给予足够的费率优惠，用价格杠杆引导投保人的消费行为和安全意识。

（4）利用各种媒体和形式宣传道路安全法规，还可以制作典型案例宣传材料，用实际案例警示交通参与者。

（5）加强基础数据的积累和研究，为车辆主、被动安全设备的研制和推广提供数据支持和资金支持。

3. 从社会整体层面上控制车辆风险

目前，政府和有关主管部门已经采取了诸多积极有效的措施，控制车辆风险。

（1）加大投入，加快建设公路及其基础设施。国家正在重点建设高速公路网，基本形成国家高速公路网骨架。继续完善国道、省道干线公路网络，打通省际间通道。

（2）新技术、新材料在交通基础设施中的应用，如高速公路上反光材料的应用大大提升了车辆夜间通行能力，公路两旁防撞吸能材料的使用大大降低了交通事故对车辆人员的伤害。

（3）在道路交通安全法中明文规定了驾驶员饮酒、服用国家管制的精神药品或者麻醉药品，或者患有妨碍安全驾驶机动车的疾病，或者过度疲劳影响安全驾驶的，不得驾驶机动车。

（4）国家道路交通管理部门及其他机关的联合"治超"行动。

五、任务评价

按照表 1-1-3 对任务 1.1 完成情况进行评价。

表 1-1-3 识别与控制车辆风险考核标准

考核项目	评分标准	分 数	学生自评	小组互评	教师评价	小 计
团队合作	团队和谐 有分工合作 组员积极参与	10				
任务方案	正确、合理	10				
操作过程	说出风险的概念 风险的管理程序清晰 能识别车辆的风险 能够评价车辆的风险 能够提出风险控制方法	70				
任务完成情况	圆满完成	10				
总 分		100				
教师签写		年 月 日		总 分		

六、学习拓展

1. 填空题

(1) 风险的三要素为风险因素、风险事件、_____。

(2) 风险管理的方法有控制型风险处理方法和_____。

(3) 风险是指损失的不确定性,其含义包括存在经济损失和_____。

(4) 损失从广义角度来看包括物质损失和_____。

(5) 风险按能否处理分类可分为可管理风险和_____。

(6) 在现实生活中,众多的风险因素可以分为三种类型,即实质风险、_____、心理风险。

(7) 风险的特征主要体现在风险存在的客观性和普遍性、_____,以及风险具有可变性。

(8) 按照风险的性质,可将风险分为投机风险和_____。

2. 案例策划

河北的张先生购买一辆中国重汽生产的 20 吨的重型汽车,用于到南方跑长途运输,运送蔬菜、水果等,请为张先生拟定减低车辆风险的方案。

任务 1.2　介绍汽车保险

一、学习目标

通过本任务的学习,你应当:

1. 知道保险的含义和作用;
2. 知道汽车保险的种类;
3. 能够解释汽车保险原则。

二、任务情景

情景描述	客户王先生新购买了一款奔驰 S400L 高级轿车,主要是用于平常上下班代步,王太太偶尔也会开车,王先生还有一个女儿,节假日经常全家外出自驾游,王先生家中有私人的车库。王先生认识到使用车辆存在风险,需为车辆购买保险,于是向你询问关于汽车保险方面的事项
任务目标	1. 介绍汽车保险的必要性 2. 介绍不同汽车保险的差异 3. 介绍汽车保险基本原则

三、相关知识

知识要点 1　什么是保险

1. 保险的定义

对保险有多种定义法,这里用一般的定义。保险是保险人通过收取保险费的形式建立保险基金用于补偿因自然灾害或意外事故所造成的经济损失或人身保险事故(包括因死亡、疾病、伤残、年老、失业等)发生时给付保险金的一种经济补偿制度。任何一种保险形式都包括这几个要点:保险人、保险基金和保险事故。

从性质上说,保险是一种经济补偿制度。其中,保险事故是保险合同约定的保险责任范围内的事故,是风险事故的一部分,财产保险的保险事故是保险合同约定的自然灾害或意外事故所造成经济损失的风险事故;人身保险的保险事故是保险合同约定的人遭受生、老、病、死、伤残、失业等风险事故。保险人对保险责任范围内的风险事故所致损失负赔付责任,这是一般意义的解释。从保险定义的外延上看,由于其形式上的差异,保险可分为互助保险、合作保险、社会保险和商业保险等,因而,其定义也有区别。我国《保险法》规定:“保险是投保人根据合同约定,向保险人支付保险费,保险人对于合同约定的可能发生的事故因其发生所造成的财产损失承担赔偿保险金责任,或者当被保险人死亡、伤残、疾病或者达到合同约定的年龄、期限时承担给付保险金责任的商业保险行为”。这说明我国的保险包括这样几层含义:一是商业保险行为;二是合同行为,保险双方当事人建立的保险关系通过订立保险合同进行;三是权利义务行为,保险双方当事人分别承担相应的民事义务,投保人有向保险人缴纳保险费的义务,保险人则在保险事故发生时有向被保险人或受益人承担损失补偿或保险金给付的义务,一方的义务也就是另一方的权利,一方义务的不履行就意味着其相应权利的不享有;四是经济补偿或保险金给付以合同约定的保险事故发生为条件。

汽车保险是以汽车本身及其相关利益为保险标的的一种不定值财产保险。这里的汽车是指汽车、电车、电瓶车、摩托车、拖拉机,以及各种专用机械车、特种车。

汽车保险是财产保险的一种,也称为机动车辆保险,是以汽车(机动车辆)本身及其第三者责任为保险标的的一种运输工具保险。

2. 保险的要素

保险作为一种经济损失补偿方式,其基本要素如图 1-2-1 所示。

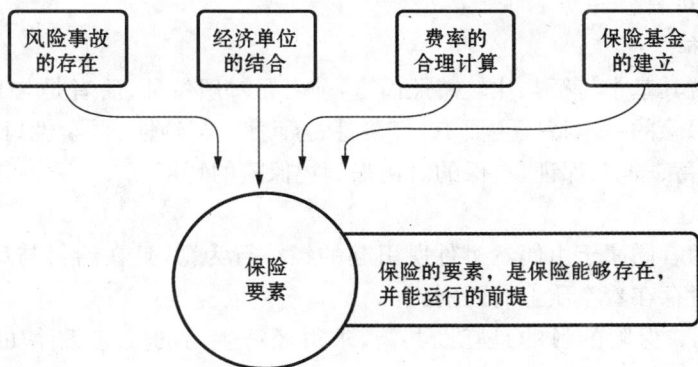

图 1-2-1　保险的要素

1) 风险事故的存在

保险之所以存在并不断发展和完善,就在于它具有补偿风险事故所造成损失的功能,没有风险,保险也就失去了存在的意义。风险是保险存在的前提条件,但并非任何风险都可以保险,只有对特定的风险事故,保险人才承保。

2) 经济单位的结合

保险是通过集合危险实现其补偿职能的,即由多数人参加保险,分担少数人的损失,故保险以多数经济单位的结合为必要条件。所谓"多数"的含义,一般没有具体规定,但必须以收支平衡为最低保险基金,收入应与支出的保险金总额保持平衡。参加保险的经济单位越多,保险基金越雄厚,赔偿损失的能力越强,每个单位的分摊金也相应减少。多数经济单位的结合,一般有两种方式,一是直接结合,即在一定范围内,处在同类危险中的多数经济单位,为一致的利益组成保险结合体。二是间接结合,即由第三者充当保险经营主体,使处在同类危险中的多数经济单位,通过缴纳保险费的方式,由保险经营主体促成其结合。

3) 费率的合理计算

保险不仅是一种经济保障活动,而且也是一种商品交换行为。保险的费率即保险的价格如何制订,是不以人们主观意志为转移的,如果费率制订过高,就会增加被保险人的负担,从而失去保险的保障意义;如果费率制订过低,又无法对被保险人的损失提供可靠的足额补偿,同样会失去保险保障的意义。因此,保险的费率必须进行合理计算。就一般商品而言,其价格制订要考虑成本、平均利润等因素,保险价格同样要依据这这些因素来制订,但由于保险具有自身的核算特点,所以保险的价格制订还要依据概率论、大数法则的原理进行科学计算。

4) 保险基金的建立

保险基金是通过商业保险形式建立起来的后备基金,它是仅用于补偿或给付由于自然灾害、意外事故和人生自然规律所致的经济损失以及人身损害的专项货币基金。保险基金主要来源于开业资金和保险费。就财产保险的保险准备金而言,它表现为未到期责任准备金、赔款准备金、总准备金和其他准备金几种形式;就人寿保险准备金而言,它主要以未到期责任准备金形式存在。保险基金具有其来源的分散性和广泛性,其基金具有退还性、专项性、增值性,赔付责任具有长期性等特点。可见,如无保险基金的建立,也就无保险的补偿和给付,也就无保险可言。

3. 保险的特征

保险的特征就其基本特征与比较特征而言,前者是一般特征;后者是与某特定行为比较来阐述其特征。保险的基本特征主要有:经济性、互助性、契约性、科学性;比较特征包括通过保险与赌博、储蓄、救济、保证、自保的对比来阐述保险的特征。

1) 保险与赌博

保险与赌博两者同属于由偶然事件所引起的经济行为,并且在给付与反给付的总量都是相等的。但两者存在着本质上的区别:

(1) 目的不同。保险的目的是互助共济、求得经济生活的安定;赌博的目的是欺诈坑骗、图谋暴利。

(2) 手段不同。保险的手段是利己利人,以分散风险为原则,以转移风险为动机,以大数法则为计算风险损失的科学依据;赌博是损人利己、冒险获利,完全以偶然性为前提。

(3) 结果不同。保险的结果变偶然事件为必然事件,变风险为安全,是风险的转移或减少;赌博的结果变确定为偶然,变安全为风险,是风险的制造与增加。对标的的要求不同。投保人对保险标的必须具有保险利益,而赌博则不然。

(4) 风险性质不同。保险的风险一般为纯粹风险,而赌博的风险是投机风险。

2) 保险与储蓄

保险与储蓄都是为将来的经济需要进行资金积累的一种形式,但两者存在区别:

(1) 支付的条件不同。保险的赔付是不确定的,无论已经缴付了多少保费和交付时间的长短,只有当保险事故发生时,被保险人才能领取保险金;储蓄支付是确定的,存款人可获得本金,并且随着时间的推移领取利息。

(2) 计算技术要求不同。保险是集合多数经济单位所交的保险费以备将来赔付用,其目的在于风险的共同分担,且以严格的数理计算为基础;储蓄则以自己积聚的金额及其利息,负担将来的所需,不需要特殊的计算技术。

(3) 财产准备的性质不同。保险是多数经济单位所形成的共同准备财产,由保险人统一运用,只能用于预定的损失补偿或保险金给付,不得任意使用,被保险人一般无权干涉;储蓄则是单独形成的准备财产,其所有权归存款人,存款人可以任意提取使用。

(4) 行为性质不同。保险为互助共济的行为,是自力与他力的结合,而储蓄则是个人的行为,无求于他人。

3）保险与保证

保证种类甚多,最普通的保证是对买卖及债务的保证。它们与保险都是为对将来偶然事件所致损失的补偿。但仍有下列区别:

(1)保险是多数经济单位的集合组织;保证仅为个人间法律关系的约束。保险以其行为本身的预想为目的,并不附属于他人的行为而生效;保证则附属于他人的行为而发生效力。因而,保险合同为独立合同,而保证合同为从属合同。

(2)保险合同成立后,投保人必须交付保险费,保险人于保险事故发生时赔付保险金;保证合同成立后,在特定风险事故发生时,就买卖保证而言,仅卖方负一定的义务,并无对价关系;就债务保证而言,仅保证人负责代偿债务的给付,债权人不作任何对等的给付。

(3)保险基于合理的计算,有共同准备财产的形成;保证并无任何精确的计算,仅出于当事人当时心理上或主观上的确信,或有特别的准备财产,但仅为当事人的个人行为。

4）保险和慈善

保险和慈善均为对经济生活不安定的一种补救行为。其目标均为努力使社会生活正常和稳定。两者的区别在于:

(1)保险实行的是有偿的经济保障,慈善实行的则是无偿的经济帮助。前者有偿,后者无偿。保险当事人地位的确定基于双方一定的权利义务关系;慈善的授受双方无对等义务可言,并非一定的权利义务关系。

(2)保险机构是具有互助合作性质的经济实体,慈善机构则完全是依靠社会资助的事业机构。

(3)保险行为受保险合同的约束,慈善事业则是根据社会救济政策履行职责。

(4)保险共同准备财产的形成基于数学计算为基础,慈善则大多为无准备财产,即使有准备财产,也是出资人的自愿行为。

知识要点2　汽车保险的基本与作用

1.保险的职能

1）汽车保险的基本职能

保险的基本职能包括保险的原始与固有的职能。其基本职能有两个:经济补偿职能和保险金给付职能。前者是在发生保险事故造成损失时根据保险合同按所保标的的实际损失数额给予赔偿,这是财产保险的基本职能。同样也是汽车保险的基本职能。

生产力水平的提高、科学技术的发展使人类社会走向文明,汽车文明在给人类生活以交通便利的同时,也给人类带来了因汽车运输中的碰撞、倾覆等意外事故造成的财产损失和人身伤亡。机动车辆在使用过程中遭受自然灾害风险和发生意外事故的概率较大,特别是在发生第三者责任的事故中,其损失赔偿是难以通过自我补偿的。

机动车辆使用过程中的各种风险及风险损失是难以通过对风险的避免、预防、分散、抑制以及风险自留就能解决的,必须或最好通过保险转移方式将其中的风险及风险损失得以在全社会范围内分散和转移,从而最大限度地抵御风险。汽车用户以缴纳保险费为条件,将自己可能遭受的风险成本全部或部分转移给保险人。机动车辆保险是一种重要的风险转移方式,在大量风险单位集合的基础上,将少数被保险人可能遭受的损失后果转移到全体被保险人身上，而保险人作为被保险人之间的中介对其实行经济补偿。通过机动车辆保险，将拥有机动车辆的企业、家庭和个人所面临的种种风险及其损失后果得以在全社会范围内分散与转移。

机动车辆保险是现代社会处理风险的一种非常重要的手段，是风险转移中一种最重要、最有效的技术，是不可缺少的经济补偿制度。

2）汽车保险的派生职能

汽车保险的派生职能是在基本职能的基础上产生的职能。其派生职能是融资职能、防灾防损职能。

（1）汽车保险的防灾防损职能。防灾防损是风险管理的重要内容。而保险经营的是风险，因此，保险本身也是风险管理的一项重要内容，而保险进行风险管理，是体现在防灾防损工作上。保险防灾防损工作的最大特点就在于积极主动地参与、配合其他防灾防损主管部门扩展防灾防损工作。保险防灾防损工作体现于：从承保到理赔履行社会责任；增加保险经营的收益；促进投保人的风险管理意识，从而促使其加强防灾防损工作。

（2）汽车保险的融资职能。保险的融资职能是保险人参与社会资金融通的职能。其融资职能体现在两方面：一方面具有筹资职能；另一方面通过购买有价证券、购买不动产等投资方式体现投资职能。

2. 汽车保险的作用

我国自1980年国内保险业务恢复以来，汽车保险业务已经取得了长足的进步，尤其是伴随着汽车进入百姓的日常生活，汽车保险正逐步成为与人们生活密切相关的经济活动，其重要性和社会性也正逐步突现，作用越加明显。

1）保障保险当事人的合法权益，稳定了社会公共秩序

汽车作为重要的生产运输和代步的工具，成为社会经济及人民生活中不可缺少的一部分，其作用显得越来越重要。汽车作为一种保险标的，虽然单位保险金不是很高，但数量多而且分散，车辆所有者既有党政部门，也有工商企业和个人。车辆所有者为了转移使用汽车带来的风险，愿意支付一定的保险费投保。在汽车出险后，从保险公司获得经济补偿。由此可以看出，开展汽车保险既有利于社会稳定，又有利于保障保险合同当事人的合法权益。

2）促进汽车工业的发展，扩大了对汽车的需求

从目前经济发展情况看，汽车工业已成为我国经济健康、稳定发展的重要动力之一，汽车产业政策在国家产业政策中的地位越来越重要，汽车产业政策要产生社会效益和经济效益，要成为中国经济发展的原动力，离不开汽车保险与之配套服务。汽车保险业务自身的发展对于汽车工业的发展起到了有力的推动作用，汽车保险的出现，解除了企业与个人对使用汽车过程中可能出现的风险的担心，一定程度上提高消费者购买汽车的欲望，从而扩大了对汽车的需求。

3）促进了汽车安全性能的提高，有利于交通安全

在汽车保险业务中，经营管理与汽车维修行业及其价格水平密切相关。原因是在汽车保险的经营成本中，事故车辆的维修费用是其中重要的组成部分，同时车辆的维修质量在一定程度上体现了汽车保险产品的质量。保险公司出于有效控制经营成本和风险的需要，除了加强自身的经营业务管理外，必然会加大事故车辆修复工作的管理，一定程度上提高了汽

车维修质量管理的水平。

汽车保险合同成立后,保险人和被保险人双方具有权利和义务相结合的契约关系。保险人在保险条款中规定被保险人及其允许的驾驶人应当严格遵守交通法规,安全使用车辆,并且有义务经常维护车辆,定期进行检验,保持车辆具有良好的技术状况。对于没有发生事故的车辆,保险公司会在下一年的保险费厘定中减低其费率,以此激励驾驶员安全用车。

同时,汽车保险的保险人从自身和社会效益的角度出发,联合汽车生产厂家、汽车维修企业开展汽车事故原因的统计分析,研究汽车安全设计新技术,并为此投入大量的人力和财力,从而促进了汽车安全性能方面的提高。

4) 汽车保险业务在财产保险中占有重要的地位

目前,大多数发达国家的汽车保险业务在整个财产保险业务中占有十分重要的地位。美国汽车保险保费收入,占财产保险总保费的45%左右,占全部保费的20%左右。亚洲地区的日本和我国台湾汽车保险的保费占整个财产保险总保费的比例更是高达58%左右。

从我国情况来看,随着积极财政政策的实施,道路交通建设的投入越来越多,汽车保有量逐年递增。在过去的20年里,汽车保险业务保费收入每年都以较快的速度增长。在国内各保险公司中,汽车保险业务保费收入占其财产保险业务总保费收入的50%以上,部分公司的汽车保险业务保费收入占其财产保险业务总保费收入的60%以上。汽车保险业务,其经营的盈亏,直接关系到整个财产保险行业的经济效益。

知识要点3 汽车保险的种类

汽车保险分为强制保险和商业保险两大类,目前我国实行的机动车交通事故责任强制保险属于强制保险,其他险种则是商业保险。汽车商业保险又可分为基本险和附加险,由投保人根据自身需要自行选择投保。基本险包括第三者责任险、车辆损失险、全车盗抢险和车上人员责任险;附加险包括车载货物掉落责任险、玻璃单独破碎险、自燃损失险、不计免赔特约险等,附加险不能独立投保,只有投保了相应的基本险后才能投保,如图1-2-2所示。

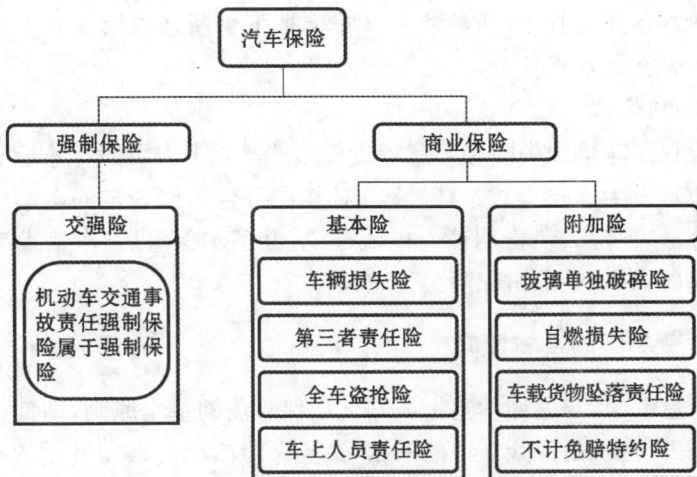

图1-2-2 汽车保险的种类

笔记

1. 汽车保险基本险

1) 车辆损失险

负责赔偿由于自然灾害或意外事故造成的车辆自身的损失。这是车辆保险中最主要的险种。保与不保这个险种,需权衡一下它的影响。若不保,车辆碰撞后的修理费用得全部由自己承担。

2) 第三者责任险

负责保险车辆在使用中发生意外事故造成他人(即第三者)的人身伤亡或财产的直接损毁的赔偿责任。撞车或撞人是开车时最害怕发生的,自己爱车受损失不算,还要花大笔的钱来赔偿他人的损失。因为交强险在对第三者的医疗费用和财产损失上赔偿较低,在购买了交强险后仍可考虑购买第三者责任险作为补充。

3) 全车盗抢险

负责赔偿保险车辆因被盗窃、被抢劫、被抢夺而造成车辆的全部损失,以及其间由于车辆损坏或车上零部件、附属设备丢失所造成的损失。

4) 车上人员责任险

负责保险车辆发生意外事故造成车上人员的人身伤亡的赔偿责任。包括司机和乘客人身伤亡的赔偿责任。

2. 汽车保险附加险

1) 玻璃单独破碎险

车辆在停放或使用过程中,其他部分没有损坏,仅玻璃单独破碎,玻璃的损失由保险公司赔偿。

2) 自燃损失险

对保险车辆在使用过程中因本车电器、线路、供油系统发生故障或运载货物自身原因起火燃烧给车辆造成的损失负赔偿责任。

3) 车载货物坠落责任险

承担保险车辆在使用过程中,所载货物从车上掉下来所造成第三者人身伤亡或财产的直接损毁而产生的经济赔偿责任。

4) 不计免赔特约险

只有在同时投保了车辆损失险和第三者责任险的基础上方可投保本险种。办理了本项特约保险的机动车辆发生保险事故造成赔偿,对其在符合赔偿规定的金额内按基本险条款规定计算的免赔金额,保险人负责赔偿。也就是说,办了本保险后,车辆发生车辆损失险及第三者责任险方面的损失,全部由保险公司赔偿。

知识要点 4　汽车保险基本原则

汽车保险活动过程中,要遵循的基本原则就是保险法的基本原则,即集中体现保险法本质和精神的基本准则,它既是保险立法的依据,又是保险活动中必须遵循的准则。保险法的基本原则是通过保险法的具体规定来实现的,而保险法的具体规定,必须符合基本原则的要求。汽车保险的基本原则如图 1-2-3 所示。

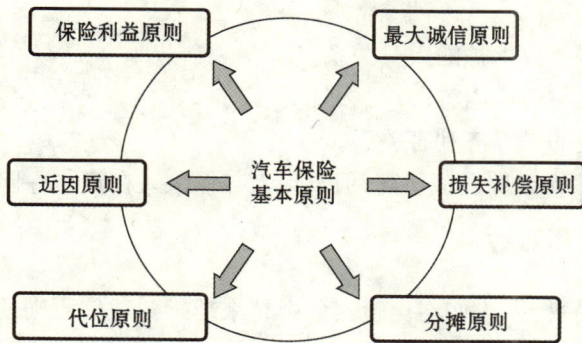

图 1-2-3 汽车保险基本原则

1. 保险利益原则

我国《保险法》第 11 条规定:"投保人对保险标的应当具有保险利益。投保人对保险标的不具有保险利益的,保险合同无效。保险利益是指投保人对保险标的的具有的法律上承认的利益。"保险利益是指投保人对保险标的具有的法律上承认的经济利益,亦称可保利益。例如:某人拥有一辆汽车,如汽车完好,他就可以自己使用,或者通过出租、出售来获得利益;如汽车损毁,他就无法使用,更谈不上出租、出售,经济上就要受到损失。正是因为他对自己拥有的汽车具有经济利害关系,他才考虑汽车的安危,将其投保汽车保险;而保险人也正因为他对这辆汽车具有经济利害关系,才允许他投保。这就说明汽车的所有人对其所拥有的汽车具有保险利益。

保险利益原则主要有两层含义:其一,投保人在投保时,必须对保险标的具有保险利益,否则,保险就可能成为一种赌博,丧失其补偿经济损失、给予经济帮助的功能。其二,是否有保险利益是判断保险合同有效或无效的根本依据,缺乏保险利益要件的保险合同,自然不发生法律效力。

1) 财产保险利益

财产保险的保险标的是财产及其相关利益,其保险利益是指投保人对保险标的的具有法律上承认的经济利益。财产保险的保险利益应当具备 3 个要素:

(1) 必须是法律认可并予以保护的合法利益;

(2) 必须是经济上的利益;

(3) 必须是确定的经济利益。

保险利益原则在保险合同的订立、履行过程中,有不同的适用要求。就财产保险而言,投保人应当在投保时对保险标的具有保险利益;合同成立后,被保险人可能因保险标的的买卖、转让、赠与、继承等情况而变更,因此,发生保险事故时,被保险人应当对保险标的具有保险利益,投保人是否具有保险利益已无关紧要。就人身保险而言,投保时,投保人必须对被保险人具有保险利益,至于发生保险事故时,投保人是否仍具有保险利益,则无关紧要。

2) 人身保险利益

人身保险的保险标的是人的寿命和身体,其保险利益是指投保人对被保险人寿命和身体所具有的经济利害关系。以《保险法》第 52 条规定可以得出,人身保险的保险利益具有以下特点：

（1）是法律认可并予以保护的人身关系；

（2）人身关系中具有财产内容；

（3）构成保险利益的是经济利害关系。

经济利害关系虽然无法用金钱估算，但投保人与保险人在订立保险合同时，可以通过约定保额来确定。

2. 最大诚信原则

由于保险关系的特殊性，人们在保险实务中越来越感到诚信原则的重要性，要求合同双方当事人最大限度地遵守这一原则，故称最大诚信原则。具体讲即要求双方当事人不隐瞒事实，不相互欺诈，以最大诚信全面履行各自的义务，以保证对方权利的实现。最大诚信原则是合同双方当事人都必须遵循的基本原则，其表现为以下几个方面：

1）履行如实告知义务

这是最大诚信原则对投保人的要求。由于保险人面对广大的投保人，不可能一一去了解保险标的的各种情况，因此，投保人在投保时，应当将足以影响保险人决定是否承保，足以影响保险人确定保险费率或增加特别条款的重要情况，向保险人如实告知。保险实务中一般以投保单为限，即投保单中询问的内容投保人必须如实填写，除此之外，投保人不承担任何告诉、告知义务。

投保人因故意或过失没有履行如实告知义务，将要承担相应的法律后果，包括保险人可以据此解除保险合同；如果发生保险事故，保险人有权拒绝赔付等。

2）履行说明义务

这是最大诚信原则对保险人的要求。由于保险合同由保险人事先制定，投保人只有表示接受与否的选择，通常投保人又缺乏保险知识和经验，因此，在订立保险合同时，保险人应当向投保人说明合同条款内容。对于保险合同的一般条款，保险人应当履行说明义务。对于保险合同的责任免除条款，保险人应当履行明确说明义务，未明确说明的，责任免除条款不发生效力。

3）履行保证义务

这里的保证，是指投保人向保险人作出承诺，保证在保险期间遵守作为或不作为的某些规则，或保证某一事项的真实性，因此，这也是最大诚信原则对投保人的要求。

保险上的保证有两种，一种是明示保证，即以保险合同条款的形式出现，是保险合同的内容之一，故为明示。如机动车辆保险中有遵守交通规则、安全驾驶、做好车辆维修和保养工作等条款，一旦合同生效，即构成投保人对保险人的保证，对投保人具有作为或不作为的约束力。另一种是默示保证，即这种保证在保险合同条款中并不出现，往往以社会上普遍存在或认可的某些行为规范为准则，并将此视作投保人保证作为或不作为的承诺，故为默示。如财产保险附加盗窃险合同中，虽然没有明文规定被保险人外出时应该关闭门窗，但这是一般常识下应该做到的行为，这种社会公认的常识，即构成默示保证，也成为保险人之所以承保的基础，所以，因被保险人没有关闭门窗而招致的失窃，保险人不承担保险责任。

4）弃权和禁止抗辩

这是最大诚信原则对保险人的要求。所谓弃权,是指保险人放弃法律或保险合同中规定的某项权利,如拒绝承保的权利、解除保险合同的权利等。所谓禁止抗辩,与弃权有紧密联系,是指保险人既然放弃了该项权利,就不得向被保险人或受益人再主张这种权利。

3. 近因原则

近因原则的含义是:损害结果必须与危险事故的发生具有直接的因果关系,若危险事故属于保险人责任范围的,保险人就赔偿或给付。在实际生活中,损害结果可能由单因或多因造成。单因比较简单,多因则比较复杂,主要有以下几种情况:

1）多因同时发生

若同时发生的都是保险事故,则保险人承担责任;若其中既有保险事故,也有责任免除事项,保险人只承担保险事故造成的损失。

2）多因连续发生

两个以上灾害事故连续发生造成损害,一般以最近的(后因)、最有效的原因为近因,若其属于保险事故,则保险人承担赔付责任。但后因是前因直接自然的结果、合理连续或自然延续时,以前因为近因。

3）多因间断发生

即后因与前因之间没有必然因果关系,彼此独立。这种情况的处理与单因大致相同,即保险人视各种独立的危险事故是否属于保险事故,决定是否赔付。

在汽车保险业务中,近因的确定,对于认定是否属于保险责任具有十分重要的意义。坚持近因原则的目的是为了分清与风险事故有关各方的责任,明确保险人承保的风险与保险标的损失结果之间存在的因果关系。虽然确定近因有其原则性的规定,即以最具作用和最有效果的致损原因作为近因,但在实践中,由于致损原因的发生与损失结果之间的因果关系错综复杂,判定近因和运用近因原则决不是轻而易举的事。

✎ 案例分析

　　在一单人身意外伤害保险中,被保险人在交通事故中因严重的脑震荡而诱发癫狂与抑郁交替症。在治疗过程中,医生叮嘱其在服用药物巴斯德林时切忌进食干酪。但是,被保险人却未遵医嘱,服该药时又进食了干酪,终因中风而亡,据查中风确系巴斯德林与干酪的反应所致。在此案中,相忌的食品与药物所引发的中风死亡,已打断了车祸与死亡之间的因果关系,食用干酪为中风的近因,故保险人对被保险人中风死亡不承担赔偿责任。

4. 损失赔偿原则

1）损失补偿原则的含义

损失补偿原则是指保险标的发生保险责任范围内的损失时,保险人按照合同约定,对被保险人遭受的实际损失进行赔偿。

损害补偿只能使被保险人在经济上恢复到受损前的状态,而不允许被保险人通过额外索赔获得经济利益。

（1）无损失则无赔偿，补偿须以损失的发生为前提。

（2）保险人补偿的损失只能是保险责任范围以内的损失，即由于保险事故所造成的保险标的的损失。

（3）保险赔偿以实际损失为限。

2）损失补偿原则的内涵

（1）赔偿必须在保险人的责任范围内进行，即保险人只有在保险合同规定的期限内，以约定的保险金额为限，对合同中约定的危险事故所致损失进行赔偿。

（2）赔偿额应以实际损失额为限。当保险标的遭受损失后，按照保险合同规定，保险人的赔偿以被保险人所遭受的实际损失为限，不能超过被保险人的实际损失，被保险人不能通过保险获得额外利益。

例：某人投保了车损险，保险金额为 10 万元，后发生保险事故车全部毁损，受损时车辆的市价下跌，仅为 6 万元，则保险人只按实际损失赔偿 6 万元。

（3）赔偿额应当以保险利益为限，保险利益是被保险人向保险人索赔的基本依据，因此实施补偿原则的第三个限度就是以保险利益为限。在机动车辆贷款保险中，如果投保人向贷款人借 10 万元去购买价值 20 万元的汽车，那么贷款人对该汽车的保险利益为 10 万元，并且随着借款人还贷的进程，贷款人的保险利益逐步减少。

（4）损失赔偿是保险人的义务，被保险人提出索赔请求后，保险人应当按主动、迅速、准确、合理的原则，尽快核定损失，与索赔人达成协议并履行赔偿义务；保险人未及时履行赔偿义务时，除支付保险金外，应当赔偿被保险人因此受到的损失。

3）保险人履行损失补偿原则的方式

（1）现金给付。现金给付是财产保险的最常见的损害补偿方式，它简单方便、结案迅速，深受欢迎。汽车保险中的第三者责任险常采用这一补偿方式。

（2）重置。重置是指保险人重新购置与保险标的相同或相似的物品，作为损害的补偿。汽车保险的玻璃单独破碎险一般采用这一方式补偿。

（3）修理。修理是指当保险标的受损时，保险人采用修理的办法，将保险标的的性能恢复到未受损时的情况。车辆损失险一般采用这一形式补偿。

目前的汽车保险条款中一般都规定，因保险事故损坏的被保险机动车和第三者财产，应尽量修复。修理前被保险人应当会同保险人检验，协商确定修理项目、方式和费用。

5. 代位原则

代位原则是指保险人依照法律或保险合同约定，对被保险人遭受的损失进行赔偿后，依法取得向对财产损失负有责任的第三者进行追偿的权利或者取得被保险人对保险标的的所有权。包括代位求偿和物上代位。

1）代位追偿

（1）代位追偿的概念。代位追偿又称权利代位，指在财产保险中，由于第三者的过错致使保险标的发生保险责任范围内的损失，保险人按照合同约定给付了保险金后，依法取得向对损失负有责任的第三者进行追偿的权利。

（2）代位追偿权的范围。保险人通过代位追偿得到的第三者的赔偿额度，只能以保险人支付给被保险人的实际赔偿数额为限，超出部分的权利属于被保险人，保险人无权处理。

保险人向负民事赔偿责任的第三者行使代位请求赔偿的权利,不影响被保险人就未取得赔偿的部分向第三者请求赔偿的权利。

(3)代位追偿的限制。在适用范围上,只适用于财产保险合同,而不适用于人身保险合同。在适用对象上,当第三者是被保险人的家庭成员或其组成人员时,保险人不能向其追偿。但是如果是其故意行为引起保险事故发生,致使保险标的遭受损失的,保险人行使代位权不受以上规定的限制。

(4)代位追偿权的行使。

就投保人而言,不能损害保险人的代位求偿权并要协助保险人行使代位求偿权。

① 如果被保险人在获得保险人赔偿之前放弃了向第三者请求赔偿的权利,那么,就意味着他放弃了向保险人索赔的权利。

② 如果被保险人在获得保险人赔偿之后未经保险人同意而放弃对第三者请求赔偿的权利,该行为无效。

③ 如果发生事故后,被保险人已经从第三者取得赔偿或者由于过错致使保险人不能行使代位求偿权,保险人可以相应扣减保险赔偿金。

④ 在保险人向第三者行使代位求偿权时,被保险人应当向保险人提供必要的文件和其所知道的有关情况。

✎ 想一想

王先生为自己的爱车购买了机动车辆保险后,驾驶途中不慎与迎面的一辆货车相撞,两车各有损失,交警裁定货车对此事故负有主要责任。而王先生考虑到自己的车投了保险,于是与货车车主约定双方责任自负。随后向保险公司提出索赔,但是保险公司作出拒赔处理。保险公司的做法正确吗?

2)物上代位

(1)物上代位权的概念。物上代位权是指保险标的发生保险责任事故遭受损失,保险人在履行了对被保险人的赔偿义务后,代位取得对受损标的的所有权。

物上代位权与保险追偿权不同的是:保险代位权中可以取得的是向第三人的追偿权,而物上代位权中可以取得的是保险标的的所有权。

《保险法》第五十九条规定:"保险事故发生后,保险人已支付了全部保险金额,并且保险金额等于保险价值的,受损保险标的的全部权利归于保险人;保险金额低于保险价值的,保险人按照保险金额与保险价值的比例取得受损保险标的的部分权利。"

例:在保险车辆被盗抢的情况下,保险人赔偿后,如被盗抢的保险车辆找回,应将该车辆归还被保险人,同时收回相应的赔款。如果被保险人不愿意收回原车,则车辆的所有权益归保险人。

(2)产生物上代位权的情形。

① 实际全损。保险标的实际全损,保险人按照实际损失对被保险人进行足额赔偿后,即取得了该保险标的的所有权。

② 委付。是指保险标的的损失程度符合推定全损的情况时,被保险人表示愿意将其对保险标的的一切权利和义务转移给保险人,要求保险人按照实际全损进行赔付的制度。

> ✎ 想一想
>
> 张某将其私有汽车向保险公司投保了车辆损失险保额 10 万元,第三者责任险,保额 4 万元。在保险期间内某一天,该车外出坠入悬崖下一条湍急的河流中,该车驾驶员系张某堂兄,有合格驾驶资格,不幸随车遇难。事故发生后张某向保险公司要保险索赔款。保险公司经过现场查勘,认为地形险要,无法打捞,按推定全损处理,当即赔付张某人民币 10 万元,同时声明:车内尸体及善后处理工作保险公司不负责任,由车主处理。后来,为了打捞堂兄尸体,张某与李某达成协议,双方约定:由李某负责打捞汽车,车内尸体及死者身上采购货物的 2800 元现金归张某,残车归李某,李某向张某支付 4000 元。残车被打捞起来,张某和李某均按约行事,保险公司得知后,认为张某未经保险公司允许擅自处理实际所有权已转让的残车是违法的。双方争执不果而诉讼。保险公司的做法是否合理?

6. 分摊原则

1) 分摊原则的概念

分摊原则是指在投保人善意"重复保险"(同一保险利益、同一保险标的、同一保险事故、同一保险期间、保险金额总和超过保险标的的实际价值)的情况下,当保险事故发生时,由各保险人对被保险人的同一损失实行分摊的原则。分摊原则也是由补偿原则派生出来的,仅适用于财产保险。

2) 比例责任制

比例责任分摊方式,是以保险金额为基础计算分摊责任,即各保险人按其承保的保险金额与各保险人承保保险金额总和的比例分摊责任。其计算公式如下:

$$某保险人责任 = \frac{某保险人的保险金额}{所有保险人的保险金额之和} \times 损失额$$

3) 责任限额制

限额责任分摊方式,是以赔偿限额为基础计算分摊责任,即假设在没有重复保险的条件下,各保险人以其承保的保险金额应付的最高限额与各保险人应负赔偿限额总和的比例分摊责任。其计算公式如下:

$$某保险人责任 = \frac{某保险人独立责任限额}{所有保险人独立责任之和} \times 损失额$$

4) 顺序责任分摊

顺序责任分摊方式是按照各家保险公司出单顺序赔偿,先出单的公司首先在其保险金额限度内负责赔偿,当损失金额超出前一家保额的情况下,由其他保险人按照承保时间的先后顺序在有效保额内依次赔偿。

✎ 案例分析

　　某投保人先后分别与甲、乙、丙三家保险公司签订了一份汽车保险合同。甲、乙、丙公司承保的金额分别为 100 000 元、150 000 元、250 000 元,因发生翻车事故,车辆损失 200 000 元。三家保险公司进行分摊赔偿。

　　1. 采用比例责任制分摊

　　甲保险人应赔付款额为:

$$[100\,000/(100\,000+150\,000+250\,000)]\times200\,000=40\,000(元)$$

　　乙保险人应赔付款额为:

$$[150\,000/(100\,000+150\,000+250\,000)]\times200\,000=60\,000(元)$$

　　丙保险人应赔付款额为:

$$[250\,000/(100\,000+150\,000+250\,000)]\times200\,000=100\,000(元)$$

　　2. 采用责任限额制分摊

　　甲保险人应赔付款额为:

$$[100\,000/(100\,000+150\,000+200\,000)]\times200\,000\approx44\,444(元)$$

　　乙保险人应赔付款额为:

$$[150\,000/(100\,000+150\,000+200\,000)]\times200\,000\approx66\,667(元)$$

　　丙保险人应赔付款额为:

$$[200\,000/(100\,000+150\,000+200\,000)]\times200\,000\approx88\,889(元)$$

　　3. 采用顺序责任分摊

　　甲保险人应赔付款额为:100 000(元)。

　　乙保险人应赔付款额为:100 000(元)。

　　丙保险人应赔付款额为:0(元)。

四、任务实施

任务步骤 1　拟定任务实施计划

　　有些投保人不了解汽车保险的作用,觉得汽车保险用不到,无需购买,或者对于汽车保险活动过程中的各项规则不了解,保险销售人员需要做好解释工作,让投保人意识到汽车保险的必要性,并且懂得在投保保险时和进行保险事故的处理中应该遵循的一些规则。

　　销售人员向顾客介绍汽车保险,可按如图 1-2-4 所示的流程进行。

任务步骤 2　说明汽车保险的必要性

　　介绍汽车保险的必要性,即说明为什么需要购买汽车保险。并说明保险如何运作,如图 1-2-5 所示。

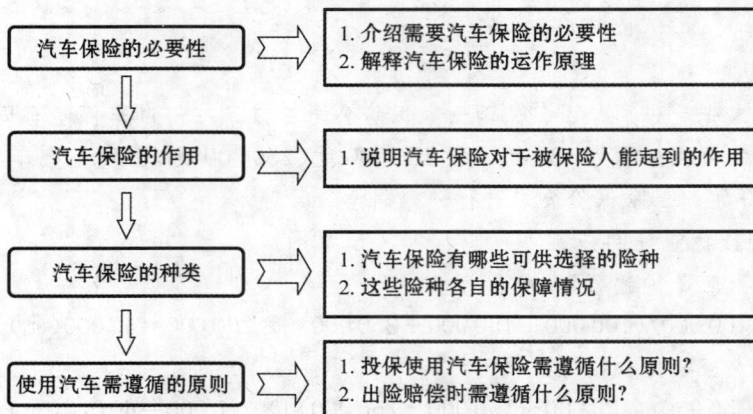

图 1-2-4　介绍汽车保险任务实施流程

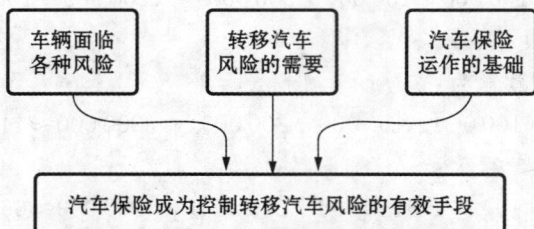

图 1-2-5　介绍汽车保险的必要性

1. 车辆面临各种风险的存在使得汽车保险成为必要

保险与风险同在,无风险则无保险可言。因此,特定的风险事故是保险成立的前提。所谓风险事故,是指可能引起损失的偶然事件,它包含三层意思:第一,事件发生与否很难确定。即事件可能发生,也可能不发生,两种可能同时存在,缺一不可。例如,在使用汽车的过程中,就算是非常谨慎的驾驶员,也不能完全避免发生交通事故,事故发生的原因很多,可能是天气原因,也可能是道路的原因。如果约定的某一事件根本不可能发生,除非心术不正或精神病患者,是不会有人愿意花钱去买这种毫无意义的保险的。反之,如果能确定某一事件一定会发生,承保则意味必然赔偿,无法集合危险、分散损失,也不会有哪家保险公司愿意承担这种无法承担的责任。第二,事件何时发生很难确定。即一些偶然事件虽然可以判断,但究竟何时发生,很难预料。例如,人的生老病死,这是自然规律,但人何时生病、何时死亡,谁都无法预知。第三,事件发生的原因与结果很难确定。即事件的发生是意外的,排除当事人的故意行为及保险标的的必然现象。事件发生若系当事人或其利害关系人的故意行为所致,如谋杀被保险人或被保险人的自杀、纵火等,或保险标的的自然灭失、消耗等,都不属偶然事件。由于偶然事件是"将来的事件",因而,发生与否无法预料,一旦发生将造成多大损失也很难预知。如交通事故的发生有造成人身伤亡与财产损失的可能,但这种潜在性的事故发生时将造成多大的损失,是任何人都无法准确知道的。

2. 转移汽车风险的需要

汽车使用过程中的各种风险无法避免,而保险的存在,是为控制这些风险提供一种有效的方式。购买保险使得被保险人,能够将潜在的风险转移给保险公司。

3. 保险运作的基础

保险是建立在"我为人人,人人为我"这一社会互助基础之上的,其基本原理是集合危险、分散损失。这就要求参加保险者不只是几个人、几个单位。也不只是社会中的少部分人和少部分单位,而是要动员全社会力量,使其众多者参加保险。根据概率论的科学方法,合理地计算出各种保险的保险费率,使每个参加投保者的负担较小的费用。众多投保者所缴纳的保险费,积聚成为巨额的保险基金,从而确保少数人的意外损失获得足额且及时的补偿。没有众人协力,就不可能有保险。

保险的众人协力,其人数虽然不可能具体地划定为几百人或几千人,但为了达到将巨大的损失尽量分散,变成微小的损失,就需要参加保险的人越多越好。无论是相互保险还是保险公司经营的保险都是如此。因为参加保险的人数越多,则损失分得越散,每个成员负担也就越轻;投保者越多,交的保险费就越多,所能积聚起来的保险基金数额就越大,因而对被保险者就越有保障。

任务步骤 3　介绍汽车保险作用

介绍汽车保险的作用,即解释汽车保险能够做什么,对于被保险人能够起到什么作用。

1. 对损失经济补偿是保险基本功能

从严格意义上说,保险本身也不可能消灭危险。虽然,在实际生活中,人们往往习惯将投保行为称之为"买保险",将投保人缴纳保险费,与保险人确立保险合同关系称之为"付出一笔代价买进一个安全",但谁都明白,投保人向保险公司缴了保险费,并非真正买到了一个安全;签订了保险合同,也不意味着此生保险公司就能保证被保险人不出事故。"买保险"、"花钱买安全"一类说法,其确切含义应该是:第一,投了保,由于双方当事人采取了切实有效的安全措施,加强了防灾能力,因而被保险人的安全会更有保障;第二,投了保,缴纳了保险费,在保险有效期间内,即使发生了意外事故,按照约定也会得到相应的损失补偿,迅速恢复原有的经济状况。事实上,投保人支付一笔代价(保险费)后,他所买到的只是一个机会,即将来发生保险事故时可能获得补偿的机会,而不是真正意义上的安全。由此可见,保险的直接功能就是补偿被保险人因意外所受的经济损失,如果投保人在投保后仅仅买到一个观念上的安全,危险事故发生时得不到相应的补偿,是不会有人愿意花钱去买一个毫无实际意义的观念上的安全的。

当然,人们花钱买保险,并不希望危险事故在其身上发生。对于每个投保人来说,宁可经常接受微小数额的损失,却不愿意在较长时间内遭受一次巨大的损失。所谓"经常微小数额"的损失,亦即投保人在保险期间安然无恙,他所缴纳的保险费无疑是一种代价。从这一意义也可以说,投保人这一期间的安全是花钱"买"来的。

2. 汽车保险能减轻汽车使用者的后顾之忧

汽车保险对于被保险人的现实作用在于,当保险事故发生时,保险人给予被保险人的经济赔偿恰好填补被保险人因遭受保险事故所造成的经济损失,将汽车在使用中无法预计的意外损失,变为固定的,少量的保险费用支出,把风险转移给保险公司。一旦保险车辆发生意外事故造成经济补偿,保险公司根据保险条款的规定及时进行经济补偿,确保车辆所有人的运输生产和经济核算的正常运行,以及保障第三者受害人得到经济补偿。

汽车是现代道路交通的高速运输工具,运输效率高,但发生交通事故的可能性大,经济损失严重,建立汽车保险业务,运用保险的方法来解决交通事故后的一系列经济补偿问题,对于减轻汽车使用者的后顾之忧,有效地稳定企业或个人的成本核算,保证税利计划的完成,具有重要作用。

任务步骤4 介绍汽车保险的种类

介绍汽车保险的种类,应该向咨询者说明各种汽车保险的保障范围,哪些保险必须购买,哪些保险可以选择购买;哪些保险是基本险,哪些险种是附加险,如图1-2-6所示。

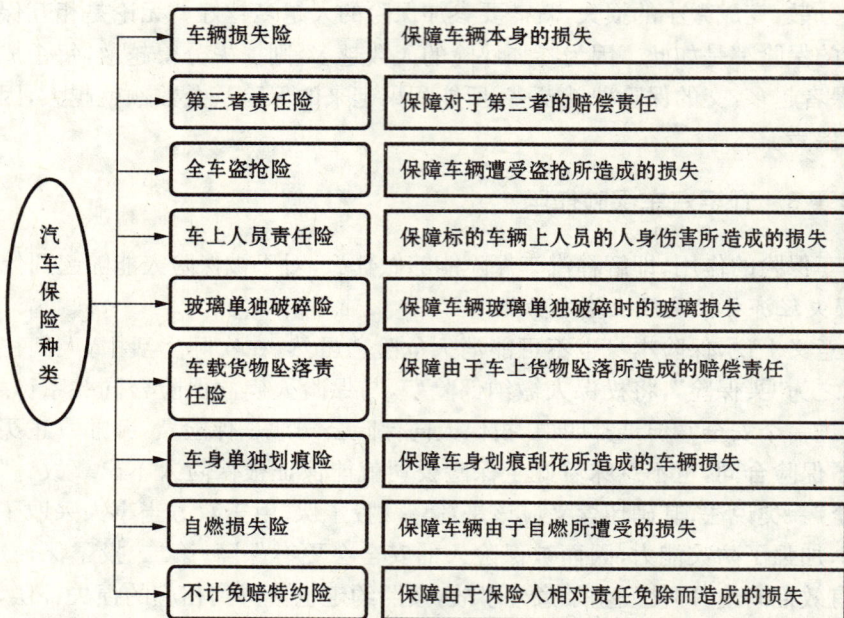

汽车保险种类	险种	保障范围
	车辆损失险	保障车辆本身的损失
	第三者责任险	保障对于第三者的赔偿责任
	全车盗抢险	保障车辆遭受盗抢所造成的损失
	车上人员责任险	保障标的车辆上人员的人身伤害所造成的损失
	玻璃单独破碎险	保障车辆玻璃单独破碎时的玻璃损失
	车载货物坠落责任险	保障由于车上货物坠落所造成的赔偿责任
	车身单独划痕险	保障车身划痕刮花所造成的车辆损失
	自燃损失险	保障车辆由于自燃所遭受的损失
	不计免赔特约险	保障由于保险人相对责任免除而造成的损失

图1-2-6 介绍汽车保险的种类

任务步骤5 介绍汽车保险活动需遵循的原则

汽车保险的基本原则有:保险利益原则、最大诚信原则、近因原则、损失补偿原则、代位原则、分摊原则。这些原则是保险活动中必须遵循的准则。从保险合同的签订、生效、事故后损失的赔偿,整个过程都受到这些原则的制约。

1. 保险利益原则

在投保时,投保人对保险标的应当具有保险利益。投保人对保险标的不具有保险利益的,保险合同无效。在保险利益变化时,保险合同应当进行变更。

2. 最大诚信原则

对于投保人,在投保时,应当将足以影响保险人决定是否承保、足以影响保险人确定保险费率或增加特别条款的重要情况,向保险人如实告知。并保证在保险期间遵守作为或不作为的某些事项,或保证某一事项的真实性。

对于保险人,在订立保险合同时,保险人应当向投保人说明合同条款内容。对于保险合同的条款,保险人应当履行说明义务。

3. 近因原则

判断保险事故是否属于保险责任,适用近因原则,造成标的损失的近因是保险责任范围内的,保险人承担损失赔偿责任;造成保险标的的损失的近因不属于保险责任范围内的,保险人不承担损失赔偿责任。

4. 损失补偿原则

在赔偿处理时,需遵循损失补偿原则,对于保险责任范围内的损失时,保险人按照合同约定,对被保险人遭受的实际损失进行赔偿。损害补偿只能使被保险人在经济上恢复到受损前的状态,而不允许被保险人通过额外索赔获得经济利益。

5. 代位原则

对于赔偿后的标的处理,适用代位原则,保险人对被保险人遭受的损失进行赔偿后,依法取得向对财产损失负有责任的第三者进行追偿的权利或者取得被保险人对保险标的所有权。

6. 分摊原则

对于重复保险的赔偿处理,适用分摊原则,当保险事故发生时,由各保险人对被保险人的同一损失实行分摊。

五、任务评价

按照表 1-2-1 对任务 1.2 完成情况进行评价。

表 1-2-1　介绍汽车保险任务考核标准

考核项目	评分标准	分 数	学生自评	小组互评	教师评价	小 计
团队合作	团队和谐 有分工合作 组员积极参与	10				
任务方案	正确、合理	10				
操作过程	正确解释汽车保险的含义 清楚说明汽车保险的作用 清楚介绍汽车保险的种类 正确介绍汽车保险原则 运用保险原则解决实际问题	70				
任务完成情况	圆满完成	10				
教师签写		年　　月　　日	总　分			

六、学习拓展

1. 填空题

(1) 汽车保险基本险包括车辆损失险和_____两大类。

(2) 汽车保险基本职能是_____。

(3) 汽车保险费率的厘订要遵从合理公平、保障偿付、相对稳定、_____十六字方针。

（4）汽车保险的原则有保险利益原则、最大诚信原则、_____、损失补偿原则、代位原则、分摊原则六种。

（5）保险利益原则适用于财产保险的保险利益和_____。

（6）最大诚信原则的内容包括告知、_____和弃权与禁止反言。

（7）损失补偿原则的派生原则中的分摊原则可分为比例责任制分摊原则和_____两种。

（8）最大诚信原则的内容包括告知、保证、弃权与_____。

（9）投保人必须对保险标的具有_____。

（10）汽车保险的基本职能主要是_____的职能。

2．案例分析

刘先生的富康车投保了第三者责任险。2个月后，刘先生驾车上班，在路口左转弯时，因为没有注意让行主路上的直行车辆，主路上驾摩托车行驶的肖先生被迫紧急躲避而滑倒，造成左腿骨折、身体多处擦伤。经过交警部门认定，刘先生负事故主要责任，肖先生负事故次要责任。事发后，刘先生向保险公司报案并提出索赔申请。

保险公司理赔人员赴现场查勘后，发现这一"奇特"现象：保险车辆本身既没有碰撞，也没有倾覆，更没有和第三者发生任何接触，因此保险车辆本身并没有发生"意外事故"。车辆保险单是这样规定的：被保险人或其允许的合格驾驶员在使用保险车辆过程中，发生意外事故，致使第三者遭受人身伤亡或财产的直接损毁，依法应当由被保险人支付赔偿的金额。那么保险公司对此案要赔偿吗？为什么？

任务 1.3　介绍汽车保险产品

一、学习目标

通过本任务的学习,你应当:

1. 知道交强险的特点;
2. 知道常见的汽车保险产品特点;
3. 能够介绍各险种内容;
4. 能够介绍保险公司的险种异同。

二、任务情景

情景描述	客户王先生新购买一款丰田凯美瑞轿车,王先生非常爱惜车辆,想为汽车购买一份保险,但是面对各个保险公司各个不同的险种,王先生并不了解,王先生想了解一下这方面的情况,保险公司工作人员需帮王先生介绍汽车保险的各个险种情况
任务目标	1. 介绍交强险的特点 2. 介绍各保险险种的内容 3. 介绍说明索赔注意事项

三、相关知识

知识要点 1　机动车交通事故责任强制保险

1. 机动车交通事故责任强制保险的定义

机动车交通事故责任强制保险,简称"交强险",于 2006 年 7 月 1 日正式施行,根据配套措施的最终确立,于 2007 年 7 月 1 日正式普遍推行。按照《机动车交通事故责任强制保险条例》(简称"《交强险条例》")的规定:

"本条例所称机动车交通事故责任强制保险,是指由保险公司对被保险机动车发生道路交通事故造成本车人员、被保险人以外的受害人的人身伤亡、财产损失,在责任限额内予以赔偿的强制性责任保险。"

2. 交强险的特点

从广义上讲,交强险属于第三者责任保险的范畴,之所以从中分离,是因为法律赋予其特殊的内涵,以保障交通事故受害人及时得到有效的基本赔偿。交强险是我国第一个法定性的强制保险制度,其本质是责任保险,根据《道交法》和《交强险条例》的规定,交强险具有以下特点:

1) 法定性

交强险源于商业第三者责任保险,保险费率、赔偿额、赔偿程序等基本内容由法律直接或者授权界定,实行统一的保险条款和基础保险费率,投保人不得在保险条款和保险费率之外,向保险公司提出附加其他条件的要求,保险公司不得强制投保人订立商业保险合同以及提出附加其他条件的要求。

2) 强制性

交强险的强制性表现为机动车的所有人或管理人的法定投保义务和保险公司的法定承保义务。《交强险条例》第 39 条规定："凡是在我国境内行驶的机动车辆都应依法购买交强险,否则由公安机关交通管理部门扣留机动车,并依照规定处投保最低责任限额应缴纳的保险费的 2 倍罚款。"即机动车的所有人有法定投保交强险的义务。第 10 条规定:"投保人在投保时应当选择具备从事机动车交通事故责任强制保险业务资格的保险公司,被选择的保险公司不得拒绝或者拖延承保。保监会应当将具备从事机动车交通事故责任强制保险业务资格的保险公司向社会公示。"即经保监会核准的承保交强险的保险公司有法定的承保义务。由此可见,交强险的强制性非常明显。

3) 广泛覆盖性

交强险的广泛覆盖性表现在:一是投保主体的广泛性,凡在道路上行驶的机动车的车主或管理人,都要依法投保交强险;二是交强险的受益人范围和保险公司的赔偿责任范围比较宽广。被保险机动车本车人员、被保险人以外的道路交通事故的受害人,都是受益人,受益人死亡的,其近亲属依法受偿。赔偿范围涵盖了包括精神损害在内的人身伤亡和财产损失,但损失额超过交强险赔偿限额的,以限额封顶。另外,交强险中保险公司的保险责任几乎涵盖了所有道路交通风险。

4) 社会公益性

保障受害人得到及时有效的基本赔偿是设立交强险的首要宗旨。基于这一目标,《交强险条例》要求承保公司在总体上不盈利不亏损的原则上"义务"经营,保险合同不设免赔率和免赔额。为充分体现"以人为本,尊重生命"的设计原则和特点,《道交法》第 76 条明确规定交强险实行"无过错责任"赔偿原则,即无论投保人是否在交通事故中负有责任,被保险机动车发生道路交通事故造成本车人员和被保险人以外的受害人人身伤亡、财产损失的,由保险公司依法在交强险责任限额范围内先行赔偿,凸显交强险制度的公益性功能。

3. 交强险与商业三责险的区别

"商业三责险"的定义在保险条款中一般表述为:投保人或其允许的合法驾驶员在使用保险车辆过程中,发生意外事故致使第三者遭受人身伤亡和财产的直接损失,依法应由投保人支付的赔偿金额,保险人依照法律和保险合同的规定给予赔偿。交强险在《交强险条例》中的定义是:由保险公司对被保险机动车发生道路交通事故造成本车人员、投保人以外的受害人的人身伤亡、财产损失,在责任限额内进行赔偿的强制性责任保险。两者间的不同点如下:

1) 强制投保和强制承保

交强险的强制性表现在所有上道路行驶的机动车的所有人或管理人必须依法投保该险种;跟商业三责险不同,《条款》规定具有经营交强险资格的保险公司不能拒绝承保和随意解除合同。而商业三责险是纯粹的商业保险,由双方当事人自愿协商一致而成立的,格式合同(条款)不排斥自愿性。对于是否投保、选择哪家保险公司投保,投保人均有自主决定权,保险人是否承保也有自主决定权。

2) 赔偿原则不同

根据《道路交通安全法》的规定,对机动车发生交通事故造成人身伤亡、财产损失的,由保险公司在交强险责任限额范围内予以赔偿。而商业三责险中,保险公司是根据投保人或被保险人在交通事故中应负的责任来确定赔偿责任。

3）保障范围不同

除了《条例》规定的个别事项外，交强险的赔偿范围几乎涵盖了所有道路交通责任风险。而商业三责险中，保险公司不同程度地规定有免赔额、免赔率或责任免除事项。

4）索赔方式不同

商业三责险在出险后必须由投保人向保险人提出索赔，保险人履行保险合同约定的赔付义务。而交强险在出险后可以由受害人直接向保险人索赔，保险人须先行在责任限额内向受害人赔付。

4．机动车交通事故责任强制保险条款

1）总则

根据《中华人民共和国道路交通安全法》、《中华人民共和国保险法》、《机动车交通事故责任强制保险条例》等法律、行政法规，制定本条款。

机动车交通事故责任强制保险（以下简称交强险）合同由本条款与投保单、保险单、批单和特别约定共同组成。凡与交强险合同有关的约定，都应当采用书面形式。

交强险费率实行与被保险机动车道路交通安全违法行为、交通事故记录相联系的浮动机制。

签订交强险合同时，投保人应当一次支付全部保险费。保险费按照中国保险监督管理委员会（以下简称保监会）批准的交强险费率计算。

2）定义

（1）被保险人。交强险合同中的被保险人是指投保人及其允许的合法驾驶人。

（2）投保人。投保人是指与保险人订立交强险合同，并按照合同负有支付保险费义务的机动车的所有人、管理人。

（3）受害人。交强险合同中的受害人是指因被保险机动车发生交通事故遭受人身伤亡或者财产损失的人，但不包括被保险机动车本车车上人员、被保险人。

（4）责任限额。交强险合同中的责任限额是指被保险机动车发生交通事故，保险人对每次保险事故所有受害人的人身伤亡和财产损失所承担的最高赔偿金额。责任限额分为死亡伤残赔偿限额、医疗费用赔偿限额、财产损失赔偿限额以及被保险人在道路交通事故中无责任的赔偿限额。其中无责任的赔偿限额分为无责任死亡伤残赔偿限额、无责任医疗费用赔偿限额以及无责任财产损失赔偿限额。

（5）抢救费用。交强险合同中的抢救费用是指被保险机动车发生交通事故导致受害人受伤时，医疗机构对生命体征不平稳和虽然生命体征平稳但如果不采取处理措施会产生生命危险，或者导致残疾、器官功能障碍，或者导致病程明显延长的受害人，参照国务院卫生主管部门组织制定的交通事故人员创伤临床诊疗指南和国家基本医疗保险标准，采取必要的处理措施所发生的医疗费用。

3）保险责任

在中华人民共和国境内（不含港、澳、台地区），被保险人在使用被保险机动车过程中发生交通事故，致使受害人遭受人身伤亡或者财产损失，依法应当由被保险人承担的损害赔偿责任，保险人按照交强险合同的约定对每次事故在下列赔偿限额内负责赔偿：

（1）死亡伤残赔偿限额为 110 000 元；

（2）医疗费用赔偿限额为 10 000 元；

（3）财产损失赔偿限额为 2 000 元；

（4）被保险人无责任时，无责任死亡伤残赔偿限额为 11 000 元；无责任医疗费用赔偿限额为 1 000 元；无责任财产损失赔偿限额为 100 元。

死亡伤残赔偿限额和无责任死亡伤残赔偿限额项下负责赔偿丧葬费、死亡补偿费、受害人亲属办理丧葬事宜支出的交通费用、残疾赔偿金、残疾辅助器具费、护理费、康复费、交通费、被抚养人生活费、住宿费、误工费，被保险人依照法院判决或者调解承担的精神损害抚慰金。

医疗费用赔偿限额和无责任医疗费用赔偿限额项下负责赔偿医药费、诊疗费、住院费、住院伙食补助费，以及必要的、合理的后续治疗费、整容费、营养费。

4）垫付与追偿

被保险机动车在本条（1）至（4）之一的情形下发生交通事故，造成受害人受伤需要抢救的，保险人在接到公安机关交通管理部门的书面通知和医疗机构出具的抢救费用清单后，按照国务院卫生主管部门组织制定的交通事故人员创伤临床诊疗指南和国家基本医疗保险标准进行核实。对于符合规定的抢救费用，保险人在医疗费用赔偿限额内垫付。被保险人在交通事故中无责任的，保险人在无责任医疗费用赔偿限额内垫付。对于其他损失和费用，保险人不负责垫付和赔偿。

（1）驾驶人未取得驾驶资格的；

（2）驾驶人醉酒的；

（3）被保险机动车被盗抢期间肇事的；

（4）被保险人故意制造交通事故的。

对于垫付的抢救费用，保险人有权向致害人追偿。

5）责任免除

下列损失和费用，交强险不负责赔偿和垫付，绝对不赔：

（1）因受害人故意造成的交通事故的损失；

（2）被保险人所有的财产及被保险机动车上的财产遭受的损失；

（3）被保险机动车发生交通事故，致使受害人停业、停驶、停电、停水、停气、停产、通信或者网络中断、数据丢失、电压变化等造成的损失以及受害人财产因市场价格变动造成的贬值、修理后因价值降低造成的损失等其他各种间接损失；

（4）因交通事故产生的仲裁或者诉讼费用以及其他相关费用。

6）保险期间

除国家法律、行政法规另有规定外，交强险合同的保险期间为一年，以保险单载明的起止时间为准。

7）投保人、被保险人义务

投保人投保时，应当如实填写投保单，向保险人如实告知重要事项，并提供被保险机动车的行驶证和驾驶证复印件。重要事项包括机动车的种类、厂牌型号、识别代码、号牌号码、使用性质和机动车所有人或者管理人的姓名（名称）、性别、年龄、住所、身份证或者驾驶证号码（组织机构代码）、续保前该机动车发生事故的情况以及保监会规定的其他事项。

投保人未如实告知重要事项,对保险费计算有影响的,保险人按照保单年度重新核定保险费的计收。

签订交强险合同时,投保人不得在保险条款和保险费率之外,向保险人提出附加其他条件的要求。

投保人续保的,应当提供被保险机动车上一年度交强险的保险单。

在保险合同有效期内,被保险机动车因改装、加装、使用性质改变等导致危险程度增加的,被保险人应当及时通知保险人,并办理批改手续。否则,保险人按照保单年度重新核定保险费的计收。

被保险机动车发生交通事故,被保险人应当及时采取合理、必要的施救和保护措施,并在事故发生后及时通知保险人。

发生保险事故后,被保险人应当积极协助保险人进行现场查勘和事故调查。

发生与保险赔偿有关的仲裁或者诉讼时,被保险人应当及时书面通知保险人。

8)赔偿处理

被保险机动车发生交通事故的,由被保险人向保险人申请赔偿保险金。被保险人索赔时,应当向保险人提供以下材料:

(1)交强险的保险单;

(2)被保险人出具的索赔申请书;

(3)被保险人和受害人的有效身份证明、被保险机动车行驶证和驾驶人的驾驶证;

(4)公安机关交通管理部门出具的事故证明,或者人民法院等机构出具的有关法律文书及其他证明;

(5)被保险人根据有关法律法规规定选择自行协商方式处理交通事故的,应当提供依照《交通事故处理程序规定》规定的记录交通事故情况的协议书;

(6)受害人财产损失程度证明、人身伤残程度证明、相关医疗证明以及有关损失清单和费用单据;

(7)其他与确认保险事故的性质、原因、损失程度等有关的证明和资料。

保险事故发生后,保险人按照国家有关法律法规规定的赔偿范围、项目和标准以及交强险合同的约定,并根据国务院卫生主管部门组织制定的交通事故人员创伤临床诊疗指南和国家基本医疗保险标准,在交强险的责任限额内核定人身伤亡的赔偿金额。

因保险事故造成受害人人身伤亡的,未经保险人书面同意,被保险人自行承诺或支付的赔偿金额,保险人在交强险责任限额内有权重新核定。

因保险事故损坏的受害人财产需要修理的,被保险人应当在修理前会同保险人检验,协商确定修理或者更换项目、方式和费用。否则,保险人在交强险责任限额内有权重新核定。

被保险机动车发生涉及受害人受伤的交通事故,因抢救受害人需要保险人支付抢救费用的,保险人在接到公安机关交通管理部门的书面通知和医疗机构出具的抢救费用清单后,按照国务院卫生主管部门组织制定的交通事故人员创伤临床诊疗指南和国家基本医疗保险标准进行核实。对于符合规定的抢救费用,保险人在医疗费用赔偿限额内支付。被保险人在交通事故中无责任的,保险人在无责任医疗费用赔偿限额内支付。

9）合同变更与终止

在交强险合同有效期内，被保险机动车所有权发生转移的，投保人应当及时通知保险人，并办理交强险合同变更手续。

在下列三种情况下，投保人可以要求解除交强险合同：

（1）被保险机动车被依法注销登记的；

（2）被保险机动车办理停驶手续的；

（3）被保险机动车经公安机关证实丢失的。

交强险合同解除后，投保人应当及时将保险单、保险标志交还保险人；无法交回保险标志的，应当向保险人说明情况，征得保险人同意。

发生《机动车交通事故责任强制保险条例》所列明的投保人、保险人解除交强险合同的情况时，保险人按照日费率收取自保险责任开始之日起至合同解除之日止期间的保险费。

10）附则

因履行交强险合同发生争议的，由合同当事人协商解决。协商不成的，提交保险单载明的仲裁委员会仲裁。保险单未载明仲裁机构或者争议发生后未达成仲裁协议的，可以向人民法院起诉。

交强险合同争议处理适用中华人民共和国法律。

本条款未尽事宜，按照《机动车交通事故责任强制保险条例》执行。

知识要点2　国内汽车商业保险产品

1. 汽车商业保险险种

汽车商业保险就是机动车辆商业保险。车主投保了国家规定必保的机动车辆交强险后，自愿投保商业保险公司的机动车辆保险。

汽车商业保险主要分为基本险与附加险。基本险是对车辆使用过程中大多数的车辆使用者经常面临的风险给以保障。附加险则是对基本险保险责任的补充，承保的一般是基本险不给予承保的风险。附加险不能单独承保，必须有了相应的基本险之后才能承保。随着汽车保险的发展，基本险和附加险的险种都不断在创新，开发新的险种，使得汽车保险产品的数量及其保障内容都大大增加。

2. 汽车商业保险险种条款

经过多年的发展，为了规范机动车保险行业，促进其有序的竞争，我国在 2006 年 7 月 1 日开始施行保险行业协会统一制定的 A、B、C 三套条款，各保险公司任选其一（天平汽车保险公司除外）使用。A、B、C 三套条款只对车辆损失险和第三者责任险作了统一，其他险种的条款由各保险公司自己制定，报保险监督管理部门备案即可。

2007 年 2 月 27 日保监会对中国保险行业协会申报的《中国保险行业协会关于申报车险A.B.C 三款（07 版）行业条款费率方案的请示》批复。

2007 年 4 月 1 日，正式启用 07 版 A、B、C 三套条款，国内经营车险的保险公司必须任选一款经营（天平汽车保险公司除外）。与 06 版相比，07 版 A、B、C 三套条款涵盖的条款增多。包括车辆损失险、第三者责任险、全车盗抢险、车上人员责任险、玻璃单独破碎险、车身划痕损失险、不计免赔特约险、可选免赔额特约险 8 个险种，如表 1-3-1 所示。

笔记

表 1-3-1　A、B、C 三套条款险种构成

A 款险种组成	B 款险种组成	C 款险种组成
机动车第三者责任险 家庭自用汽车损失险 非营业用汽车损失险 营业用汽车损失险 特种车险 摩托车、拖拉机险 机动车盗抢险 机动车车上人员责任险 玻璃单独破碎险 车身划痕损失险 可选免赔额特约条款 不计免赔特约险	商业第三者责任险 车辆损失险 摩托车、拖拉机险 全车盗抢险 车上人员责任险 玻璃单独破碎险 车身划痕损失险 可选免赔额特约条款 基本险不计免赔特约条款	机动车第三者责任险 机动车损失险 机动车车上人员责任险 机动车全车盗抢损失险 摩托车、拖拉机险 玻璃单独破碎险 车身油漆单独损伤险 车损险免赔额特约条款 基本险不计免赔特约条款

　　我国现行汽车商业保险险种是由基本统一的基本险险种和主要的附加险险种以及各保险公司自行制订的个性化其他附件险险种组成。如人保、平安、太保三大公司施行的商业险险种如表 1-3-2 所示。

表 1-3-2　人保、平安、太保三家公司险种构成

保险公司	中国人民财产 保险股份有限公司	中国平安财产 保险股份有限公司	中国太平洋财产 保险股份有限公司
采用条款	A 款	B 款	C 款
基本险	机动车第三者责任险 家庭自用汽车损失险 非营业用汽车损失险 营业用汽车损失险 特种车险 摩托车、拖拉机险 机动车盗抢险 机动车车上人员责任险 机动车提车险	商业第三者责任险 车辆损失险 全车盗抢险 车上人员责任险 摩托车、拖拉机险 机动车单程提车险	第三者责任险 机动车损失险 车上人员责任险 全车盗抢损失险 摩托车、拖拉机险 单程提车损失险 单程提车第三者责任险
附加险	玻璃单独破碎险 火灾、爆炸、自燃损失险 自燃损失险 车身划痕损失险 可选免赔额特约条款 不计免赔特约险 新增设备损失险 发动机特别损失险 机动车停驶损失险 代步机动车服务特约条款 更换轮胎服务特约条款 送油、充电服务特约条款 拖车服务特约条款 附加换件特约条款 随车行李物品损失险	玻璃单独破碎险 车身划痕损失险 自燃损失险 车辆停驶损失险 代步车费用险 新增设备损失险 车上货物责任险 车载货物坠落责任险 附加油污污染责任险 交通事故精神损害赔偿险 全车盗抢险附加高尔夫球具 盗窃险 车轮单独损坏险 涉水行驶损失险 随车行李物品损失险	玻璃单独破碎险 自燃损失险 新增设备损失险 涉水损失险 车身油漆单独损伤险 零部件、附属设备被盗窃险 车上货物责任险 精神损害抚慰金责任险 随车携带物品责任险 特种车车辆损失扩展险 特种车固定机具、设备损失险 免税机动车关税责任险 道路污染责任险 车损险免赔额特约条款 救援费用特约条款

笔记

续　表

保险公司	中国人民财产保险股份有限公司	中国平安财产保险股份有限公司	中国太平洋财产保险股份有限公司
采用条款	A 款	B 款	C 款
附加险	新车特约条款 A 新车特约条款 B 附加交通事故精神损害赔偿责任条款 教练车特约条款 附加油污污染责任险 附加机动车出境险 异地出险住宿费特约条款 起重、装卸、挖掘车辆损失扩展条款 多次出险增加免赔率特约条款 约定区域通行费用特约条款 指定专修厂特约条款 租车人人车失踪险条款 法律费用特约条款 广东、深圳分公司免税机动车关税责任险	保险事故附随费用损失险 车辆重置特约条款 A 车辆重置特约条款 B 换件特约特约险 系安全带补偿特约险 指定专修厂特约条款 特种车特约条款 多次事故免赔特约条款 基本险不计免赔率特约条款 附加险不计免赔率特约条款	修理期间费用补偿特约条款 事故附随费用特约条款 更换新车特约条款 多次事故免赔率特约条款 使用安全带特约条款 法律服务特约条款 节假日行驶区域扩展特约条款 指定专修厂特约条款 换件特约条款 基本险不计免赔特约条款 附加险不计免赔特约条款

3. 汽车保险险种内容

2007 版 A、B、C 三套条款中,险种内容构成的表现形式不尽相同,但其内容实质基本相同,都是把保险合同的保障范围、双方当事人的权利与义务给予明确。具体的内容构成如表 1-3-3 所示。

表 1-3-3　A、B、C 三套条款险种内容

A 款险种内容构成	B 款险种内容构成	C 款险种内容构成
包括 12 项 1. 总则 2. 保险责任 3. 责任免除 4. 保险金额、责任限额 5. 保险期间 6. 保险人义务 7. 投保人、被保险人义务 8. 赔偿处理 9. 保险费调整 10. 合同变更和终止 11. 争议处理 12. 附则	包括 5 部分 总则 第一部分　基本险 　1. 保险责任 　2. 责任免除 　3. 保险金额、责任限额 　4. 赔偿处理 第二部分　通用条款 　1. 保险期间 　2. 保险人义务 　3. 投保人、被保险人义务 　4. 其他事项 　5. 争议处理 第三部分　附加险 第四部分　释义	包括 9 项 1. 总则 2. 保险责任 3. 责任免除 4. 保险金额、责任限额、保险期间 5. 赔偿处理 6. 保险人义务 7. 投保人、被保险人义务 8. 无赔款折扣 9. 其他事项

✎ 知识链接

A、B、C 三套条款选用

目前国内保险公司对于 A、B、C 三套条款选用情况如下：

A 款：阳光、人保、中华联合、大地、天安、永安、安邦、华泰、大众、国寿财险、东京海上等共 11 家。

B 款：平安、华安、太平、永诚、阳光农业、都邦、渤海、华农、民安、安诚、安联广州、美亚上海、利宝互助重庆等 13 家。

C 款：太保、安华农业、上海安信三井住友上海、中银保险等 5 家。

天平、日本财险、法国安盟成都等 3 家公司未选择。

知识要点 3　机动车第三者责任保险

A、B、C 三套条款的内容略有差异,但基本内容相同,下面以 A 款条款为例说明第三者责任险的内容。

1. 总则

1) 保险合同

机动车第三者责任保险合同(以下简称本保险合同)由本条款、投保单、保险单、批单和特别约定共同组成。凡涉及本保险合同的约定,均应采用书面形式。

2) 保险标的

本保险合同中的机动车是指在中华人民共和国境内(不含港、澳、台地区)行驶,以动力装置驱动或者牵引,上道路行驶的供人员乘用或者用于运送物品以及进行专项作业的轮式车辆(含挂车)、履带式车辆和其他运载工具(以下简称被保险机动车),但不包括摩托车、拖拉机和特种车。

3) 第三者

本保险合同中的第三者是指因被保险机动车发生意外事故遭受人身伤亡或者财产损失的人,但不包括被保险机动车本车上人员、投保人、被保险人和保险人。

2. 保险责任

保险期间内,被保险人或其允许的合法驾驶人在使用被保险机动车过程中发生意外事故,致使第三者遭受人身伤亡或财产直接损毁,依法应当由被保险人承担的损害赔偿责任,保险人依照本保险合同的约定,对于超过机动车交通事故责任强制保险各分项赔偿限额以上的部分负责赔偿。

3. 责任免除

1) 损失免赔

被保险机动车造成下列人身伤亡或财产损失,不论在法律上是否应当由被保险人承担赔偿责任,保险人均不负责赔偿：

(1) 被保险人及其家庭成员的人身伤亡、所有或代管的财产的损失;

（2）被保险机动车本车驾驶人及其家庭成员的人身伤亡、所有或代管的财产的损失；

（3）被保险机动车本车上其他人员的人身伤亡或财产损失。

2）损失原因免赔

下列情况下，不论任何原因造成的对第三者的损害赔偿责任，保险人均不负责赔偿：

（1）地震；

（2）战争、军事冲突、恐怖活动、暴乱、扣押、收缴、没收、政府征用；

（3）竞赛、测试、教练，在营业性维修、养护场所修理、养护期间；

（4）利用被保险机动车从事违法活动；

（5）驾驶人饮酒、吸食或注射毒品、被药物麻醉后使用被保险机动车；

（6）事故发生后，被保险人或其允许的驾驶人在未依法采取措施的情况下驾驶被保险机动车或者遗弃被保险机动车逃离事故现场，或故意破坏、伪造现场、毁灭证据；

（7）驾驶人有下列情形之一者：

① 无驾驶证或驾驶证有效期已届满；

② 驾驶的被保险机动车与驾驶证载明的准驾车型不符；

③ 实习期内驾驶公共汽车、营运客车或者载有爆炸物品、易燃易爆化学物品、剧毒或者放射性等危险物品的被保险机动车，实习期内驾驶的被保险机动车牵引挂车；

④ 持未按规定审验的驾驶证，以及在暂扣、扣留、吊销、注销驾驶证期间驾驶被保险机动车；

⑤ 使用各种专用机械车、特种车的人员无国家有关部门核发的有效操作证，驾驶营运客车的驾驶人无国家有关部门核发的有效资格证书；

⑥ 依照法律法规或公安机关交通管理部门有关规定不允许驾驶被保险机动车的其他情况下驾车。

（8）非被保险人允许的驾驶人使用被保险机动车；

（9）被保险机动车转让他人，未向保险人办理批改手续；

（10）除另有约定外，发生保险事故时被保险机动车无公安机关交通管理部门核发的行驶证或号牌，或未按规定检验或检验不合格；

（11）被保险机动车拖带未投保机动车交通事故责任强制保险的机动车（含挂车）或被未投保机动车交通事故责任强制保险的其他机动车拖带。

3）下列损失和费用，保险人不负责赔偿

（1）被保险机动车发生意外事故，致使第三者停业、停驶、停电、停水、停气、停产、通信或者网络中断、数据丢失、电压变化等造成的损失以及其他各种间接损失；

（2）精神损害赔偿；

（3）因污染（含放射性污染）造成的损失；

（4）第三者财产因市场价格变动造成的贬值、修理后价值降低引起的损失；

（5）被保险机动车被盗窃、抢劫、抢夺期间造成第三者人身伤亡或财产损失；

（6）被保险人或驾驶人的故意行为造成的损失；

（7）仲裁或者诉讼费用以及其他相关费用。

4) 应当由机动车交通事故责任强制保险赔偿的损失和费用,保险人不负责赔偿

保险事故发生时,被保险机动车未投保机动车交通事故责任强制保险或机动车交通事故责任强制保险合同已经失效的,对于机动车交通事故责任强制保险各分项赔偿限额以内的损失和费用,保险人不负责赔偿。

5) 免赔率

保险人在依据本保险合同约定计算赔款的基础上,在保险单载明的责任限额内,按下列免赔率免赔:

(1) 负次要事故责任的免赔率为 5%,负同等事故责任的免赔率为 10%,负主要事故责任的免赔率为 15%,负全部事故责任的免赔率为 20%;

(2) 违反安全装载规定的,增加免赔率 10%;

(3) 投保时指定驾驶人,保险事故发生时为非指定驾驶人使用被保险机动车的,增加免赔率 10%;

(4) 投保时约定行驶区域,保险事故发生在约定行驶区域以外的,增加免赔率 10%。

4. 责任限额

每次事故的责任限额,由投保人和保险人在签订本保险合同时按保险监管部门批准的限额档次协商确定。

主车和挂车连接使用时视为一体,发生保险事故时,由主车保险人和挂车保险人按照保险单上载明的机动车第三者责任保险责任限额的比例,在各自的责任限额内承担赔偿责任,但赔偿金额总和以主车的责任限额为限。

5. 保险期间

除另有约定外,保险期间为一年,以保险单载明的起讫时间为准。

6. 保险人义务

1) 告知义务

保险人在订立保险合同时,应向投保人说明投保险种的保险责任、责任免除、保险期间、保险费及支付办法、投保人和被保险人义务等内容。

2) 受理报案义务

保险人应及时受理被保险人的事故报案,并尽快进行查勘。

保险人接到报案后 48 小时内未进行查勘且未给予受理意见,造成财产损失无法确定的,以被保险人提供的财产损毁照片、损失清单、事故证明和修理发票作为赔付理算依据。

3) 处理索赔义务

保险人收到被保险人的索赔请求后,应当及时作出核定。

(1) 保险人应根据事故性质、损失情况,及时向被保险人提供索赔须知。审核索赔材料后认为有关的证明和资料不完整的,应当及时通知被保险人补充提供有关的证明和资料;

(2) 在被保险人提供了各种必要单证后,保险人应当迅速审查核定,并将核定结果及时通知被保险人;

(3) 对属于保险责任的,保险人应在与被保险人达成赔偿协议后 10 日内支付赔款。

4) 保密义务

保险人对在办理保险业务中获悉的投保人、被保险人的业务和财产情况及个人隐私,负

有保密的义务。

7. 投保人、被保险人义务

1) 如实告知义务

投保人应如实填写投保单并回答保险人提出的询问,履行如实告知义务,并提供被保险机动车行驶证复印件、机动车登记证书复印件,如指定驾驶人的,应当同时提供被指定驾驶人的驾驶证复印件。在保险期间内,被保险机动车改装、加装或被保险家庭自用汽车、非营业用汽车从事营业运输等,导致被保险机动车危险程度增加的,应当及时书面通知保险人。否则,因被保险机动车危险程度增加而发生的保险事故,保险人不承担赔偿责任。

2) 缴纳保险费义务

除另有约定外,投保人应当在本保险合同成立时交清保险费;保险费交清前发生的保险事故,保险人不承担赔偿责任。

3) 施救或保护义务

发生保险事故时,被保险人应当及时采取合理的、必要的施救和保护措施,防止或者减少损失,并在保险事故发生后 48 小时内通知保险人。否则,造成损失无法确定或扩大的部分,保险人不承担赔偿责任。

4) 配合理赔义务

发生保险事故后,被保险人应当积极协助保险人进行现场查勘。被保险人在索赔时应当提供有关证明和资料。引起与保险赔偿有关的仲裁或者诉讼时,被保险人应当及时书面通知保险人。

8. 赔偿处理

1) 被保险人索赔规定

(1) 被保险人索赔时,应当向保险人提供与确认保险事故的性质、原因、损失程度等有关的证明和资料。

(2) 被保险人应当提供保险单、损失清单、有关费用单据、被保险机动车行驶证和发生事故时驾驶人的驾驶证。属于道路交通事故的,被保险人应当提供公安机关交通管理部门或法院等机构出具的事故证明、有关的法律文书(判决书、调解书、裁定书、裁决书等)及其他证明。属于非道路交通事故的,应提供相关的事故证明。

2) 车辆损失核定

因保险事故损坏的第三者财产,应当尽量修复。修理前被保险人应当会同保险人检验,协商确定修理项目、方式和费用。否则,保险人有权重新核定;无法重新核定的,保险人有权拒绝赔偿。

3) 事故责任比例确定

保险人依据被保险机动车驾驶人在事故中所负的事故责任比例,承担相应的赔偿责任。

被保险人或被保险机动车驾驶人根据有关法律法规规定选择自行协商或由公安机关交通管理部门处理事故时未确定事故责任比例的,按照下列规定确定事故责任比例:

(1) 被保险机动车方负主要事故责任的,事故责任比例为 70%;

(2) 被保险机动车方负同等事故责任的,事故责任比例为 50%;

（3）被保险机动车方负次要事故责任的,事故责任比例为 30%。

4) 赔偿金额确定

（1）保险事故发生后,保险人按照国家有关法律、法规规定的赔偿范围、项目和标准以及本保险合同的约定,在保险单载明的责任限额内核定赔偿金额。

（2）保险人按照国家基本医疗保险的标准核定医疗费用的赔偿金额。

（3）未经保险人书面同意,被保险人自行承诺或支付的赔偿金额,保险人有权重新核定。不属于保险人赔偿范围或超出保险人应赔偿金额的,保险人不承担赔偿责任。

5) 重复保险处理

被保险机动车重复保险的,保险人按照本保险合同的责任限额与各保险合同责任限额的总和的比例承担赔偿责任。其他保险人应承担的赔偿金额,保险人不负责赔偿和垫付。

9. 保险费调整

保险费调整的比例和方式以保险监管部门批准的机动车保险费率方案的规定为准。

本保险及其附加险根据上一保险期间发生保险赔偿的次数,在续保时实行保险费浮动。

10. 合同变更和终止

1) 合同变更

本保险合同的内容如需变更,须经保险人与投保人书面协商一致。在保险期间内,被保险机动车转让他人的,投保人应当书面通知保险人并办理批改手续。

2) 合同终止

保险责任开始前,投保人要求解除合同的,应当向保险人支付退保手续费,保险人应当退还保险费。保险责任开始后,投保人要求解除本保险合同的,自通知保险人之日起,本保险合同解除。保险人按短期月费率收取自保险责任开始之日起至合同解除之日止期间的保险费,并退还剩余部分保险费。

知识要点4 机动车车辆损失险

A 款机动车车辆损失险包括《家庭自用汽车损失保险》、《非营业用汽车损失保险》、《营业用汽车损失保险》、《特种车保险》、《摩托车、拖拉机保险》均设计车辆损失险内容。

1. 保险责任

保险期间内,被保险人或其允许的合法驾驶人在使用被保险机动车过程中,因下列原因造成被保险机动车的损失,保险人依照本保险合同的约定负责赔偿:

1) 意外事故

碰撞、倾覆、坠落、火灾、爆炸、外界物体坠落、倒塌;

2) 自然灾害

暴风、龙卷风、雷击、雹灾、暴雨、洪水、海啸、地陷、冰陷、崖崩、雪崩、泥石流、滑坡、载运被保险机动车的渡船遭受自然灾害（只限于驾驶人随船的情形）;

3) 施救费用

发生保险事故时,被保险人为防止或者减少被保险机动车的损失所支付的必要的、合理的施救费用,由保险人承担,最高不超过保险金额的数额。

2. 责任免除

1) 下列情况下,不论任何原因造成被保险机动车损失,保险人均不负责赔偿

(1) 地震;

(2) 战争、军事冲突、恐怖活动、暴乱、扣押、收缴、没收、政府征用;

(3) 竞赛、测试,在营业性维修、养护场所修理、养护期间;

(4) 利用被保险机动车从事违法活动;

(5) 驾驶人饮酒、吸食或注射毒品、被药物麻醉后使用被保险机动车;

(6) 事故发生后,被保险人或其允许的驾驶人在未依法采取措施的情况下驾驶被保险机动车或者遗弃被保险机动车逃离事故现场,或故意破坏、伪造现场、毁灭证据;

(7) 驾驶人有下列情形之一者:

① 无驾驶证或驾驶证有效期已届满;

② 驾驶的被保险机动车与驾驶证载明的准驾车型不符;

③ 持未按规定审验的驾驶证,以及在暂扣、扣留、吊销、注销驾驶证期间驾驶被保险机动车;

④ 依照法律法规或公安机关交通管理部门有关规定不允许驾驶被保险机动车的其他情况下驾车。

(8) 非被保险人允许的驾驶人使用被保险机动车;

(9) 被保险机动车转让他人,未向保险人办理批改手续;

(10) 除另有约定外,发生保险事故时被保险机动车无公安机关交通管理部门核发的行驶证或号牌,或未按规定检验或检验不合格。

2) 被保险机动车的下列损失和费用,保险人不负责赔偿

(1) 自然磨损、锈蚀、腐蚀、故障;

(2) 玻璃单独破碎,车轮单独损坏;

(3) 无明显碰撞痕迹的车身划痕;

(4) 人工直接供油、高温烘烤造成的损失;

(5) 自燃以及不明原因火灾造成的损失;

(6) 遭受保险责任范围内的损失后,未经必要修理继续使用被保险机动车,致使损失扩大的部分;

(7) 因污染(含放射性污染)造成的损失;

(8) 标准配置以外新增设备的损失;

(9) 发动机进水后导致的发动机损坏;

(10) 被保险机动车所载货物坠落、倒塌、撞击、泄漏造成的损失;

(11) 被盗窃、抢劫、抢夺,以及因被盗窃、抢劫、抢夺受到损坏或车上零部件、附属设备丢失;

(12) 被保险人或驾驶人的故意行为造成的损失;

(13) 应当由机动车交通事故责任强制保险赔偿的金额。

3) 免赔率

保险人在依据本保险合同约定计算赔款的基础上,按照下列免赔率免赔:

（1）负次要事故责任的免赔率为5%，负同等事故责任的免赔率为8%，负主要事故责任的免赔率为10%，负全部事故责任或单方肇事事故的免赔率为15%；

（2）被保险机动车的损失应当由第三方负责赔偿的，无法找到第三方时，免赔率为30%；

（3）被保险人根据有关法律法规规定选择自行协商方式处理交通事故，不能证明事故原因的，免赔率为20%；

（4）投保时指定驾驶人，保险事故发生时为非指定驾驶人使用被保险机动车的，增加免赔率10%；

（5）投保时约定行驶区域，保险事故发生在约定行驶区域以外的，增加免赔率10%。

3. 保险金额

保险金额由投保人和保险人从下列三种方式中选择确定，保险人根据确定保险金额的不同方式承担相应的赔偿责任：

1）按投保时被保险机动车的新车购置价确定

本保险合同中的新车购置价是指在保险合同签订地购置与被保险机动车同类型新车的价格（含车辆购置税）。

投保时的新车购置价根据投保时保险合同签订地同类型新车的市场销售价格（含车辆购置税）确定，并在保险单中载明，无同类型新车市场销售价格的，由投保人与保险人协商确定。

2）按投保时被保险机动车的实际价值确定

本保险合同中的实际价值是指新车购置价减去折旧金额后的价格。

投保时被保险机动车的实际价值根据投保时的新车购置价减去折旧金额后的价格确定。

被保险机动车的折旧按月计算，不足一个月的部分，不计折旧。9座以下客车月折旧率为0.6%，10座以上客车月折旧率为0.9%，最高折旧金额不超过投保时被保险机动车新车购置价的80%。

折旧金额＝投保时的新车购置价×被保险机动车已使用月数×月折旧率

3）在投保时被保险机动车的新车购置价内协商确定

4. 赔偿处理

保险人按下列方式赔偿：

1）全车损失

全车损失，在保险金额内计算赔偿，但不得超过保险事故发生时被保险机动车的实际价值。

保险事故发生时被保险机动车的实际价值根据保险事故发生时的新车购置价减去折旧金额后的价格确定。

保险事故发生时的新车购置价根据保险事故发生时保险合同签订地同类型新车的市场销售价格（含车辆购置税）确定，无同类型新车市场销售价格的，由被保险人与保险人协商确定。

折旧金额＝保险事故发生时的新车购置价×被保险机动车已使用月数×月折旧率

2) 部分损失

部分损失,在保险金额内按实际修复费用计算赔偿,但不得超过保险事故发生时被保险机动车的实际价值。

知识要点5 机动车车上人员责任险

A、B、C三套条款的内容略有差异,但基本内容相同,下面以A款条款为例说明车上人员责任险的内容。

保险合同中的车上人员是指保险事故发生时在被保险机动车上的自然人。

1. 保险责任

保险期间内,被保险人或其允许的合法驾驶人在使用被保险机动车过程中发生意外事故,致使车上人员遭受人身伤亡,依法应当由被保险人承担的损害赔偿责任,保险人依照本保险合同的约定负责赔偿。

2. 责任免除

1) 被保险机动车造成下列人身伤亡,不论在法律上是否应当由被保险人承担赔偿责任,保险人均不负责赔偿

(1) 被保险人或驾驶人的故意行为造成的人身伤亡;

(2) 被保险人及驾驶人以外的其他车上人员的故意、重大过失行为造成的自身伤亡;

(3) 违法、违章搭乘人员的人身伤亡;

(4) 车上人员因疾病、分娩、自残、斗殴、自杀、犯罪行为造成的自身伤亡;

(5) 车上人员在被保险机动车车下时遭受的人身伤亡。

2) 下列情况下,不论任何原因造成的对车上人员的损害赔偿责任,保险人均不负责赔偿

(1) 地震;

(2) 战争、军事冲突、恐怖活动、暴乱、扣押、收缴、没收、政府征用;

(3) 竞赛、测试、教练,在营业性维修、养护场所修理、养护期间;

(4) 利用被保险机动车从事违法活动;

(5) 驾驶人饮酒、吸食或注射毒品、被药物麻醉后使用被保险机动车;

(6) 事故发生后,被保险人或其允许的驾驶人在未依法采取措施的情况下驾驶被保险机动车或者遗弃被保险机动车离开事故现场,或故意破坏、伪造现场、毁灭证据;

(7) 驾驶人有下列情形之一者:

① 无驾驶证或驾驶证有效期已届满;

② 驾驶的被保险机动车与驾驶证载明的准驾车型不符;

③ 实习期内驾驶公共汽车、营运客车或者载有爆炸物品、易燃易爆化学物品、剧毒或者放射性等危险物品的被保险机动车,实习期内驾驶的被保险机动车牵引挂车;

④ 持未按规定审验的驾驶证,以及在暂扣、扣留、吊销、注销驾驶证期间驾驶被保险机动车;

⑤ 使用各种专用机械车、特种车的人员无国家有关部门核发的有效操作证,驾驶营运客车的驾驶人无国家有关部门核发的有效资格证书;

⑥ 依照法律法规或公安机关交通管理部门有关规定不允许驾驶被保险机动车的其他

情况下驾车。

(8) 非被保险人允许的驾驶人驾驶被保险机动车;

(9) 被保险机动车转让他人,未向保险人办理批改手续;

(10) 除另有约定外,发生保险事故时被保险机动车无公安机关交通管理部门核发的行驶证或号牌,或未按规定检验或检验不合格。

3) 下列损失和费用,保险人不负责赔偿

(1) 精神损害赔偿;

(2) 因污染(含放射性污染)造成的人身伤亡;

(3) 仲裁或者诉讼费用以及其他相关费用;

(4) 应当由机动车交通事故责任强制保险赔偿的损失和费用。

4) 免赔率

保险人在依据本保险合同约定计算赔款的基础上,在保险单载明的责任限额内,按下列免赔率免赔:

(1) 负次要事故责任的免赔率为5%,负同等事故责任的免赔率为8%,负主要事故责任的免赔率为10%,负全部事故责任或单方肇事事故的免赔率为15%;

(2) 投保时指定驾驶人,保险事故发生时为非指定驾驶人使用被保险机动车的,增加免赔率10%;

(3) 投保时约定行驶区域,保险事故发生在约定行驶区域以外的,增加免赔率10%。

3. 责任限额

驾驶人每次事故责任限额和乘客每次事故每人责任限额由投保人和保险人在投保时协商确定。投保乘客座位数按照被保险机动车的核定载客数(驾驶人座位除外)确定。

知识要点6 机动车全车盗抢险

A、B、C三套条款的内容略有差异,但基本内容相同,下面以A款条款为例说明全车盗抢险的内容。

1. 保险责任

保险期间内,被保险机动车的下列损失和费用,保险人依照本保险合同的约定负责赔偿:

(1) 被保险机动车被盗窃、抢劫、抢夺,经出险当地县级以上公安刑侦部门立案证明,满60天未查明下落的全车损失;

(2) 被保险机动车全车被盗窃、抢劫、抢夺后,受到损坏或车上零部件、附属设备丢失需要修复的合理费用;

(3) 被保险机动车在被抢劫、抢夺过程中,受到损坏需要修复的合理费用。

2. 责任免除

1) 下列情况下,不论任何原因造成被保险机动车损失,保险人均不负责赔偿

(1) 地震;

(2) 战争、军事冲突、恐怖活动、暴乱、扣押、收缴、没收、政府征用;

(3) 竞赛、测试、教练,在营业性维修、养护场所修理、养护期间;

　　（4）利用被保险机动车从事违法活动；

　　（5）驾驶人饮酒、吸食或注射毒品、被药物麻醉后使用被保险机动车；

　　（6）非被保险人允许的驾驶人使用被保险机动车；

　　（7）租赁机动车与承租人同时失踪；

　　（8）被保险机动车转让他人，未向保险人办理批改手续；

　　（9）除另有约定外，发生保险事故时被保险机动车无公安机关交通管理部门核发的行驶证或号牌，或未按规定检验或检验不合格；

　　（10）被保险人索赔时，未能提供机动车停驶手续或出险当地县级以上公安刑侦部门出具的盗抢立案证明。

　　2）被保险机动车的下列损失和费用，保险人不负责赔偿

　　（1）自然磨损、朽蚀、腐蚀、故障；

　　（2）遭受保险责任范围内的损失后，未经必要修理继续使用被保险机动车，致使损失扩大的部分；

　　（3）市场价格变动造成的贬值、修理后价值降低引起的损失；

　　（4）标准配置以外新增设备的损失；

　　（5）非全车遭盗窃，仅车上零部件或附属设备被盗窃或损坏；

　　（6）被保险机动车被诈骗造成的损失；

　　（7）被保险人因民事、经济纠纷而导致被保险机动车被抢劫、抢夺；

　　（8）被保险人及其家庭成员、被保险人允许的驾驶人的故意行为或违法行为造成的损失。

　　3）被保险机动车被盗窃、抢劫、抢夺期间造成人身伤亡或本车以外的财产损失，保险人不负责赔偿

　　4）免赔率

　　保险人在依据本保险合同约定计算赔款的基础上，按下列免赔率免赔：

　　（1）发生全车损失的，免赔率为20%；

　　（2）发生全车损失，被保险人未能提供《机动车行驶证》、《机动车登记证书》、机动车来历凭证、车辆购置税完税证明（车辆购置附加费缴费证明）或免税证明的，每缺少一项，增加免赔率1%；

　　（3）投保时指定驾驶人，保险事故发生时为非指定驾驶人使用被保险机动车的，增加免赔率5%；

　　（4）投保时约定行驶区域，保险事故发生在约定行驶区域以外的，增加免赔率10%。

　　3. 保险金额

　　保险金额由投保人和保险人在投保时被保险机动车的实际价值内协商确定。本保险合同中的实际价值是指新车购置价减去折旧金额后的价格。

　　本保险合同中的新车购置价是指在保险合同签订地购置与被保险机动车同类型新车的价格（含车辆购置税）。

　　投保时被保险机动车的实际价值根据投保时的新车购置价减去折旧金额后的价格确定。

投保时的新车购置价根据投保时保险合同签订地同类型新车的市场销售价格(含车辆购置税)确定,并在保险单中载明,无同类型新车市场销售价格的,由投保人与保险人协商确定。

折旧按月计算,不足一个月的部分,不计折旧。最高折旧金额不超过投保时被保险机动车新车购置价的80%。月折旧率见表1-3-4。

折旧金额=投保时的新车购置价×被保险机动车已使用月数×月折旧率

表1-3-4 车辆折旧率表

车辆种类	月折旧率(%)				
	家庭自用	营 业	营 业		特种车
			出 租	其 他	
9座以下客车	0.60	0.60	1.10	0.90	—
10座以上客车	0.90	0.90	1.10	0.90	—
微型载货汽车	—	0.90	1.10	1.10	—
带拖挂的载货汽车	—	0.90	1.10	1.10	—
低速货车和三轮汽车	—	1.10	1.40	1.40	—
矿山专用车	—	—	—	—	1.10
其他车辆	—	0.90	1.10	0.90	0.90

4. 赔偿处理

1) 全车损失

全车损失,在保险金额内计算赔偿,但不得超过保险事故发生时被保险机动车的实际价值。

保险事故发生时被保险机动车的实际价值根据保险事故发生时的新车购置价减去折旧金额后的价格确定。

保险事故发生时的新车购置价根据保险事故发生时保险合同签订地同类型新车的市场销售价格(含车辆购置税)确定,无同类型新车市场销售价格的,由被保险人与保险人协商确定。

折旧金额=保险事故发生时的新车购置价×被保险机动车已使用月数×月折旧率

2) 部分损失

部分损失,在保险金额内按实际修复费用计算赔偿,但不得超过保险事故发生时被保险机动车的实际价值。

知识要点7 主要附加险

1. 玻璃单独破碎险条款

投保了机动车损失保险的机动车,可投保本附加险。

1) 保险责任

被保险机动车风挡玻璃或车窗玻璃的单独破碎,保险人负责赔偿。

2) 投保方式

投保人与保险人可协商选择按进口或国产玻璃投保。保险人根据协商选择的投保方式承担相应的赔偿责任。

3）责任免除

安装、维修机动车过程中造成的玻璃单独破碎。

2. 自燃损失险条款

投保了家庭自用汽车损失保险的机动车，可投保本附加险。

1）保险责任

（1）因被保险机动车电器、线路、供油系统、供气系统发生故障或所载货物自身原因起火燃烧造成本车的损失；

（2）发生保险事故时，被保险人为防止或者减少被保险机动车的损失所支付的必要的、合理的施救费用。

2）责任免除

（1）自燃仅造成电器、线路、供油系统、供气系统的损失；

（2）所载货物自身的损失。

3）保险金额

保险金额由投保人和保险人在投保时被保险机动车的实际价值内协商确定。

4）赔偿处理

（1）全部损失，在保险金额内计算赔偿；部分损失，在保险金额内按实际修理费用计算赔偿。

（2）每次赔偿实行 20％的免赔率。

3. 车身划痕损失险条款

投保了机动车损失保险的机动车，可投保本附加险。

1）保险责任

无明显碰撞痕迹的车身划痕损失，保险人负责赔偿。

2）责任免除

被保险人及其家庭成员、驾驶人及其家庭成员的故意行为造成的损失。

3）保险金额

保险金额为 2 000 元、5 000 元、10 000 元或 20 000 元，由投保人和保险人在投保时协商确定。

4）赔偿处理

（1）在保险金额内按实际修理费用计算赔偿。

（2）每次赔偿实行 15％的免赔率。

（3）在保险期间内，累计赔款金额达到保险金额，本附加险保险责任终止。

4. 可选免赔额特约条款

投保了机动车损失保险的机动车可附加本特约条款。保险人按投保人选择的免赔额给予相应的保险费优惠。

被保险机动车发生机动车损失保险合同约定的保险事故，保险人在按照机动车损失保险合同的约定计算赔款后，扣减本特约条款约定的免赔额。

5. 新增加设备损失保险条款

投保了机动车损失保险的机动车，可投保本附加险。

1) 保险责任

保险期间内,投保了本附加险的被保险机动车因发生机动车损失保险责任范围内的事故,造成车上新增设备的直接损毁,保险人在保险单载明的本附加险的保险金额内,按照实际损失计算赔偿。

2) 保险金额

保险金额根据新增加设备的实际价值确定。新增加设备的实际价值是指新增加设备的购置价减去折旧金额后的金额。

新增设备的折旧率以本条款所对应的主险条款规定为准。

3) 赔偿处理

每次赔偿的免赔率以本条款所对应的主险条款规定为准。

4) 其他事项

本保险所指新增加设备,是指被保险机动车出厂时原有各项设备以外,被保险人加装的设备及设施。投保时,应当列明车上新增设备明细表及价格。

6. 发动机特别损失险条款

投保了家庭自用汽车损失保险或非营业用汽车损失保险的机动车,可投保本附加险。

1) 保险责任

保险期间内,投保了本附加险的被保险机动车在使用过程中,因下列原因导致发动机进水而造成发动机的直接损毁,保险人负责赔偿:

(1) 被保险机动车在积水路面涉水行驶;

(2) 被保险机动车在水中起动;

(3) 发生上述保险事故时被保险人或其允许的驾驶人对被保险机动车采取施救、保护措施所支出的合理费用。

2) 赔偿处理

(1) 在发生保险事故时被保险机动车的实际价值内计算赔偿,但不超过被保险机动车的保险金额;

(2) 本保险每次赔偿均实行 20% 的免赔率。

7. 车上货物责任险条款

投保了机动车第三者责任保险的机动车,可投保本附加险。

1) 保险责任

保险期间内,发生意外事故致使被保险机动车所载货物遭受直接损毁,依法应由被保险人承担的损害赔偿责任,保险人负责赔偿。

2) 责任免除

(1) 偷盗、哄抢、自然损耗、本身缺陷、短少、死亡、腐烂、变质造成的货物损失;

(2) 违法、违章载运或因包装不善造成的损失;

(3) 车上人员携带的私人物品;

(4) 应当由机动车交通事故责任强制保险赔偿的损失和费用。

3) 责任限额

责任限额由投保人和保险人在投保时协商确定。

4）赔偿处理

被保险人索赔时,应提供运单、起运地货物价格证明等相关单据。保险人在责任限额内按起运地价格计算赔偿。每次赔偿实行 20％的免赔率。

8. 不计免赔率特约条款

经特别约定,保险事故发生后,按照对应投保的险种规定的免赔率计算的、应当由被保险人自行承担的免赔金额部分,保险人负责赔偿。

下列情况下,应当由被保险人自行承担的免赔金额,保险人不负责赔偿:

（1）机动车损失保险中应当由第三方负责赔偿而无法找到第三方的;

（2）被保险人根据有关法律法规规定选择自行协商方式处理交通事故,但不能证明事故原因的;

（3）因违反安全装载规定而增加的;

（4）投保时指定驾驶人,保险事故发生时为非指定驾驶人使用被保险机动车而增加的;

（5）投保时约定行驶区域,保险事故发生在约定行驶区域以外而增加的;

（6）因保险期间内发生多次保险事故而增加的;

（7）发生机动车盗抢保险规定的全车损失保险事故时,被保险人未能提供《机动车行驶证》、《机动车登记证书》、机动车来历凭证、车辆购置税完税证明（车辆购置附加费缴费证明）或免税证明而增加的;

（8）可附加本条款但未选择附加本条款的险种规定的;

（9）不可附加本条款的险种规定的。

四、任务实施

任务步骤 1　拟定任务实施计划

面对客户的咨询,可根据客户的兴趣和需要介绍保险险种的情况。一般可以介绍的要点,可按照图 1-3-1 所示流程进行。

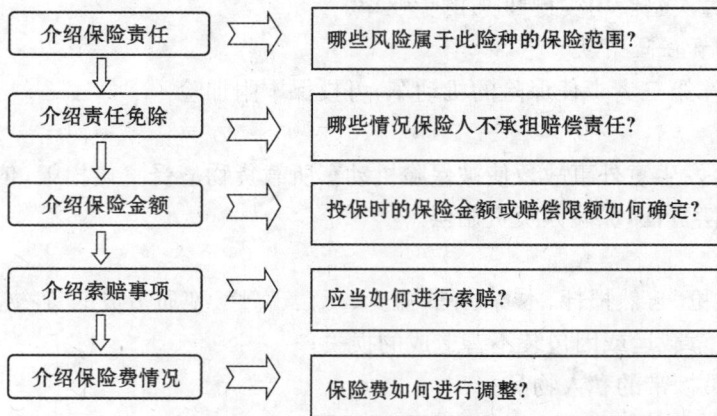

介绍保险责任	⇒	哪些风险属于此险种的保险范围？
介绍责任免除	⇒	哪些情况保险人不承担赔偿责任？
介绍保险金额	⇒	投保时的保险金额或赔偿限额如何确定？
介绍索赔事项	⇒	应当如何进行索赔？
介绍保险费情况	⇒	保险费如何进行调整？

图 1-3-1　介绍汽车保险产品任务实施流程

任务步骤 2　介绍保险责任

在介绍险种时应说明此险种是保障何种风险的,投保人的哪种损失可以在此险种中得到赔偿,这是险种的价值所在。以车辆损失险为例。此险种为被保险人提供的保障主要是意外事故造成保险车辆的损失、自然灾害(地震除外)造成保险车辆的损失和对保险车辆的施救费用,如图 1-3-2 所示。

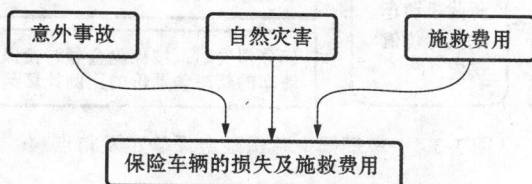

图 1-3-2　车辆损失险保险责任

任务步骤 3　介绍责任免除

针对客户的情况,说明何种情况是属于此险种保障范围之外的,即保险人不负赔偿责任的情况有哪些,以便让客户明白使用车辆过程中应注意的情况。这是最大诚信原则的要求,也是对客户的负责。投保人、被保险人必须了解此部分内容,避免产生投保误解,或因某些不当行为造成不能享受保障权利。以车辆损失险为例,其主要责任免除如图 1-3-3 所示。

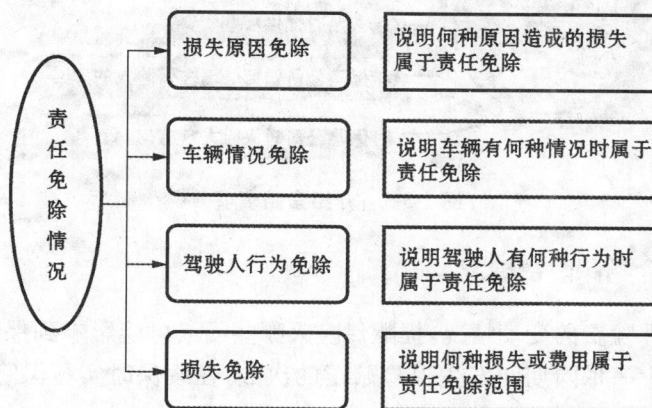

图 1-3-3　车辆损失险责任免除

任务步骤 4　介绍保险金额

在介绍保险金额时,主要说明险种保险金额的确定方法,或赔偿限额选择。需说明以各种方法确定保险金额的特点,以便建议投保金额,供被保险人进行选择。如车辆损失险的保险金额的确定方式主要有按投保时被保险机动车的新车购置价确定和按投保时被保险机动车的实际价值确定两种,各有其特点,如图 1-3-4 所示。

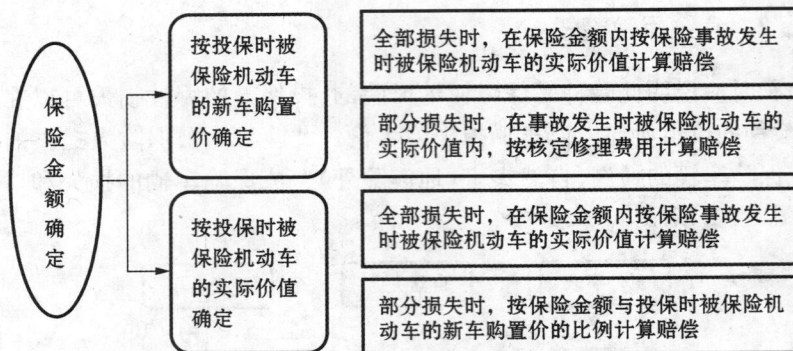

图 1-3-4　车辆损失险保险金额确定及特点

任务步骤 5　介绍索赔事项

主要说明被保险人索赔时需注意的事项,保险公司能够提供什么服务。主要包括几个方面:

发生事故时的处理方法、损失车辆核定的方法、索赔时需提供的资料、保险人对于被保险人索赔的处理方法及保险人的义务等,如图 1-3-5 所示。

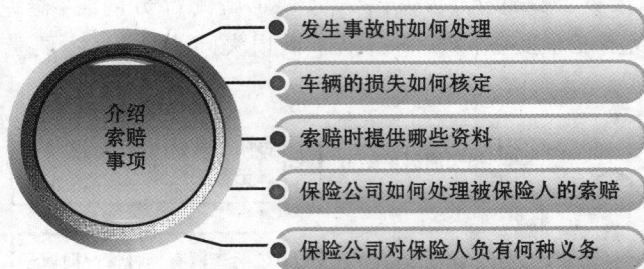

图 1-3-5　介绍索赔事项

任务步骤 6　介绍保险费情况

主要是说险种保险费的变动情况,提醒保险人哪些因素可能影响到保险费的变动,根据本保险及其附加险上一保险期间发生保险赔偿的次数,在续保时实行保险费浮动。这样能够提高被保险人驾驶车辆时的安全意识。

五、任务评价

按照表 1-3-5 对任务 1.3 完成情况进行评价。

表 1-3-5　介绍汽车保险产品考核标准

考核项目	评分标准	分　数	学生自评	小组互评	教师评价	小　计
团队合作	团队和谐 有分工合作 组员积极参与	10				

笔记

续　表

考核项目	评分标准	分　数	学生自评	小组互评	教师评价	小　计
任务方案	正确、合理	10				
操作过程	能介绍交强险特点 能介绍各险种保险责任 能介绍各险种责任免除 能介绍各险种保险金额 能向投保人介绍索赔事项	70				
任务完成情况	圆满完成	10				
教师签写		年　　月　　日	总　分			

六、学习拓展

1. 填空题

(1) 有关车辆损失险中所指的火灾,是指_____的火源。

(2) 新增设备损失险属于_____的附加险。

(3) 在车辆损失险中,单方肇事时,保险人可以免赔事故经济损失的_____。

(4) 汽车发生的意外事故可分为道路交通事故和_____。

(5) 私有、个人承包汽车的被保险人家庭成员,可根据_____的户口划分区别。

(6) 第三者责任险中,赔款金额经保险合同双方确认后,保险人在_____天内一次性赔偿结案。

(7) 自燃损失险中,保险人对保险标的赔偿实行_____的绝对免赔率。

(8) 新增设备损失险属于_____的附加险。

(9) 汽车损失险保险金额的确定是以_____为依据。

(10) 同类型车辆市场新车购置价减去该车已使用年限折旧金额后的价格,这是这辆车的_____。

2. 问答题

(1) 购买了交强险之后为什么还要购买第三者责任险?

(2) 从车损险的责任免除来看,驾驶员在驾驶车辆过程中应注意哪些事项?

任务 1.4　销售汽车保险

一、学习目标

通过本任务的学习,你应当:

1. 知道汽车保险销售的流程;
2. 能够进行汽车保险销售;
3. 知道汽车保险销售的禁忌事项。

二、任务情景

情景描述	业务员小王,曾经是一家企业的办事员;来到保险公司以后,一开始不好意思告诉原来的同事和朋友自己从事了保险销售工作,便给他们每位发了一封信,然后陆续开始拜访销售,效果颇好! 于是,一直采用信函方式接触客户,第一封信问候客户,初步介绍自己。然后进行电话约访,从而正式销售 这几天小王接触到张先生的信息,得知张先生的公司有几辆车的保险快要到期了,这是一个比较好的销售对象,小王应当如何开展工作
任务目标	1. 进行拜访客户 2. 分析客户的保险需求 3. 介绍保险方案 4. 促成保险交易

三、相关知识

知识要点 1　保险营销概述

1. 保险营销

保险营销就是在变化的市场环境中,以保险为商品,以市场交易为中心,以满足被保险人需求为目的,实现保险企业目标的一系列活动。保险营销要点包括三个方面:

1) 保险需求

保险需求与经济学中的需求类似,指一定时期消费者愿意且能够购买的保险商品量。保险营销把消费者的保险需求作为保险营销活动的起点。

2) 保险商品

指由保险人提供给保险市场的,能够引起人们注意、购买,从而满足人们减少风险和转移风险,必要时能得到一定的经济补偿需要的承诺性服务组合的愿望。

保险销售人员在销售活动中大可不必描述保单本身,而是要让投保人明白保险事故发生时,这张保单究竟能为他带来什么利益。

3) 交换

这是保险营销的前提性概念,因为只有交换才会产生保险营销,同时,也是一种互利的交换。其中利益是交换的核心,保险销售人员在销售活动中必须清楚为准保户提供的保险商品的功能及投保人希望得到哪些利益。

2. 保险营销的特点

1) 主动性

主动性是保险营销最大的特点,营销不是推销,但注重推销,营销是关于企业如何发现、创造和交付价值以满足一定目标市场的需求,同时获取利润的行为。推销是使自己的意图和观念获得对方认可的行为,即获得他人理解的行为。在保险营销中,保险的商品是一份保险的合同,是一份保险公司的承诺,是无形的产品,另外保险商品具有复杂性、专业性等特点,因此保险商品比其他有形商品更加注重推销。

保险营销的主动性,需要营销人员采取积极主动地发现客户需求的行动,并且创造提供满足其需求的产品服务,从而促成交换。

2) 以人为本

保险营销是以满足被保险人的需要为目的的交换活动,这要求保险营销人员必须设身处地地为客户着想,明确客户真正的需求,以人为本地进行营销活动,处理好保险企业与客户之间的关系。

3) 注重关系营销

保险营销不是一次性的交易,为客户提供保险服务是一个持续时间较长的过程,而且存在较多的重复购买,因此保险营销特别注意吸引客户,维持和增强与客户的各种关系。在营销过程中通过充分的沟通合作,为客户提供优质的服务,以提高客户的满意度,建立亲密的关系,培养客户的品牌忠诚度。

4) 诚信性

最大诚信原则是保险活动的基本原则之一,这条原则不仅是对保险人的约束,也是对投保人的约束。最大诚信原则的基本含义是:保险当事人双方在签订和履行保险合同时,必须以最大的诚意,履行自己的义务,不得有欺骗和隐瞒的行为,恪守保险合同的约定与承诺,否则保险合同无效。保险营销活动中,保险公司所销售的就是一份承诺,因此诚信在保险活动中尤为重要。

3. 保险营销的主体、客体及对象

1) 主体

保险营销的主体是指保险商品的"生产"者和推销者,包括各类保险公司、保险代理人和保险经纪人。

(1) 保险公司。保险公司享有相对独立的经济权利、具有相对独立的经济利益、且承担经济责任。保险公司的组织形式一般包括国营保险、保险股份有限公司、相互保险和劳合社。

(2) 保险代理人。保险代理人是指根据保险人的委托,在保险人授权的范围内代为办理保险业务,并依法向保险人收取代理手续费的单位或者个人。

(3) 保险经纪人。保险经纪人是基于投保人的利益,为投保人与保险人订立保险合同提供中介服务,并依法收取佣金的单位。

2) 保险营销的客体

保险营销的客体即保险商品,保险商品的具有下面特性,如图 1-4-1 所示。

(1) 不可感知性。保险商品是保险公司提供的一种无形服务,是一种以风险赔偿责任为

笔 记

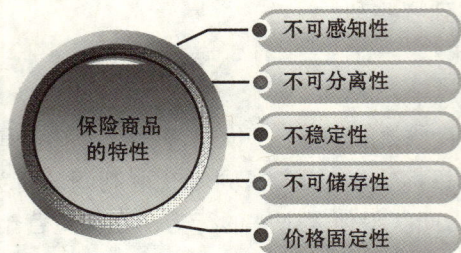

图 1-4-1　汽车保险商品的特性

对象的特殊商品。保险商品在形式上是一份约定保险人对被保险人赔偿责任的合同。保险商品看不见、摸不着,消费者购买保险商品时不能用感官感觉到,它只是保险公司对被保险人的一种承诺,且这种承诺只有在保险合同约定的事件发生时或约定期限届满时保险公司才会履行。

（2）不可分离性。因为消费者对保险商品无法感知,消费者很难对产品质量做出单独判断,消费者对产品质量的评价,通常与对营销人员的印象,公司的品牌形式结合在一起。营销人员给消费者的印象常常影响消费者对保险产品的判断。

（3）不稳定性。不稳定性指的是服务质量的不稳定性,由于保险服务是一个动态的过程,保险服务发生的时间、地点和方式等各不相同,因此保险人接受保险服务也会有所不同。即使是同一保险公司的同一个营销人员所提供的同一种保险产品,由于时间、地点、保险事故发生的具体情况的不同,消费者的感受也会不一样。

（4）不可储存性。保险商品通常都有约定的保险期限,对于财产保险,保险人只在保险期限内履行保险责任,只有在保险期限内发生的保险事故才能获得赔偿。因此保险商品不能被存储,过了一定的时间就会失效。

（5）价格固定性。保险商品的价格在较长的时间内是不变的,以寿险为例,保险费率是根据生命表中的生存率、死亡率、收益率和保险公司的经营费用来制定的,其变动的可能性较小。一般情况下,保险销售商不允许消费者在购买保险商品时讨价还价,消费者只能选择买或不买。

3）保险营销的对象

保险营销的对象即顾客。顾客是保险营销的核心,所有的营销活动都是以满足顾客的需求为中心,只有通过满足顾客的需求,获得顾客的最大满意度,企业才能留得住顾客,从而占据竞争优势。

知识要点 2　汽车保险销售

1. 销售的概念

销售是什么呢? 销售就是介绍产品提供的利益,以满足客户特定需求的过程。产品包括有形的产品及无形的服务,对于保险公司而言,产品就是保险单和其中承载的服务承诺。满足客户特定的需求是指客户特定的欲望被满足,或者客户特定的问题被解决,比如安全需求或者转移风险的期望。能够满足客户这种特定需求的,唯有靠保险提供的特别利益。

例如,车主购买车辆第三者责任险是为了有效转移个人使用车辆的风险,而有些客户购买产品责任险则是借助保险推广自己的产品和品牌。第一种客户就会将产品功能也就是保障项目和理赔服务放到第一位去考虑,而第二种客户则会优先考虑价格问题,考虑自己的产品或品牌的推广成本。不同需求导致特殊的诉求,销售人员寻求应对不同诉求的销售方法的过程,可以认为就是销售的过程。

笔记

因此销售的定义是非常简单的。也就是说,销售是指能够找出产品所能提供的特殊利益,来满足目标客户的特殊需求的沟通和互动过程。

2. 建立正确的销售观念

一些对销售的错误观念会时常影响销售人员。销售不是一味地解说产品的功能。因为,当销售人员根本不知道客户的需求是什么,再多的解释也是徒劳无功。销售不是同客户辩论、说赢客户,销售员要的不是赢得一场争论,而是为客户提供一套真正能满足其需要的解决方案。销售也不是介绍自己的产品最便宜,不买就可惜。若是东西因为便宜才能卖掉,那么,卖掉的原因是内控部门有效控制成本的功劳,而不是销售的努力。销售不是口若悬河,让客户没有说话的余地,没有互动,怎么可能掌握客户的需求呢? 销售也不仅仅是销售产品,因为客户对我们有好感,才会信任我们所说的话。

3. 顾问式销售

顾问式销售即通过问和听的方式了解客户的准确需求后,并根据产品特性把产品转化成一套解决方案,然后再向客户服务的一种销售方式。顾问式销售研究专家大卫·莫说:顾问式销售永远都是必要的,特别在需要对顾客进行沟通的时候更是如此!

顾问式销售有一些可供参考的流程。有些成功的销售人员可以让不同的人享有相同的愉快的消费体验,他们是怎样做到的? 在很大程度上,成功的销售人员可以发现消费者身上共性的心理活动,也就是人们在消费活动中相同的人性特点,并且借由这些共性的特点来设计自己的销售行为和销售活动,从而满足消费者的心理需求和心理变化。针对共性的消费心理变化,满足不同阶段消费心理变化的需要,而对于这些共性的心理变化,形成了销售的一些原则——标准的销售流程。

需要说明的是,在学习标准销售流程,并不意味着否认销售人员的个性化表现。相反,销售员要强调自己的立场,在销售过程中呈现自己优秀的个性化。销售过程的个性化与标准销售流程并不对立,所谓标准的销售流程是销售过程中必须秉持的最基本的原则。因为这些基本原则是基于消费者一系列购买决策过程中的心理活动和心理变化而确立的。其基础是消费行为在人性方面普遍存在的共性规律。因此鼓励大家呈现个性化的前提是必须秉持销售的基本原则,掌握和遵守基本的销售原理。

知识要点3 汽车保险销售准备

1.保险营销员必备的心理素质
1)正确的营销心态
(1)正确心态。
① 积极美好的人生观。
② 热爱保险营销事业。
(2)心态调节。
① 激励自己。
② 充满自信。

2）团队精神

保险销售员要善于利用团队中各方面的资源，与大家精诚合作，以团队的力量来规划个人的职业生涯，以团队的力量去帮助个人实现自我价值。

3）遵守职业道德

保险销售员无论是在与客户的日常交往中，还是在讲解保险的工作中，都要恪守诚实守信，不欺骗、不隐瞒、不夸大的职业道德，向客户如实地讲解客户应知的各项内容。不能诽谤同行或同业。

2. 保险销售员的形象准备

保险销售员必须塑造专业的形象，主要包括仪容仪表、行为举止、语言谈吐、社交礼仪。如图 1-4-2 所示。

仪容仪表	举止	语言谈吐	社交礼仪
·发型 ·脸妆 ·衣着 ·指甲 ·鞋子 ·袜子 ·饰品	·微笑 ·眼神 ·体态 ·距离	·声音 ·称呼 ·话题	·问候对方 ·介绍自己 ·见面握手 ·交换名片

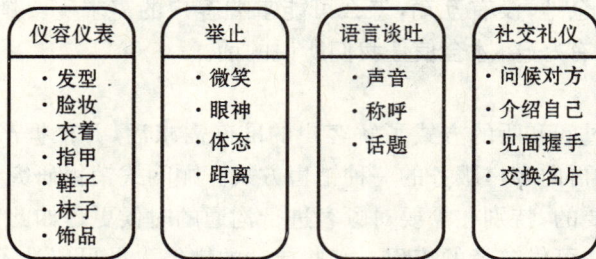

图 1-4-2　销售人员的形象准备

1）保险销售员的仪容仪表

（1）男销售员的仪容仪表。男销售员的仪容仪表要求如图 1-4-3 所示。

头发
是否清洁？
与工作是否相符？

面孔
是否清洁？
是否刮胡须了？
眼睛是否充血？

衬衫
脏吗？
是否有斑点或褶皱？
袖子是否挽起来了？

领带
扎系的方法是否正确？
长度合适吗？
位置是否正确？

上衣
整理得是否整齐？
是否端正得体？

手
脏吗？
指甲长吗？

裤子
是否熨烫过？
是否变形了？

袜子
是否清洁？（深色）

皮鞋
颜色，样式
是否得体？

图 1-4-3　男性销售员的仪容仪表

① 发型:应留短发,保持头发的清洁、整齐。

② 脸妆:应精神饱满,面带微笑;注意清洁,每天刮胡须。

③ 衣着:应穿白色或单色衬衫,领口、袖口无污迹;领带紧贴领口,系得美观大方;西装应平整、清洁;西装口袋不放物品;西裤平整,有裤线。

④ 指甲:应留短指甲,注意保持清洁。

⑤ 袜子:应穿黑色或深色袜子。

⑥ 鞋:应穿黑色皮鞋,保持光亮,无灰尘。

(2) 女销售员的仪容仪表。女销售员的仪容仪表要求如图1-4-4所示。

头发
是否整洁?
与工作是否相符?
饰品是否合适?

衬衫
脏吗?
是否有斑点或褶皱?

包
质量?样式?颜色?

裙子
是否有褶皱?
长短是否合适?

长袜
颜色是否合适?

化妆
是否给人健康,
整洁的感觉?
是否过于鲜艳?

手
指甲长度是否过长?
指甲油的颜色是否过
鲜艳?

上衣
是否经过熨烫?
是否整齐?

皮鞋
是否经常擦拭?
颜色、样式是否合适?

图 1-4-4 女性销售员的仪容仪表

① 发型:女性发型应文雅、庄重,梳理整齐,长发要用发夹夹好。

② 脸妆:女销售员应化淡妆,面带微笑。

③ 套装:女销售员应穿套装,正规、大方、得体。

④ 指甲:指甲不宜过长,并保持清洁。涂指甲油时须选用自然色。

⑤ 裙子:穿裙子应长度适宜。

⑥ 袜子:袜子应穿肤色丝袜,无破洞。

⑦ 鞋:鞋子应该光亮、清洁。

⑧ 饰品:除结婚戒指外没有其他的饰品。

2) 保险销售员的举止

(1) 用微笑表达善意。表情中微笑最能赋予人好感,增加友善和沟通,愉悦心情的表现方式。真正甜美而非职业化的微笑是发自内心的、自然大方的、真实亲切的! 要与对方保持正视的微笑,高于对方视线的微笑会让人感到被轻视,低于对方视线的微笑会让人感到有戒心。

(2)注意眼神的交流。眼神的接触是重要的交流手段,与顾客交谈时,两眼视线落在对方的鼻间,偶尔也可以注视对方的双眼。恳请对方时,注视对方的双眼。为表示对顾客的尊重和重视,切忌斜视或看着他人他物,避免让顾客感到你非礼和心不在焉。需要注意的是,正确的目光是自然地注视。

(3)得体的姿态体现素养。

① 站姿。销售人员的站姿如图 1-4-5 所示。

基本要求:抬头,目视前方,挺胸直腰,平肩,双臂自然下垂,收腹。

男性:两脚分开,比肩略窄,身体重心放到两脚中间,双手合起放在背后或置于身前。

女性:双脚并拢,脚尖分呈 V 字型,双手合起放在腹前。

② 坐姿。销售人员的坐姿如图 1-4-6 所示。

入座时应轻轻坐下,至少坐满椅子的 2/3,后背轻靠椅背,双膝自然并拢(男性可略分开)。

对坐谈话时,身体稍向前倾,表示尊重和谦虚;如果长时间端坐,可将两腿交叉重叠,但要注意将小腿回收。

图 1-4-5　销售员的站姿　　　　　　图 1-4-6　销售员的坐姿

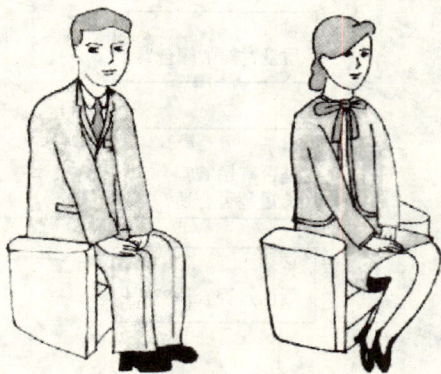

③ 行姿。女士:抬头、挺胸、收紧腹部,肩膀往后垂,手要轻轻放在两边,自然摆动,步伐轻轻的,不可拖泥带水,身体有向上拉长的感觉。行走轨迹双脚内侧成一直线。

男士:抬头、挺胸、收紧腹部,肩膀往后垂,手要轻轻放在两边,自然摆动,步伐轻巧,不可拖泥带水,身体有向上拉长的感觉。步伐坚定,充满自信。行走轨迹双脚内侧成一直线。

④ 手势。手势是一种重要的身体语言,在洽谈过程中有助于表达自己的情绪,说明某个问题,从而使自己的语言更加有说服力和感染力,但手势不宜过多、过密,否则容易分散对方的注意力,甚至引起对方的反感。做手势时动作不能过大,不能将手伸过双方距离中界线的地方。另外,不分场合与对象地拍打肩膀或与顾客勾肩搭背极容易引起对方的不快。同时,在比划双手时一般不要超过双肩以内的范围,否则会给人以手舞足蹈、轻浮乃至轻狂不实的印象。当然,手势也不可太过于拘谨,显得生硬怯懦,缺乏应有的自信,这样难以让人产生信赖感。

(4)合适的交流空间距离。有位著名销售员曾经说过:"优秀的销售人员会严格注意其与顾客间的座位距离,并能在逐渐破除种种障碍的过程中表现出亲近感。"人与人之间的空间距离实际上是相互之间心理距离的体现,过于鲁莽地进入对方的距离,会引起对方的戒备心理。人们所在的空间距离一般可分为四个层次:

① 亲密距离:15~46 厘米,一般在最亲的人之间出现,如父母、恋人、爱人。

② 个人距离:46~120 厘米,一般在亲朋好友之间,促膝谈心,拉家常。

③ 社交距离:1.2~3.6 米,一般在社交场合与人接触之间,上下级之间,保持此距离会产生威严感、庄重感。

④ 公共距离:大于 3.6 米。

在销售中应该保持多大的距离才算合适呢? 一般来说运用个人距离与社交距离是比较合适的。但还需要考虑其他各种情况,如交往对象、交往内容、交往场合、交往心境等因素。通常销售双方的人际关系以及所处的环境决定双方之间的距离。

3) 保险销售员的谈吐

(1) 打动人的声音。

发音:没有浓重的地方口音;尽量使每个字的发音都正确。

语法:正确。

内容:不说令人厌恶的字眼;不要一再使用口头禅。

语速:适中。

音调:不过高,声音听起来圆熟而稳重。

(2) 恰当的称呼。在与顾客交谈的过程中,恰当的称呼显得非常重要,对男士的称呼,最普遍的称呼是先生,表示严肃的态度和对于对方的尊重。对女士的称呼:未婚者称小姐;已婚者称太太、夫人;不明确者称女士。表示对女性的尊重,表明了认可对方的社会地位。对身份高的人的称呼:在官方场合要称其职衔,对有学问的人称呼学衔。

(3) 选择顾客喜欢的话题。

4) 社交礼仪

(1) 问候对方。郑重并亲切的问候是正确礼仪的基础,是打开人际关系之门重要的第一步,是良好人际关系的润滑油。在销售中主动先向别人问候,对方没有注意时,也不要不问候。每一次见面都要问候。

(2) 介绍自己。问候对方之后介绍自己。简要地介绍自己的单位、职务、姓名。介绍时语言明朗、爽快、速度稍慢、流畅而不可炫耀。

(3) 见面握手。与别人握手时一定要伸右手,伸左手是不礼貌的,伸出的手掌应当垂直,这是通常的习惯。握手时掌心向上,有谦卑之态,掌心向下,会有显示傲视之嫌。握手的时间以三至五秒为宜,关系亲近的当然可以长时间相握。用力大小也应适度,用力太猛太重,会把对方握疼,是非礼行为;太轻甚至用指稍微碰一点,会让对方觉得你在敷衍、冷淡他。握手的力度,对男子可以稍重些,对女子则应轻柔。老朋友多年不见,当然不仅可以长时间相握,而且可以加大力度,再晃上几晃。一般人为表示进一步亲近,可以把左手伸出,握住双方已经相握的双手上,轻轻地晃上几晃,这都是允许的。但对女士不能如此。握手前要将手套去掉。来不及的时候,应说一声:"对不起!"

(4) 交换名片。递名片时,应起身站立,走上前。用双手或右手递上名片,正面对着对

笔记

方,如果是外宾,将英文的一面对着对方。递名片时,应说:"请多指教"、"多多关照"、"常联系",或作一自我介绍。

与多人交换名片,由近而远,由尊而卑。交换次序一般是:位卑者应当首先将名片递给位尊者。

接名片时,应起身站立,面含微笑,目视对方,用双手捧接,或以右手接过。接过名片后,从头到尾认真默读一遍,意在表示重视对方。接受他人名片时,应使用谦敬语,如"请您多关照"、"请您多指教"。另外需避免握手时一些不礼貌行为,如图1-4-7至图1-4-9所示。

图 1-4-7　交叉握手　　　　图 1-4-8　目视他人　　　　图 1-4-9　戴手套

索要他人的名片时,应向对方提议交换名片,主动递上本人名片。

3. 销售工具准备

在销售之前应当准备各种销售工具,主要的工具有:笔、名片、计算器、公司简介、宣传广告资料、保险单证、保险条款等。

知识要点4　汽车保险销售流程

汽车保险销售的流程一般可分为八个步骤,如图1-4-10所示。

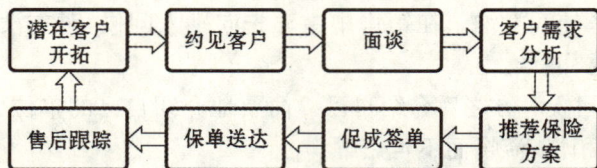

潜在客户开拓 → 约见客户 → 面谈 → 客户需求分析 → 推荐保险方案 → 促成签单 → 保单送达 → 售后跟踪 → (潜在客户开拓)

图 1-4-10　汽车保险销售流程

知识要点5　汽车保险销售技巧

汽车保险销售的技巧,主要是为顾客的各种问题而准备的应对方法,另外提供一些应对话术,如:

1. 客户对销售员有疑问

客户:去年是在小陈那里买的。

销售员:您说的对!但今年您的保险由我来跟进吧,绝对保证质量。

2. 客户回应已经有别人服务

客户:我已经有人跟进了,不用麻烦你了!

销售员:(先打听对手)哦,那家保险(那个业务员)的服务未必比我们的优秀哦,难道您不想比较一下吗?

客户:我有熟人跟进了,不用你了。

销售员:这样的话,如果理赔时发生配件价格和维修工时差额纠纷可容易伤了感情啊。遇到这种情况我们车行会协助您和保险公司协商的,服务更重要嘛。

3. 客户推迟洽谈

客户:还没到期啊,到时再说吧!

销售员:对呀! 我们通常是提前 45 天提醒客户的,让您早一点知道今年保险的方案和价格,多点考虑时间。而且对提前购买保险的客户有额外的优惠呢!

4. 客户对理赔有意见

客户:怎么我买了保险都不能赔呢?

销售员:能详细跟我谈一下吗? 是什么原因被拒赔呢?(倾听,让客户把事情经过讲述出来,详细一点,一方面了解情况,一方面让他释放能量,回归理智,并不断认同、安抚客户)。今年出险的话要第一时间联系我们哦(介绍理赔流程操作,等客户清楚后再销保险)。

5. 客户对价格有异议

客户:能不能便宜一点?

销售员:对不起,这个是最优惠的,您的这个想法我也很认同,消费者的共性啦。但我认为您的车得到保障比价格高低更重要,您也不想要打折的服务吧? 我们公司只卖××公司的保险,服务高于价格也是我们的理念。请问价格之外,还有其他顾虑和疑问吗?(关于直接要求折扣的客户,不能随便松口。)

6. 客户询问优惠情况

客户:你们打多少折呢?

销售员:其实打多少折是根据具体情况而定的,您最关注是我们最终的保费和能提供的服务吧。

7. 客户寻求销售员的承诺

客户:我在你这里买保险是不是到时候有什么问题都找你,我就不用管了?

销售员:这是我们的服务,我们会对客户代作理赔和全面跟踪的,协助你快速理赔。不过,不清楚的地方,一定要给我们机会先解释清楚哦。

8. 客户表示需要时间考虑

客户:我考虑之后,我会给你打电话的。

销售员:××先生,您是成功人士,我怕您工作太忙误了续保时间。要不我们定个时间,我打过去吧。

知识要点 6 销售禁忌

1. 无法控制好愤怒的情绪

对于一名保险营销员来说,避免愤怒并能控制好自己的情绪是非常重要的。保险营销实践中营销员常常需要控制的愤怒情况大体有以下几种：

1）主观愤怒的控制

主观愤怒主要诱因在于营销员自身，进而给工作带来不必要的麻烦。愤怒并不是解决问题的良药。当保险营销员在因主观原因而准备发怒时，应该首先考虑发怒的后果。当你平静下来后，才更有利于你思考问题，才更有利于你进一步寻找解决问题的方案。

2）客观愤怒的控制

客观愤怒主要诱因在于外界因素，往往营销员自己无法控制这些因素。愤怒只会令你心情更加糟糕。不妨给自己一些积极的心理暗示，如告诉自己"塞翁失马，焉知非福"，对自己说"给自己一个微笑，我就会拥有一片更蓝的天等"。

3）人际愤怒的控制

（1）对同事的愤怒的控制。为了更好地控制因同事关系引起的愤怒，不妨将自己放在更高的层次上，告诉自己"我有更好的修养，我不会因这些事儿而愤怒"；用自己的业绩来安慰自己也是不错的方法，"我不会浪费时间来生气，生气是用他人的错误惩罚自己，我会把更多的时间和精力投入到业务中，以获取更好的业绩"。

（2）对客户的愤怒的控制。"顾客就是上帝"，这对于保险营销员来说更是如真理一样。尽管我们把顾客当作上帝一样对待，但并不是每个"上帝"都是仁慈的。

2. 无法掌控良好的交流环境

保险营销员要想取得保单，除了能够很好地控制自己的情绪外，还要懂得在良好的氛围下运用有效的交流技巧，与客户进行有效的沟通。要想做到掌控交流环境必须注意几点：

1）要具有服务意识

在销售过程中，必须有良好的服务意识，例如，当客户说得有点口干时，营销员要递上水；当客户打喷嚏时，营销员要递上纸巾；当客户需要记一些重要信息时，营销员要及时递上纸和笔；当客户表现出对某项产品的兴趣时，营销员要及时递上该产品的介绍材料等。

在向客户推销保险产品时，不应以促使客户购买保险产品为目的，而应本着为客户服务的原则，尽自己最大努力与客户进行沟通。例如，当客户需要更详细了解保险产品时，营销员应不厌其烦地耐心介绍；如果遇到自己不熟悉的部分，应该及时向同事或经理问清楚，然后再及时转告客户；如果自己不销售客户需要的保险产品，应向客户推荐相关保险公司或保险营销员。

2）用乐观感染客户

实验证明，乐观积极的想法，不但对心理产生影响，同时也会产生强烈的生理上的影响。

保险营销员应该具备乐观的生活和工作态度。生活中要做到：我的生活是最幸福的；今天阳光真棒，一定是个幸运的日子；今天努力工作了，明天一定更美好等。

工作中应保持乐观向上的态度，并用自己的乐观去感染客户。

3）自信激励客户

销售员在销售过程中必须表现出自信，自信可以体现在以下几个方面：对自己营销的产品了如指掌；回答客户的提问时，语气肯定而坚定；面部表情自然，流露出一种职业性和专业性；即使是自己不了解的方面，也不要露怯，要大方地告诉客户"我不太了解，让我问清楚明天一定电话回答您"。

4）诚信感动客户

诚信是保险营销员安身立命之本。所谓"人无信不立"，对于保险行业来说，失去诚信，企业就无法生存，保险营销员就无法顺利开展工作。

5）热忱打动客户

保险营销员要具有热忱的态度，不但对工作如此，对客户也要如此。对于自己的工作，营销员要无怨无悔、充满热情。对于客户，营销员同样要充满热情。例如，在约见客户时，主动跟客户打招呼；在跟客户交流时，要热情地向客户介绍保险产品；当客户需要帮助时，要热情地提供相应的帮助；当客户不愿意开口说话时，要主动寻找共同话题，让客户开口；主动寻找客户需求与自己营销产品的结合点，热情为客户分析保险产品的利和弊等。

面对营销员的热情，相信再铁石心肠的人也会被打动。这样就会使营销员与保户的交流更加顺畅。双方也就更容易达成一致。

3．不诚信

诚信是企业经营的首要原则之一。销售员在工作中应避免出现下面情况。

1）夸大保险产品

保险营销员不能只顾个人一时的业绩与佣金，违背保险的最大诚信原则，在解释保险产品或保险合约条款时失真。

2）诋毁同业公司

保险营销惟有真实诚恳，才能打动客户的心。殊不知保险行业有相通之处，在诋毁他人的同时也将自己及自己营销的产品推上了被怀疑的位置。

不要害怕向客户坦白保险产品的不尽如人意的地方，要知道任何产品、服务都不是十全十美的。当营销人员诚实的告诉客户保险产品的利和弊，客户可能会更容易接受。这样反而会获得客户的信任，助你完成保单销售。

4．强迫推销

作为一名合格的保险营销员，在促单过程中应用心去引导客户，从保险的主旨出发，详细介绍保险产品的功能以及给客户的好处和保障，而不能勉强别人投保。

5．其他禁忌

1）工作不规范

保险营销过程中，几个环节需要营销员特别注意。首先在约见客户前，营销员应做好充分的准备。

此外，还要预先设想客户可能会问到的一些问题，并准备好答案。其次，在与客户见面时，要带着诚意与客户用心交流，事事要多为客户着想。最后，一方面，在客户有意投保时，设计保单要尽量为客户着想，要多解释来消除保户的疑虑，还可以通过一些小节上的让步让客户获得更多的心理平衡。另一方面，当客户无意投保时，营销员不应恼火，更不能说一些不适宜的话。而应大大方方地接受客户的选择。

2）相互抢单

营销员之间相互抢单是保险营销的一大禁忌。一方面会损害保险公司的利益以及形象。另外一方面营销员在抢单过程中，往往还会出现诋毁竞争对手的现象，这样会让客户对整个保险行业产生怀疑。

3）生搬硬套

有些营销人员将一些成功的营销技巧普遍应用于保险产品的营销过程中,从而不能因人而异地进行营销。首先要深入了解客户,这是进行有针对性营销的前提。其次要有效地利用所得信息,对症下药,即在开展营销活动之前应有所准备,并针对客户不同的特点进行有针对性的营销,这有助于营销员提高业绩。此外,营销人员应注重培养自身的各方面素质及能力,在实践中不断形成自己特有的营销经验。

四、任务实施

任务步骤 1　拟定任务实施计划

在进行汽车保险的销售时,可根据不同客户的情况,参考如图 1-4-11 所示流程进行。

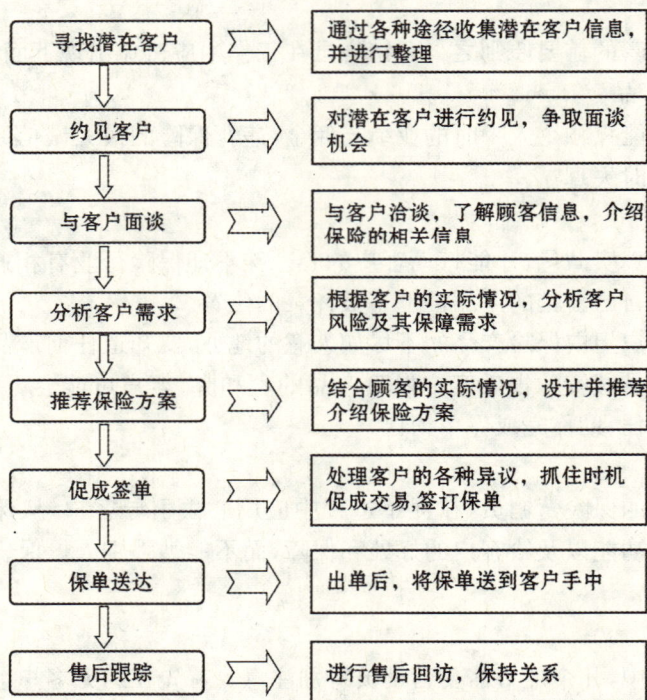

```
寻找潜在客户  ⟹  通过各种途径收集潜在客户信息,并进行整理
     ↓
约见客户     ⟹  对潜在客户进行约见,争取面谈机会
     ↓
与客户面谈    ⟹  与客户洽谈,了解顾客信息,介绍保险的相关信息
     ↓
分析客户需求   ⟹  根据客户的实际情况,分析客户风险及其保障需求
     ↓
推荐保险方案   ⟹  结合顾客的实际情况,设计并推荐介绍保险方案
     ↓
促成签单     ⟹  处理客户的各种异议,抓住时机促成交易,签订保单
     ↓
保单送达     ⟹  出单后,将保单送到客户手中
     ↓
售后跟踪     ⟹  进行售后回访,保持关系
```

图 1-4-11　销售保险任务实施流程

任务步骤 2　潜在客户开拓

1. 潜在客户的概念

潜在客户就是关注保险或有投保意愿、但尚未签单的客户群体。他们在等着我们去给他们做计划、讲产品,然后促成签单。

2. 潜在客户的开拓方法

客户开拓的方法有多种,主要介绍下面几种,如图 1-4-12 所示。

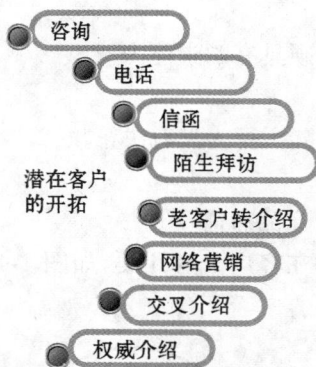
图 1-4-12　潜在客户开拓方法

1) 咨询

咨询这种方法比较适合于新人用,既锻炼了胆量,又增长了见识。能够主动询问的人,是有了解意向的群体,需要进一步跟进。

2) 电话

电话销售比较适合声音甜美的保险销售员。要求保险销售员有足够的心理承受能力,因为相对拒绝率会较高。

3) 信函

信函销售是直接与客户通信,其目的是为了创造与潜在客户面谈的机会,它是寻找潜在客户的一个有效途径。冒昧地给他人写信讲述保险的理念,也许会引起别人的反感。

4) 陌生拜访

陌生拜访是寻找客户最基本、最直接的方法,同时也是难度最大、打击性最多、最富有挑战性、最难坚持下去的一种方法。陌生拜访是保险销售员必须具备的基本功,它的成功与否直接影响着事业的成功。陌生拜访可以归结为最基本的方法、最直接的面对、最艰难的开拓、最重要的、最可靠的手段步骤这五个特点。

5) 老客户转介绍

转介绍也叫连锁法。意思是说,在寻找潜在客户的过程中,通过客户来挖掘潜在的客户;利用老客户、老关系来发展新客户,再通过这些新客户来寻找其他的准客户。

6) 网络营销

7) 交叉介绍

通过与其他不同行业的人员如汽车销售员、保险评估员、汽车销售服务人员合作,共享客户资源,去寻找潜在客户。

8) 权威介绍

又叫蜘蛛网开拓法,或者叫影响力中心运用法。即在某一范围的客户群体当中,有些人具有令人信服的能力和良好的人际关系,这类人即属于这个群体有影响力的人物,在寻找客户时,可以先说服他,让他成为客户。然后再以点带面,全面推广。

3. 潜在客户的分类

不是每个潜在客户都会购买产品,一个潜在客户要购买产品,必须具备下面的三者条件:

1）购买力（Money）

M—Money 购买力，即客户必须具有购买能力。

2）权力（Authority）

A—Authority 权力，即客户对购买行为具有决策权。

3）需求（Need）

N—Need 需求，即客户是否对产品有需要。

根据上面三个因素，可以把潜在客户分为几类，如图 1-4-13 所示，对这几类潜在客户采取不同的对策。

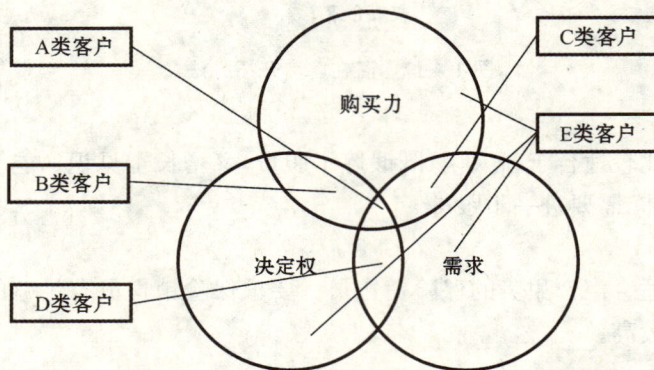

图 1-4-13　潜在客户分类

A 类客户：有购买力，有决定权同时又有需求，这类顾客是理想的销售对象，要及时追踪。

B 类客户：有购买力，有决定权，但没有需求，运用各种技巧可挖掘其需求，这样的潜在客户要及时回访。

C 类客户：有购买力，有需求，但没有决定权，可以通过接触，设法找到具有决定权的人。

D 类客户：有需求，有决定权，但没有购买力，保持接触，根据情况给予帮助。

E 类客户：三个条件中只具备一个条件，不要放弃，等待他转换成上述四类。

任务步骤 3　客户的约见拜访

拥有了潜在客户后，需要对潜在客户进一步地接触，建立双方的关系，才能为其提供服务，促成交易。在客户的约见中，我们优先选定 A 类潜在客户。

1. 客户约见——电话约定客户

1）通话前准备

（1）查阅潜在顾客信息档案；

（2）明确打电话的目的和目标；

（3）为达到目标所必须问的问题；

（4）设想客户可能会提到的问题并做好准备；

（5）设想好电话中可能会发生的事情并做好准备；

（6）所需资料的准备；

（7）态度上做好准备。

2) 开始通话——开场白

在通话开始后需要说明相关情况,一般开场白包括下面内容:

(1) 自我介绍;

(2) 相关人或物的说明;

(3) 介绍打电话的目的;

(4) 确认对方时间可行性;

(5) 转向探询需求。

3) 通话过程

(1) 礼貌用语是赢得顾客的关键,微笑是不可缺少的催化剂;

(2) 电话里不宜喋喋不休地谈论保险的具体特点,应争取获得面谈的机会;

(3) 对于顾客谈及的主要内容,应随时记录,并在谈话结束前进行总结确认;

(4) 感谢顾客接听电话,并等顾客先挂断电话后,再挂电话。

4) 通话结束后,整理顾客信息,更新到潜在客户信息系统中

2. 信函邮件约见

运用信函的有效通信方式:

(1) 措辞一定要优美,入情入理,又能打动人心;

(2) 内容以一般的公司与险种介绍为主;

(3) 讲明公司的性质,服务质量以及兑现的事例;

(4) 承诺有更详细资料和公司的记事簿之类可以赠送的物品,有复函之后再行寄送。

✎ 案例分析

如何进行电话约访

小郑把自己的客户做了一个整理,她发现200多个客户中,有40多位是高级知识分子和国家机关干部,他们的年收入在10万元以上,他们买的保单件均保费在1万元左右。这些客户在接触的时候很容易导入保险,基本是一次促成的。于是小郑就把自己的客户群锁定在这类准客户上。小郑通过这些高级知识分子客户拿到准客户的名片,她先把名片做了一个筛选,只挑选国家机关干部和医生、律师、大学教授等打电话,小郑每天开完早会就回家打电话,在电话中她直接说明自己是保险公司的保险顾问,想约对方见面,向他介绍公司的产品和服务。她发现,每打10个电话,大概能够约访到2个客户见面,打电话时声音、语调的效果是约访成功的关键。她知道给客户的第一印象很重要,所以去见客户之前,她都会精心准备,穿着职业服装,把客户可能的拒绝问题和自己的解答话术梳理一遍,见了客户之后,一般都是一次促成。

任务步骤4　与客户面谈

对客户进行拜访,与客户进行面谈,必须有选择性地进行,这样才能使销售活动更加有效率。

1. 拜访对象的选择

一般优先选定A类潜在客户,A类潜在客户建议拜访时间间隔不要超过7天,B类、C

类、D类准客户的转变需要一定的过程,E类准客户可以 1~3 个月联系一次。

2. 制定拜访计划

在拜访之前,应当针对客户的情况制定合适的拜访计划,以便在与客户交谈时能够更好地控制整个过程。

📝 **知识链接**

制定拜访计划应当考虑的问题

制定拜访计划,销售员首先应当弄明白以下要点:

1. 对客户来说,这次拜访的时间是否合适?

2. 事先有没有经过电话或信函预约?如果没有预约,访问有没有问题?

3. 客户有没有购买的决策权?如果没有,决策权在谁手中?

4. 客户现在是否有购买的需求?是迫切需要还是一般状态?

5. 对于客户可能出现的变化,有没有随机应变的准备?

6. 与客户见面时应当如何说好第一句话?

7. 应当如何说明商品给客户带来的利益?

8. 遇到强烈反对时如何应对?

---

3. 明确面谈目的

保险销售员拜访潜在客户的原因,就是因为对方有潜在保险需求。通过面谈,即实况调查,通过没有防范的沟通掌握到客户端最全面的信息,掌握主动权,掌握对方的信息越多越好。

通过对客户情况的评估,以决定推荐哪类险种,保额高低等内容。

4. 建立与客户的信任关系

对于客户的面谈,销售人员首先要做到的是与客户建立信任的关系,只有客户信任销售人员,才能进行良好的交流,销售人员才能获得有效的信息,正确地评估客户的情况。下面几个事项有助销售人员与客户进行良好交流。

"接触客户的三十秒,决定了销售的成败",这是成功销售人员共同的体验,那么接触客户的意义到底是什么呢?接触客户在专业销售技巧上,我们定义为"由接近潜在客户,到切入主题的阶段"。接触客户的首要目的就是与客户建立联系,并建立客户对我们一定程度的信任,客户才有可能把他的需求告诉我们。因此,如何建立客户对我们的信任,就是销售人员在接触环节要解决的问题。

与客户发展关系有三个阶段,建立联系,就是使销售人员与客户之间的关系由陌生变得熟悉,由熟悉变为朋友,最终达到最高的——不是亲人胜似亲人。

1) 从陌生到熟悉

与客户建立联系时要完成的第一个步骤就是从陌生到熟悉。

实际上,面对一个陌生的面孔,建立信任感是难以想象的,建立信任的前提至少是对方是我熟悉的,最起码是"脸熟"。当客户对我们非常陌生,也就意味着非常低的信任度,不可能告诉我们他的需求,更不会购买我们的产品。所以熟悉客户从克服陌生感开始。

俗话说:一回生、二回熟,熟悉客户的方法其实也非常简单,就是多去拜访客户,拜访的次数多了,自然就与客户熟悉了,也会或多或少增加相互间的信任。

2) 从熟悉到朋友

什么样的人彼此会成为朋友呢? 很简单,有共同兴趣和爱好的人最容易成为朋友。所以要和客户成为朋友,就要找出我们和客户共同的兴趣和爱好,从兴趣和爱好出发去培养我们与客户之间的友谊,增加与客户之间的相互信任。

如果一名销售人员与任何人在一起的时候都能很快找到一个共同兴趣,并且对这个兴趣的了解程度也常常超越客户,那么他无疑会拥有众多朋友般的客户。当然,要做到这一点并不是一件容易的事情。

共同的兴趣可以使你成为客户的一个朋友,这也是所有的销售人员所追求的目标。目前,大多数销售人员和客户之间只停留在熟悉的层次上,例如一起参加一些活动如吃饭、看电影等。吃一两次饭,你和客户之间的熟悉程度可能会有所加深,但是要从熟悉变成朋友,达到一个质的变化,就必须开发出你和客户的共同兴趣。所以销售人员要注意,一定要抓住客户的兴趣所在,做客户感兴趣的事情。

3) 不是亲人胜似亲人

发展与客户的关系,其最高境界是与客户之间达到一种类似亲人的关系。类似亲人是什么样的感觉? 就是同舟共济、患难与共,时时处处站在对方的角度考虑问题。如果你能对客户做到这一点,像亲人一样对待客户,那么你与客户的关系肯定会进一步升华,客户对你的信任也一定会日益增长。当客户把你当作亲人一样看待的时候,销售就变得非常简单了。

所以说,建立联系的目的就是不断增进销售人员和客户间的相互信任,从而使关系不断提升,由陌生到熟悉、到朋友、最终到胜似亲人。

5. 注意面谈的原则

1) 良好的第一印象

销售人员如果想给客户留下良好的第一印象,需注意几点:

(1) 仪容仪表。服装以干净、大方为宜,千万不可奇装异服,过分时髦;应以专业形象、套装为宜,胡子刮干净,头发梳整齐,指甲不要太长、脏黑,女性不宜浓妆艳抹,身上也不宜太香或有异味。

(2) 行为态度。抬头挺胸,不卑不亢,满怀信心,和人谈话时要注意聆听,注视对方,给人良好印象。

(3) 谈吐。说话不快不慢、轻松自然,避免滔滔不绝、满口脏话。

(4) 名片收受。名片应放在名片夹中,干净整齐,容易抽取。

(5) 遵守时间。与人相约,守时是最重要的,如已说明只耽误客户 20 分钟,必须按时离开,切忌喋喋不休,遭客户反感。

(6) 身体语言。有些人喜欢双手交叉抱拳,抖动圆珠笔,晃动腿部,都会留给客户不良印象,应自然为宜。

(7) 不说口头禅。口头禅会令对方十分不快,有时夹带外语也会让客户异常反感。

(8) 笑容。业务员应保持心境上的愉快,笑容才会明朗、真诚,笑容是最好的催化剂。

(9) 勿忽略第三者。与客户见面时,不论在办公室或家中,都可能有第三者存在,若忽视他们,可能会招来意外的不悦。

（10）态度诚恳。答应客户要查询的资料、交办事项，最好马上记录，并限期完成，给客户回音，千万不可光说不做，失去信用。

2）消除客户戒心，进入交谈

从接触客户到切入主题的这段时间，你要注意以下两点：

（1）打开潜在客户的"心防"。曾任美国总统的里根，不仅是位卓越的总统，也是一位伟大的沟通家，他说："你在游说别人之前，一定要先减除对方的戒心。"当客户第一次接触你时：客户是"主观的"，"主观的"含意很多，包括对个人穿着打扮、头发长短、品位，甚至高矮胖瘦等主观上的感受，客户对销售人员有自身的看法，而产生喜欢或不喜欢的直觉。客户是"有防卫的"！只有在你能迅速地打开潜在客户的"心防"后，才能敞开客户的心胸，客户才可能用心听你的谈话。打开客户"心防"的基本途径是先让客户产生信任感，接着引起客户的注意，然后是引起客户的兴趣。

（2）销售商品前，先提高客户对自己的信任度。一位寿险经纪人曾经说"我的客户90%都没有时间真正去了解他们保了一些什么，他们只提出希望有哪些保障，他们相信我会站在他的立场，替他规划，所以，我从来不花大量的时间解释保险的内容还有细节，我认为，我的销售就是学习、培养、锻炼一个值得别人信赖的风格"。

3）寻找话题，让彼此互动

跟客户交谈是，通过寒暄，拉近彼此的关系。通过谈论合适的话题，可以增加双方的互动，建立起关系。

🖉 知识链接

选择交谈话题

在与客户的交谈中，保险销售员要善于选择话题，与客户进行互动。一般可以谈论的话题有：

1. 客户爱听话题
2. 对方兴趣爱好
3. 对方工作
4. 时事问题
5. 对方孩子等家庭之事
6. 影艺体育运动
7. 对方的故乡及就读过的学校
8. 健康
9. 理财技术

4）采取合适的沟通风格

客户的性格各种各样，其沟通风格也各不相同，在与客户面谈时应了解到对方的个性，以便采取针对性沟通方法。

有一种客户性格分类的方法，如图1-4-14所示。

（1）孔雀：和谐型。受欢迎的人，被别人欣赏，人缘好，人际关系和谐，喜欢群体工作。

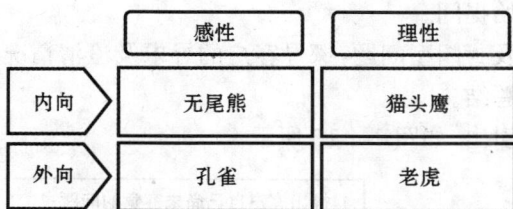

图 1-4-14 客户性格分类

与这种性格类型的人交谈,应告知其利益,能维持其形象,进行引导,诱惑。

(2) 老虎:行动型。这类人风风火火,看重权利,控制能力很强,行为比较直接,喜欢挑战,喜欢尝试新鲜事务。与这类性格类型的人进行沟通,可以提供建议,由他定夺。

(3) 猫头鹰:理智型。这类人分析能力强,理性客观,倾向合理维持现状,建立未来,讨厌被突发时间打乱安排,处事谨慎。与这类性格类型的人打交道,可以借用三方求证,摆事实、讲道理。

(4) 无尾熊:亲和型。这类人追求卓越,喜欢被人看做有价值、有回应,行动力慢,优柔寡断,不善于表达。与这类人沟通时需要帮助其做决定,进行引导,零压力销售。

任务步骤 5　客户需求分析

1. 客户的需求分析目的

客户需求分析的目的就是发现客户的真正潜在需求,为正确地引导客户购买最需要的保险,获得真正的保险保障打下基础。了解客户的需求,有利于我们为客户量身定做保险方案,只有合理的保险方案才能满足客户的真正需求。

2. 客户的需求分析所需了解的信息

为了分析客户需求,销售人员需要了解一些关键的信息,主要有:

(1) 车辆的使用情况,如用途、车龄、车辆数量,车辆使用环境等;

(2) 驾驶车辆的人员情况,如驾龄、性别、是否多人驾驶等;

(3) 客户的经济能力,风险偏好等。

3. 客户的需求分析方法

1) 通过有效的提问探寻客户的寻求

(1) 问题的种类,包括开放式和封闭式两大类,如图 1-4-15 所示。

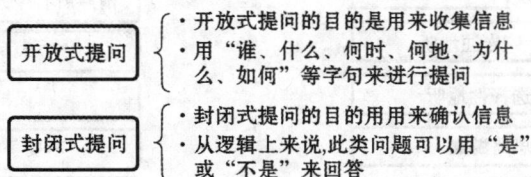

图 1-4-15　问题的种类

(2) 提问的技巧。

① 解释发问的目的。在提问之前解析提问的目的,让客户明白提问的目的是为了保障他的利益,并激励客户回应,确认对方的理解程度。

笔记

② 由开放型问题开始提问。

③ 开放引导型问题及封闭型问题,探寻客户的寻求及澄清情况。

④ 用封闭型问题作总结。

⑤ 将问题有程序地引出,如图 1-4-16 所示。

运用事实问句	⇒	1. 提出客户自己尚未察觉的问题; 2. 提出问题产生后必要的费用; 3. 提出问题产生的真相; 4. 提出问题产生后需要的详细费用。
运用感觉问句 引导问题	⇒	1. 提醒客户同意"这是个该着手解决的问题"; 2. 询问客户对这些问题的看法; 3. 询问客户对这些问题的感觉。
解决问题	⇒	1. 询问客户针对这些问题的解决办法; 2. 询问客户是否规划了解决方案; 3. 询问客户你所提供的方法是否可以满足他的需求; 4. 询问客户他所能付出的费用; 5. 询问客户如果不用你的方法他是否能够独立解决。

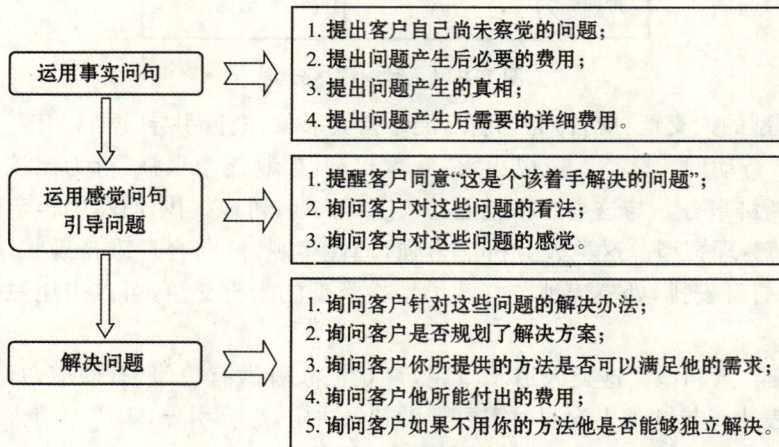

图 1-4-16 提问的顺序

2)通过积极倾听了解需求

倾听就是要在一段时间内放弃自己的观点和兴趣而注意别人。有的人虽然作出听的样子,但是在开始听之前,心里已经有了成见。而有的人在开始听之前,或者还未听完整个故事及获得重要细节之前,就已经胸有成竹了,迫不及待想要去反驳。销售中需要的是积极地倾听,即不仅要用耳朵去听、用眼睛去看,还要用感觉去体会,给出回应。

(1)倾听的五个层次。各种倾听的层次,如图 1-4-17 所示。

(2)如何做到积极地倾听。要做到有效地倾听,销售员要注意一些技巧,如图 1-4-18 所示。

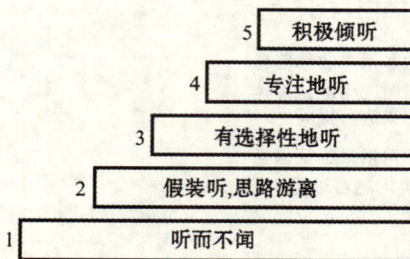

停止谈话
亲近客户,使客户放松下来
让客户感到正在听他们讲话
清除所有令人分心的事情
表示理解
保持耐心
不要争论或批评
提问

5 积极倾听
4 专注地听
3 有选择性地听
2 假装听,思路游离
1 听而不闻

图 1-4-17 倾听的层次

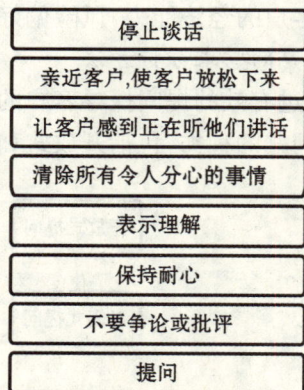

图 1-4-18 倾听的技巧

3)总结客户的需求

客户需求分析就是要发现客户的风险问题,找出他的软肋,为成功进行销售做好准备。

<<<<<　- -

任务步骤6　介绍保险方案

1. 设计保险方案

1）什么是保险方案

保险方案即保险销售人员根据客户的实际情况,帮助客户分析其风险特点,指导客户选择投保途径,比较各保险公司产品之间的差异,合理而确定的投保金额与险种组合。

2）设计保险方案的目的

设计保险方案的目的在于,在分析客户风险特点与需求的基础上,为客户提供合适的保险产品。保险方案的设计将在任务1-5中有详细叙述。

2. 保险方案的介绍说明

1）对保险方案进行说明的目的

对计划书的说明就是为了便于让客户在边看边听中加深对保险方案的认知,并通过保险销售员有条理、生动、详实地讲解,从内心产生购买欲,达到购买保险的目的。保险方案制作得再好,也只是文字,所以就需要保险销售员系统而有条理地运用各种技巧对保险方案进行说明,加深客户对保险方案的认知,唤醒客户的购买欲。

2）说明的具体步骤

（1）确认客户的需求;

（2）潜在问题解析;

（3）提出解决方案;

（4）促成客户接受方案。

任务步骤7　保险促成签单

1. 什么是促成

促成就是帮助和鼓励客户作出购买的决定,并协助其完成购买手续的行为和过程。促成是整个销售流程中的关键环节,我们之前与客户所做的沟通都是为促成而准备,有很多销售员都有压力,怕这个环节做得不好。其实成功的关键在于掌握促成原则,这个原则便是:掌握促成时机,运用适当的促成方法,以万变应不变。要想顺利促成首先需要具备几个要点:

1）要在客户心目中树立良好的形象

在与客户沟通的过程中,除了要注意给客户留下良好的第一印象外,在以后的见面中,也要注意自己的形象。

2）整个销售流程要有完善的销售计划

从开始见客户第一面开始,我们在拜访计划中就要确定相应的销售策略,然后按着规划一步步进行。

3）坚定客户购买的信心

当客户还有点犹豫,可能是保险方案中的利益部分没有讲清楚,那我们就再回过头,从分析保险需求开始,共同作一个回顾,把保险利益再进行讲解。

4）不要操之过急

操之过急等于杀鸡取卵。应在适当的时候作适当的事,如果促成的时机未到就促成,往往往会适得其反,而且前期做的大量工作也就白费了。

2. 把握成交的时机

如何在有效的时间里及时提出自己的成交请求,是每个销售员需要面对的问题,这需要销售员在销售过程中察言观色,及时把握成交信号,看准时机,进行促成,完成交易。促成的时机可以通过客户的各种语言、表情、动作等来判断,一般有下面几个方面。

1) 观察客户的行为

(1) 客户表现出沉思神情;

(2) 客户拿出保险费率仔细看、仔细演算费用时;

(3) 再次拿起宣传单阅读;

(4) 客户问起别人的投保情形;

(5) 客户逐渐向销售员靠近时;

(6) 客户反对意见逐渐减少时;

(7) 客户态度明朗、明显赞同时;

(8) 客户对你的敬业精神赞赏时。

2) 倾听客户的话语

(1) 客户询问能否给予优惠时;

(2) 客户询问如何交费、办手续;

(3) 客户把话题集中在某一险种或某一保障,并一再关注某一险种的优点和缺点时;

(4) 客户关注细节,询问发生事故如何理赔时;

(5) 客户询问有没有其他服务时;

(6) 客户询问如果改变主意,能否退保时;

(7) 客户询问如果以后真的有事,能否寻找销售员帮助时。

3. 运用恰当方法促成

保险促成方法有很多,这里介绍几种常见的方法,如图1-4-19所示。

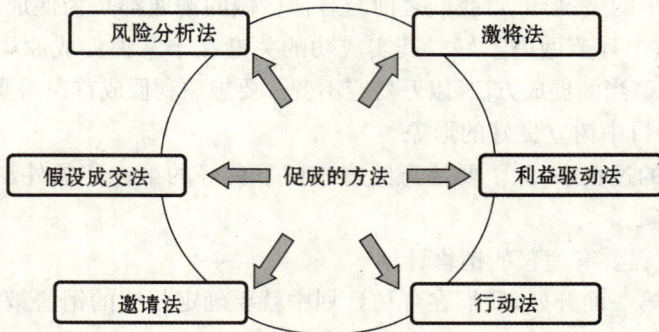

图1-4-19　促成的方法

1) 风险分析法

运用一个可能发生的风险事故对于客户的影响,通过举例或提示,让客户感觉到购买保险的重要性和迫切性。例如,保险销售员可以这样对客户介绍:"汽车经常在外面使用,最常遇到的风险就是车辆碰撞到其他车辆或者行人,这样的事故很可能造成他人的损失,常常有

笔记

些车主遇到这种情况,造成他人的死亡或残疾,需要赔偿大笔的费用,您考虑过没有,突然间如果要您拿出几十万的费用来,是否会对您和您的家庭造成影响呢? 我们的这种险种正是为了防范这种风险而准备的。"

2) 激将法

俗语有云"请将不如激将"。运用适当的激励,可以引起客户购买的决心。当然,激将法要看清楚对象,言辞要讲究,既要防止过当,也要避免不及。

销售员可以对客户这么说:

"很多像您这样的客户都已经办理了,以您的实力,相信应该没有问题吧? 更何况您是一位非常热爱驾驶运动的人!"

"相信对您来说,每年多交 5 000 元,应该不会给您的生活造成压力吧!"

"看来,这么好的产品,您一定不会拒绝它,对吧! 每年保 10 万元如何?"

3) 假设成交法

即假设客户已经同意购买,主动帮助客户完成购买的动作,但这种动作通常会让客户做一些重点的选择,而不是要求他马上签单或拿出现金交易。例如保险销售员可以这么说:

"那我就帮您做一些险种的组合选择吧,您这种情况需要车损险、第三者损失险,还有玻璃险……"

"您觉得第三者责任险是选择 25 万元还是 20 万元合适?"

"请问您以后的保单是送到您家里还是单位呢?"

"请问您的身份证号码是……?"这种方法只要会谈氛围较好,随时都可以用。

4) 利益驱动法

这种方法以客户利益为说明要点,主要让客户意识到投保带来的好处,打破当前客户的心理平衡,让客户产生购买的意识和行为。这种利益可以是金钱上的节约或者回报,也可以是购买产品后所获得的无形利益,对于前者如节省保费、资产保全。对于后者如购买车产品后如何有助于达成个人、家庭或事业的目标等。销售员可以这么说:

"先生,您的这份保险计划,既能为孩子保障自身的安全,您的家人或朋友如果驾驶您的车了,他们的人身安全也可得到保障,一举几得,很全面,赶快办理吧……"

"这两天我们正搞营销活动,今天办比平时多点实惠,马上可为您做申请礼品的登记!"

5) 邀请法

邀请法即直接点明,保险方案符合对方的需求,明确地邀请购买。例如:保险销售员可以这样说:

"您现在的需求正合适这份计划,请相信我为您专门设计的方案吧,其他的手续就交给我帮您办理!"

"请问您的身份证是多少? 我帮您办一下手续吧!"

此方法适合于客户对产品的理解较清晰且对为其设定的计划较为满意,但在类似缴费等具体办理方面的问题有些犹豫,待做最后决定的情况。

6) 行动法

行动法即当客户问到一些不重要的问题时,不予理会,不要与客户争辩、解释而是继续交谈,以自己的行动来促成客户成交。

具体的做法主要有：拿出投保单填写、签发暂收收据、询问投保单上告知事项、请准客户出示身份证、请准主顾确定保险金额等。

促成的方法有很多，不一而论，但是有一点是相同的，促成过程就是与客户沟通互动的过程，在促成中，既要准确地把握时机，又要有良好的心态和促成方法，随机应变，灵活应对。

不管这张保单促成与否，都不要以后永不联系。这样对我们来说，损失的不仅是一个朋友，有可能是一个很好的客户群体。

4. 促成的禁忌

1）心存恐惧

有些销售员对促成有恐惧心理，其实，完全不必有这种心理。只要前期的工作做得扎实，是站在客户的角度替他考虑，同时保险计划做得合理，促成是水到渠成的事，即使不成，找出原因，改正后再促成就好了。

2）硬套话术

促成话术有很多，不同的时机、不同的客户要使用不同的话术。没有一种促成话术是万能的，不要本末倒置，一味地追求有效的话术。

3）制造问题

如果这样做，促成的机会就从身边溜走了，千万不要因为自己知道得多，在客户面前卖弄，或者将简单的问题复杂化，用很多专业术语解答问题，使客户听得糊里糊涂。

4）急躁盲目

有些业务人员属于急性子，觉得只要自己不欺骗客户，都是为他好就行。保险计划说不明白没关系，反正不会害客户，买了就比没买强。如果是很好的朋友，可能还可以这样说，但如果是不太熟的客户，恐怕很难接受这种方式。

5）计划不周全

促成这个环节是对前期的各个环节的检验。俗话说得好：万丈高楼平地起。同理，我们从与客户接触开始，一步一步走到促成这个环节，前面的环节是否做得足够扎实，足以影响签单的成败。前面做得好，促成就顺利，如果前面的环节偷工减料，在这个环节就显现出来了。因此，我们对促成前的各个工作环节不要怕麻烦，一定要保证质量。扎扎实实做好每一步是最简捷的方法。

6）减价

有些业务人员为了抢夺市场，使用一些不正当的竞争手段，这是违法的。这不仅扰乱了这个行业的正常秩序，同时也会给自己带来无穷的伤害。

5. 签订保单

保险促成后，接下来就是客户和销售员签订保险投保单了，这部分内容将在后面的章节中详细介绍。

任务步骤8　保单送达

递送保单，是此次销售活动的结束，保险服务从此刻开始，保险销售员在拿到保险公司审批下来的保单后，把保单送给客户，在这个过程中需要做到认真细致地为客户服务，让客户感觉到他受到应有的重视。

递送保单的流程如下：

1. 检查保险单

认真细致地检查保险单，核对有无错误，不要给客户带来不负责任的感觉。

2. 准备小礼品

在送保单给客户时，可以送一些小礼品给客户，但是，不要让别人觉得你是在行贿。

3. 电话预约

准备妥当后，销售员应和客户约定递送保单的时间和地点。

4. 及时递送保单

保险销售员，应在约定的时间和地点，准时将保单递送给客户。

5. 请投保人签收

在客户对保单没有任何疑问后，保险销售员要请投保人在回执单上签字。

6. 介绍服务承诺

销售员应表示十分乐意为客户服务，愿意将有关的保险信息与其分享，如果以后有什么问题，可以直接与销售员联系。

7. 获得转介绍

8. 感谢客户

任务步骤9　售后服务

1. 售后服务的目的

作为保险销售员为客户提供售后服务的目的就是消除客户购买保险后的疑虑，提升保单的内在价值，以获得再次开发客户和开拓新市场的机会。

理赔是保险售后服务的核心，但是客户购买保险并不是希望出事，而是担心出事，所以保险售后服务的价值应该是帮助客户进行风险防范，即通过售后服务加强客户的风险防范意识和风险防范知识，尽可能地避免风险的发生。

2. 售后服务的意义

1）滚雪球效应

满意的客户会为你带来更多的客户，这就是行销界前辈坎多尔弗的"滚雪球效应"理论。

2）提高客户的续保率

续保在保险销售中是一个十分重要的部分。续保率的高低同售后服务好坏优劣有着密切的联系。

3. 售后服务方法

1）理赔服务

（1）详细告知客户理赔程序。首先，保险销售员应该详细告知保户理赔程序。理赔材料一般包括：事故证明、修车发票、保户病历、医疗费收据、住院证明等。保险公司的理赔程序，一般在事故处理完毕以后进行，当保险销售员收取理赔材料后，还需送交保险公司理赔部门进行审核。

（2）做好客户思想工作。理赔部门为维护保险公司利益，去着手调查某些存在疑问的特殊案例时会需要比较长的时间，在通过了有关部门的鉴定后，保险公司才会做出最终的决定。

2）与客户保持联络

售后服务中与客户保持联络的方法和工具丰富多彩，多种多样，往往使我们无所适从，所以我们要掌握选择联络方式的技巧。联络方式的选择一般应掌握经济实惠、创意新、有特色、为客户着想的基本原则。

（1）亲自访问。一般可以亲自访问的情况有：客户发生意外事故的时候、客户对保单发生新疑问的时候、客户生日的时候、逢年过节等。

（2）电话或短信。每天抽出一点时间来给客户打电话或短信联系，分期分批地进行联络，既不会冷淡客户，又不会让自己太被动。

（3）书信访问。即使没有时间去亲自访问，也应该用书信去和客户交流，对保户表示关怀，让客户感觉到你的热情，赢得客户的信任。

（4）小型聚会。对有潜力的客户，在经济允许的情况下，可以召集在一起举行一个小型聚会，为日后工作的开展，做好充分的准备。

3）接受咨询

对保险内容及双方应尽的责任和义务的咨询，是客户咨询的最主要内容。

4）路途营救

为了争取更多客户，不少保险公司都提供路途营救的额外服务。客户在耳闻或比较下，在购买保单时往往会向保险销售员要求这一售后服务。

保险公司相关部门要端正服务态度。作为一个保险销售员，在激烈的市场竞争中，要想立于不败之地，就得用独具创意的服务去赢得客户，做到人无我有、人有我精、人精我专。售后服务一定要遵循必要的原则，否则所提供的服务将会大打折扣。售后服务也是激励自我、提升个人业绩，缩短与客户的距离、树立保险良好形象的有力武器。掌握必要售后服务方法和技巧可以使保险销售员在提供售后服务时条理清晰，游刃有余。在竞争激烈的保险销售市场要想占有一席之地必须要有独特的售后服务，它是保险销售员制胜的法宝。

五、任务评价

按照表1-4-1对任务1.4完成情况进行评价。

表1-4-1　销售汽车保险考核标准

考核项目	评分标准	分　数	学生自评	小组互评	教师评价	小　计
团队合作	团队和谐 有分工合作 组员积极参与	10				
任务方案	正确、合理	10				
操作过程	能制定客户开拓计划 能拜访客户 能分析客户需求 能介绍保险方案 能促成保险交易 能递送保险给客户 能进行售后服务	70				

续 表

笔 记

考核项目	评分标准	分 数	学生自评	小组互评	教师评价	小 计
任务完成情况	圆满完成	10				
教师签写		年　月　日		总　分		

六、学习拓展

案例策划分析

业务员小王并非当地人,主要从事陌生市场的销售,正在跟进一单销售,客户是一家知名公司的部门总监,年龄 37 岁,太太是企业的会计,女儿在小学二年级读书。业务员从陌生拜访入手,接触了客户,并介绍了自己与公司,但客户对于保险有明显的不信任感,客户对保险接触较多,说到身边的有些朋友购买保险后,业务员就销声匿迹了,理赔时很麻烦,有几次干脆就放弃了索赔,保险根本没用上。

试回答问题:

(1) 此案例销售人员销售的障碍是什么?

(2) 销售人员应当如何突破?

(3) 写出销售人员具体可行的操作。

任务 1.5　制订投保方案

一、学习目标

通过本任务的学习,你应当:

1. 知道汽车保险投保的渠道;
2. 帮助客户选择合适的保险公司;
3. 能够制订投保方案;
4. 能够计算保险费用。

二、任务情景

情景描述	你是一家车行的销售员,客户王先生新购一款雅阁轿车,主要是用于平常上下班代步,王太太偶尔也会开车,王家还有一个女儿,节假日经常全家驾车外出自驾游,王先生家中没有固定的车库。王先生认识到使用车辆存在风险,需为车辆购买保险,请你代为办理保险,需要你设计一份投保方案
任务目标	1. 为客户选择合适的保险公司 2. 制订合理的投保方案 3. 估算保险费 4. 向客户解释投保方案

三、相关知识

知识要点 1　汽车保险的投保渠道

目前在国内可以通过以下渠道进行汽车保险投保,如图 1-5-1 所示。

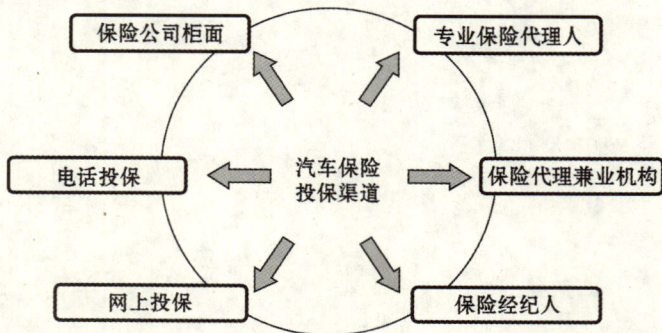

图 1-5-1　汽车保险投保渠道

1.保险公司柜面

即亲自到保险公司,在保险公司对外营业的窗口投保,保险公司有自己的产品,并出售保险产品。到保险公司柜面投保,由业务人员对每个保险险种、保险条款进行详细地介绍和讲解,并根据投保人的实际情况提出保险建议供参考,能选择到更适合自己的保险产品,使自己的利益得到更充分的保障。投保人直接到保险公司投保,由于降低了营业成本,商业车险费率折扣上会高一些。最重要的一点就是可以避免被一些非法中介误导和欺骗。但是有其不便之处:客户必须事事自己动手操办,尤其是出险后索赔时,对于很多不了解理赔程序的客户来说,在办理手续时会觉得相对比较麻烦。

2. 专业保险代理人

保险代理人是指根据保险人的委托,在保险人授权的范围内代为办理保险业务,并依法向保险人收取代理手续费的单位或者个人。在现代保险市场上,保险代理人是保险公司开发保险业务的主要形式和途径之一。保险代理公司无产品,主要是代理各个保险公司的产品,帮助保险公司销售产品。

由于目前各保险中介竞争比较激烈,为争抢客户,他们给予的保险折扣也比较大,相对而言价格会比较低廉。同时,保险中介可以上门服务或代客户办理投保、理赔所需的各种手续,对于客户而言会比较便捷。

选择保险代理人时,需仔细鉴别,有些保险代理人为促成车主购买保险,对车主进行的口头承诺很多,但之后在出险理赔时却无法兑现。同时只挑便宜而忽视车险后期服务的一些非法保险中介个人则会私自拖欠和挪用客户的保费,使保费无法及时、顺畅、安全地到达保险公司,使得客户在后期就难以正常享受保险公司的理赔。

3. 保险经纪人

保险经纪人是代表投保人、被保险人利益的保险中介组织,是代表投保人与保险人订立保险合同提供中介服务并依法收取佣金的单位或个人。他向投保人提供保险方案,帮助投保人选择产品。不仅可以横向比较各公司条款优劣,还可以根据投保人情况,为其量身定做。

保险经纪人是为客户采购保险产品的,最终还要保险公司进行承保。保险经纪人或经纪公司业务的增加会使保险公司保费收入大幅增加。但国内保险行业规范仍有欠缺,无法避免会有一些不法商家与保险公司串通起来欺骗消费者。

4. 兼业保险代理人

兼业保险代理人是指受保险公司的委托,在从事自身业务的同时,指定专人为保险公司代办保险业务的单位。

汽车保险中主要兼业代理有:银行、品牌4S店、维修厂、汽车俱乐部、与车辆有联系的机构(比如大型停车场)、车管所、路费所等。

4S店是新车主投保之前的第一联系人,为了提高自身盈利和竞争力,4S店与各大保险公司合作,增加了保险代理业务,性质与保险代理公司相同。现在各品牌4S店都推出了一条龙的购车服务,车主在店内购车之后,即可在店里购买车辆保险。据记者了解,车主通过4S店购买车辆商业保险,日后如果出现意外需要保险公司查勘、赔偿时,不仅可以通过拨打保险公司的出险电话,还可以通过4S店的保险顾问进行报险。除此之外,通过4S店的保险顾问报险,车主可以享受"一对一"的直线服务。

如果消费者在购车的同时选择店内直赔业务,车辆出险后的赔偿、修理等全部由4S店和汽车修理厂代办。保险直赔业务就是4S店内具有保险定损和维修的职能,车辆出险后,只需要与4S店联系,到店内定损和维修即可,省去了定损、跑维修站维修、等待保险公司理

笔记

赔的过程。

　　5. 电话

　　是指通过保险公司专用的电话号码进行投保。保险公司通过电话销售的保险产品往往需要经过特批,保险公司也会有专门的车险电销号码。

　　6. 网络投保

　　网络投保是指投保人通过保险公司设立的专用网站填写投保意向书,经保险公司同意承保,并向投保人进行电话确认的一种投保方式。

　　网络保险的具体程序具备以下几步:投保人浏览保险公司的网站,选择适合自己的产品和服务项目,填写投保意向书、确定后提交,通过网络银行转账系统或信用卡方式,保费自动转入公司,保单正式生效。经核保后,保险公司同意承保,并向投保人确认,则合同订立;客户则可以利用网上售后服务系统,对整个签订合同、划交保费过程进行查询。

知识链接

保险代理人

　　保险代理人是指根据保险人的委托,在保险人授权的范围内代为办理保险业务,并依法向保险人收取代理手续费的单位或者个人。

　　根据我国《保险代理人管理规定(试行)》保险代理人分为专业代理人、兼业代理人和个人代理人三种。专业保险代理人是指专门从事保险代理业务的保险代理公司。在保险代理人中,只有它具有独立的法人资格。兼业保险代理人是指受保险人委托,在从事自身业务的同时,指定专用设备专人为保险人代办保险业务的单位,主要有行业兼业代理、企业兼业代理和金融机构兼业代理、群众团体兼业代理等形式。个人代理人是指根据保险人的委托,在保险人授权的范围内代办保险业务并向保险人收取代理手续费的个人。个人代理人展业方式灵活,为众多寿险公司广泛采用。根据我国《保险法》和《保险代理人管理规定(试行)》,从事保险代理业务必须持有国家保险监管机关颁发的《保险代理人资格证书》,并与保险公司签订代理合同,获得保险代理人展业证书后,方可从事保险代理活动。国家对上述三类不同的保险代理人都分别规定了其各自应具备的条件。

　　保险代理人因类型不同业务范围也有所不同。保险代理公司的业务范围是:代理推销保险产品,代理收取保费,协助保险公司进行损失的勘查和理赔等;兼业保险代理人的业务范围是:代理推销保险产品,代理收取保费;个人代理人的业务范围是:财产保险公司的个人代理人只能代理家庭财产保险和个人所有的经营用运输工具保险及第三者责任保险等。人寿保险公司的个人代理能代理个人人身保险,个人人寿保险,个人人身意外伤害保险和个人健康保险等业务。

　　为使保险代理人行为规范化,我国保险法律法规对其展业活动规定有一系列的规则。主要内容包括:保险代理人只能为经保险监管机关批准设立的保险公司代理保险业务;代理人寿保险业务的保险代理人只能为一家人寿保险公司代理业务;保险代理人从事保险代理业务,不得有擅自变更保险条款,提高或降低保险费率,强迫或引

笔记

诱误导投保人,挪用或侵占保险费等损害保险公司、投保人和被保险人利益的行为;保险代理人向保险公司投保财产保险和人身保险,视为保险公司直接承保业务,保险代理人不得从中提取代理手续费。另外,保险公司必须建立、健全代理人委托、登记、撤销档案资料的手续,同时向保险监管机关备案。

✎ 知识链接

保险经纪人

保险经纪人是保险市场的重要组成部分、代表投保人、被保险人利益的保险中介组织,是投保人的代理人。保险经纪人与保险人不同:

1. 保险经纪人是客户利益的代表。《保险法》及《保险经纪人管理规定》规定:保险经纪人代表投保人或被保险人利益,为投保人与保险人订立保险合同提供中介服务,保险经纪人必须忠实地维护投保人、被保险人的合法利益。

2. 保险经纪人是为每个客户量体裁衣。保险公司业务人员和代理人是在市场上销售保险公司成型的保险产品。这些成型产品是适应广泛市场需求设计的,并不一定能够满足每个个体。保险经纪人在充分了解客户保险需求的前提下,突破保险公司条款限制,根据保险原理,设计最符合客户实际情况的保险方案。

3. 保险经纪人为客户提供专业化的团队服务。保险公司在展业过程中,通常采用的是业务人员的单兵作战方式。保险经纪人公司在为客户服务的过程中,通常是由各方面专业人士组成业务团队,确保为客户提供最专业、最优质的服务。

4. 保险经纪人为客户服务,不额外增加客户成本。根据国际惯例,保险经纪人为客户安排保险:不向客户收费,而由保险公司支付佣金,给保险经纪人的佣金比例在保险公司的报价中明确列明,以确保公平、公开、公正。

5. 保险经纪人通过规模购买效应为客户争取最合理的价格、最全面的保障、最完善的服务。保险经纪人代表客户的利益,保险经纪人身后都有一个客户群体,保险公司视保险经纪公司为一个特殊的客户,会给予保险经纪公司更优惠的承保条件,保险经纪公司的每一个客户也会因此而受益。

6. 保险经纪人为客户提供完善的售后服务,同时督促、监督保险公司对客户的服务、确保客户能够获得预期的保险保障,协助客户解决保险期间内的各种纠纷。

7. 保险经纪人为客户提供的服务具有法律保障。保险经纪人在为客户提供服务的过程中,要受到中华人民共和国《民法》、《保险法》、《经济合同法》、《经纪人管理规定》等相关法律、法规、规章的制约,要服从保险监管机构的管理,并对经纪人的行为承担过错赔偿责任,确保客户的利益不受损失。

知识要点2 汽车保险公司

保险公司是采用公司组织形式的保险人,经营保险业务。保险关系中的保险人,享有收取

笔记

保险费、建立保险费基金的权利。同时,当保险事故发生时,有义务赔偿被保险人的经济损失。

目前国内经营汽车保险的主要保险公司如表 1-5-1 所示。

表 1-5-1　国内经营汽车保险的主要保险公司

公司名称	网　址	服务电话
中国人民财产保险股份有限公司	www.picc.com.cn	95518
中国平安财产保险股份有限公司	www.pingan.com	95512
中国太平洋财产保险股份有限公司	www.picc.com.cn	95500
中国大地财产保险股份有限公司	www.ccic-net.com.cn	95590
安邦财产保险股份有限公司	www.abic.com.cn	95569
中华联合财产保险股份有限公司	www.cicsh.com	95585
天平汽车保险股份有限公司	www.tpaic.com.cn	95550
中国人寿财产保险股份有限公司	www.chinalife-p.com.cn	95519
太平保险有限公司	www.etaiping.com	0755-82960919
永安财产保险股份有限公司	www.yaic.com.cn	029-87233888
永诚财产保险股份有限公司	www.alltrust.com.cn	021-68865800
华安财产保险股份有限公司	www.sinosafe.com.cn	0755-82665888
大众财产保险股份有限公司	www.bitautoa.com	95505021-63611222
中银财产保险股份有限公司	www.boc-ins.com.cn	010-66538000
都邦财产保险股份有限公司	www.dbic.com.cn	4008895586
天安保险股份有限公司	www.tianan-insurance.com	95505
安诚财产保险股份有限公司	www.e-acic.com.cn	966899
渤海财产保险股份有限公司	www.bpic.com.cn	022-23202818
阳光财产保险股份有限公司	www.samic.com.cn	95510
民安保险(中国)有限公司	www.minganchina.com.cn	0755-25831999
华农财产保险股份有限公司	www.chinahuanong.com.cn	95105535
上海安信农业保险股份有限公司	www.aaic.com.cn	021-63355533
安华农业保险股份有限公司	www.ahic.com.cn	0431-96677

✐ 想一想

王先生想为自己的爱车购买一份保险,认为既然各个保险公司的险种都差不多,买保险就是应该挑最便宜的公司,王先生的朋友李先生不这么认为,李先生认为为了安全起见,应该挑规模大,知名度高的保险公司购买。

王先生和李先生,谁的话正确?

知识要点 3 保险金额

1. 保险金额、保险价值与实际价值

1）保险金额

保险金额是指保险事故中保险人赔付的最高金额，也是保险费的依据。

2）保险价值

保险价值是指订立合同时，作为确定保险金额基础的保险标的价值。在车险中是指出险时新车购置价，包括车辆市场单价和新车购置税。

3）实际价值

实际价值就是标的实际价值，在车险中一般指出险时车辆的价值。

2. 车辆损失险的投保方式

根据保险金额与车辆保险价值的关系，车辆投保时有三种投保方式，如图 1-5-2 所示。

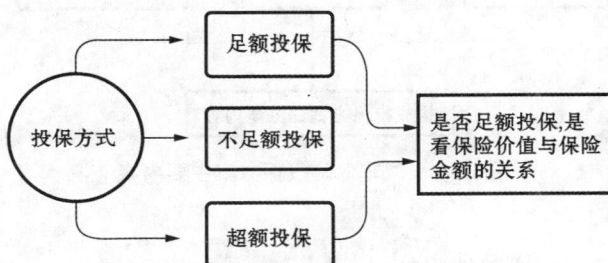

图 1-5-2 汽车保险投保方式

1）足额投保

足额投保是指保险金额等于保险价值的投保。

2）不足额投保

不足额投保是指保险金额小于保险价值的投保。

3）超额投保

超额投保是指保险金额大于保险价值的投保。

3. 三种投保方式的赔付有所不同

1）超额投保

无论标的是全部损失还是部分损失，超过保险金额部分无效，均以实际损失补偿。

2）足额投保

标的全部损失时，按车辆实际价值补偿，当标的发生部分损失时，则按车辆实际损失补偿。

3）不足额投保

当标的发生全部损失时，保险金额高于保险事故发生时被保险机动车实际价值的，以保险事故发生时被保险机动车的实际价值计算赔偿；保险金额等于或低于保险事故发生时被保险机动车实际价值的，按保险金额计算赔偿。

当标的发生部分损失时，按保险金额与投保时被保险机动车的新车购置价的比例计算赔偿。

笔 记

即：补偿金额＝损失额×保险金额/保险价值

知识要点 4　汽车保险投保方案

1. 制订车辆保险方案的基本原则

（1）充分保障的原则。在风险评估基础上，制订保险方案，最大限度分散风险。

（2）经济实用的原则。用最小的成本实现最大的保障，且防止选择不必要的保障。

（3）如实告知的原则。根据最大诚信原则，如实告知，特别是可能产生对投保人不利的规定要详细告知。

2. 投保方案的主要内容

投保方案最重要的有三方面内容如图 1-5-3 所示。

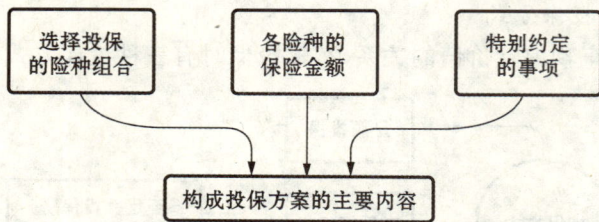

图 1-5-3　汽车保险投保方案主要内容

（1）险种的组合；

（2）各险种的保险金额或赔偿限额；

（3）特别约定的事项。

3. 制订保险方案的基本步骤

1）了解投保人实际情况

充分了解投保人投保车辆的数量、种类、用途、行驶区域等有关情况以及投保人的经济承受能力，全方位地掌握投保人的投保要求和保险需求。

2）识别与评估投保人的风险

从专业的角度对投保人可能面临的风险进行识别和评估。

3）选择保险公司

4）选择险种组合

根据投保人的实际情况以及风险评估的结果向投保人提出险种组合、保险金额等。介绍相关险种、条款及险种所能提供的增值服务。

5）对保险人及其提供的服务进行介绍

6）估算保险费用

知识要点 5　汽车保险保费

1. 保险费率

所谓保险费率，即依照保险金额计算保险费的比例，在保险实务中考虑各种风险分级因素的保险费率，一般均用表格的形式表达。

2. 保险费率的分类

通常保险人在经营汽车保险过程中,将风险因素分为两大类:一类是与汽车相关的风险因素,另一类是与驾驶人相关的风险因素。因此,汽车保险费率可分两大类。

1) 从车费率模式

从车费率模式是以被保险车辆的风险因子作为确定保险费率主要依据的费率确定模式。目前,我国机动车辆保险费率的确定以该模式为主。

现行的机动车辆保险费率体系中影响费率的主要风险因子包括:

(1) 车辆的种类;

(2) 车辆的用途;

(3) 车辆行驶区域;

(4) 车龄。

2) 从人费率模式

从人费率模式是指在确定保险费率的过程中以被保险车辆驾驶人员的风险因子作为确定保险费率主要依据的模式。

从人费率模式考虑的风险因子主要有:

(1) 驾驶人员年龄;

(2) 驾驶人员性别;

(3) 驾驶人员驾驶年限;

(4) 驾驶人员安全驾驶记录;

(5) 驾驶人员是否指定。

四、任务实施

任务步骤 1　拟定任务实施计划

为客户制订最佳的投保方案,可按照下列的流程实施,如图 1-5-4 所示。

任务步骤 2　了解投保人的情况

在制定保险方案之前应对投保人或潜在被保险人的情况进行充分的了解,需要了解的内容有:

1. 了解投保人的基本情况

包括企业的性质、规模、经营范围和经营情况。

2. 了解投保人拥有的车辆情况

包括车辆的数量、车型、用途、车况、行驶区域、运输对象、车辆管理部门等。

3. 驾驶人情况

主要有驾驶人的年龄、性别、驾龄、事故记录等。

4. 了解投保人以往的投保情况

包括承保公司、投保险种、投保的金额、保险期限和赔付率等情况。

笔记

```
┌──────────────┐         ┌────────────────────────────────────┐
│ 了解投保人的情况 │ ⇒       │ 1.了解车辆的基本情况                  │
└──────────────┘         │ 2.了解投保人需求，经济情况等信息         │
       ↓                 └────────────────────────────────────┘
┌──────────────┐         ┌────────────────────────────────────┐
│ 识别与评估风险  │ ⇒       │ 1.结合基本信息识别和评估车辆风险         │
└──────────────┘         │ 2.提供风险处理建议                    │
       ↓                 └────────────────────────────────────┘
┌──────────────┐         ┌────────────────────────────────────┐
│ 选择保险公司   │ ⇒       │ 1.保险公司的价格                     │
└──────────────┘         │ 2.保险公司服务、信誉                  │
       ↓                 │ 3.保险公司险种特点                   │
                         └────────────────────────────────────┘
┌──────────────┐         ┌────────────────────────────────────┐
│ 选择险种组合   │ ⇒       │ 1.根据投保人的风险特征选择合适的险种组合   │
└──────────────┘         │ 2.在获得保障的同时考虑投保人的状况，节省费用 │
       ↓                 └────────────────────────────────────┘
┌──────────────┐         ┌────────────────────────────────────┐
│ 确定保险金额   │ ⇒       │ 1.根据投保人车辆、驾乘人员和经济情况决定各险 │
└──────────────┘         │   种的保险金额                      │
       ↓                 │ 2.解释各种投保方式（足额投保、不足额投保、超 │
                         │   额投保）的特点                    │
                         └────────────────────────────────────┘
┌──────────────┐         ┌────────────────────────────────────┐
│ 估算保险费    │ ⇒       │ 1.估算各险种的基本保费                │
└──────────────┘         │ 2.考虑各种因素对调整保费的影响          │
                         └────────────────────────────────────┘
```

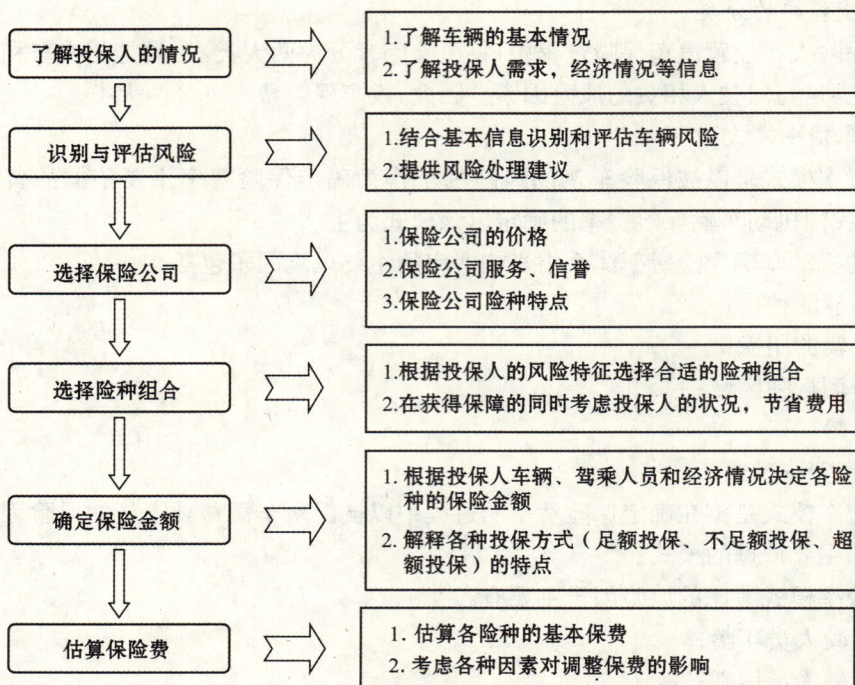

图 1-5-4   制订投保方案任务实施流程

任务步骤 3   识别和评价投保人的风险

根据对被保险人情况的了解，识别和评价该车的主要风险。一般有下列损失费用。

1. 车辆本身损失风险

（1）意外事故；

（2）自然灾害。

2. 车辆受损后费用支出风险

（1）运费和查勘检验费；

（2）租车代步费。

3. 车上人员人身伤害风险

4. 赔偿责任风险

（1）财产损害；

（2）人身伤害。

任务步骤 4   选择汽车保险公司

1. 选择保险公司应该考虑的因素（图 1-5-5）

1）具有合法资格且能够经营车险

2）信誉和口碑良好

保险公司的信誉是非常重要的，通常一家公司的口碑好坏是其服务质量的反映。保险

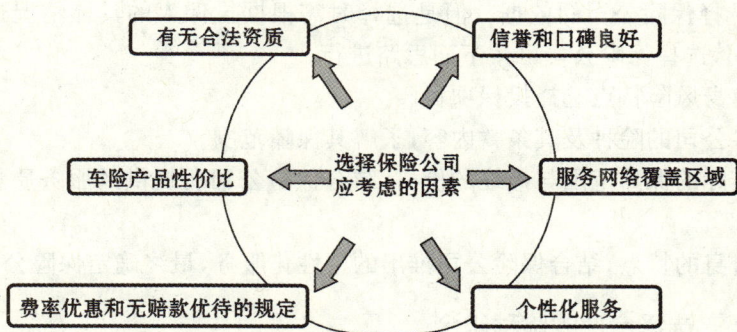

图 1-5-5　选择保险公司考虑的因素

公司的服务质量高低直接决定了客户在索赔时获得的权益,包括咨询、预约、报案、投诉、救援和回访等多种服务项目质量的好坏。保险公司对客户的服务承诺的兑现,既是自身实力的体现,又是对客户的回报。

3)车险产品性价比

很多公司都将险种细分,可自行选择投保项目,比如中华联合保险公司在附加险中就有灯具和后视镜的单独损坏险。即使是相同的险种,各保险公司对其具体的解释条款也不尽相同,这就需要在投保前仔细阅读,分清其保障范围,根据实际保障范围和最终保险公司的价格作出对比,结合所提供的服务质量,来决定适合自身要求的保险公司。比如有的公司报价低,但是它的保障可能也随之降低,通常保险责任比较全面的产品,保险费比较高、保险责任少的产品,保险费较低。

4)服务网络覆盖区域

虽然大型保险公司车险保费较高,但这些保险公司都已经建立了比较完善的理赔网络,也拥有了一支较成熟的理赔队伍,一旦出险,能够保证在较短时间内赶到现场查勘,协助处理事故。即使是在外地发生事故,因为其分支公司多,也可以及时查勘。不过也要说明的是,一味追求规模大的公司也不一定会适合全部投保人,因为某些相对小的保险公司虽然在全国份额上不占多数,但是在某些城市却是当地的领先者,如果投保人车辆只在一定区域内行驶,可以着重对比考虑本地保险公司的服务和信誉。

5)费率优惠规定和无赔款优待的规定

虽然保监会有最高限价7折的规定,但是实际上保险公司的费率优惠规定和无赔款优待方面的规定各家保险公司不尽相同。

6)个性化服务

个性化服务也是选择保险公司的一个依据。比如一些地方保险公司,就推出了全天候出单服务:全年365天,投保车险的客户均可以拿到正式保单。对于拿到保单,但没上牌照的新车,一旦出险,将严格按照保单中的条款承担保险责任。因为新车容易被盗抢,而大多数保险公司规定无牌照车辆一律不赔,这个政策就满足了新车的车主在无牌照期间出险索赔的需求。

2.选择保险公司的方法

一家保险公司是否适合投保有很多影响的因素,除公司信誉、保费价格、险种条款外,服务质量历来是选择保险公司的依据。但是选择时需根据投保人的具体情况进行选择,选择合适的保险公司,选择保险公司可按下面思路进行。

(1)根据自身风险特点选择投保项目。

(2)查阅各公司的险种及其条款内容,了解其保障范围。

(3)对比实际的保障范围与最终的价格,结合保险公司所提供的服务质量,初步选定保险公司。

(4)根据自身的特点,结合保险公司推出的个性化服务,最终确定保险公司。

任务步骤 5　选择合理的险种组合

1.险种选择的原则

面对保险公司繁多而保费不同的险种,究竟应该如何选择最适合投保人的车险产品呢?在选择汽车的险种时,需根据投保人的风险特征及经济承受能力来确定,力求用最小的成本得到最大的保障。以下是些险种组合的基本原则,如图 1-5-6 所示。

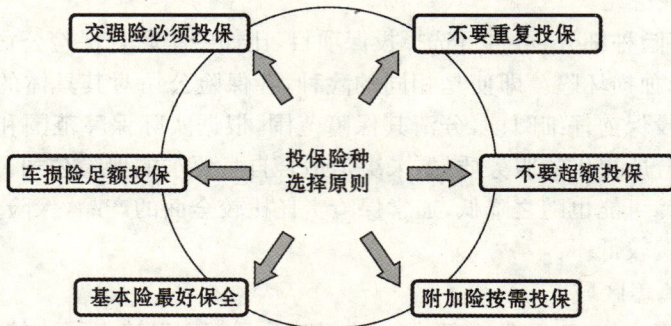

图 1-5-6　险种选择的原则

1)交强险必须投保

根据《机动车交通事故责任强制保险条例》规定,从 2008 年 8 月开始,所有的新车和保险到期的车辆续保必须购买车辆交强险。对于未投保交强险的车辆,不予上牌。公安管理部门将扣车并处以 2 倍保费的罚款。以六坐以下为例:其中私家车保费为 950 元,企业非营业汽车 1000 元,机关非营业汽车 950 元,营业出租租赁车 1800 元。

2)不要重复投保

有些投保人自以为多投几份保,就可以使被保车辆多几份赔偿。按照《保险法》第四十条规定:"重复保险的车辆各保险人的赔偿金额的总和不得超过保险价值。"因此,即使投保人重复投保,也不会得到超价值赔款。

3)不要超额投保

投保时保险金额不要高于车辆保险价值,有些车主,明明车辆价值 10 万元,却投保了 15 万元的保险,认为多花钱就能多赔付。依据《保险法》第三十九条规定:"保险金额不得超过保险价值,超过保险价值的,超过的部分无效。"所以超额投保不能获得额外的利益。

4)车损险要足额投保

依据《保险法》第三十九条规定:"保险金额不得超过保险价值,超过保险价值的,超过的部分无效。保险金额低于保险价值的,除合同另有约定外,保险人按照保险金额与保险价值的比例承担赔偿责任。"

如果投保时,保险金额低于车辆保险价值,当标的全损时,按照保险金额进行赔偿,而当标的发生部分损失时,则按比例方式补偿。即赔偿金额＝损失额×保险金额/保险价值。车辆的损失得不到足够补偿。

5) 基本险尽量保全

有些车主为了节省保费,想少保几种险,或者只保车损险,不保第三者责任险,或者只保主险,不保附加险等。其实各险种都有各自的保险责任,假如车辆真的出事,保险公司只能依据当初订立的保险合同承担保险责任给予赔付,而车主的其他一些损失有可能就得不到赔偿。

车损险与三责险一定要投保,因为这两个险种是车辆发生事故后,最有可能用得到的险种。全车盗抢险和车上人员责任险,则根据投保人的需要进行投保。

以价格为 15 万元的车辆为例,人保的车损险为 2 956 元,三责险车主可以根据自己的需要,选择 5 万元、10 万元、15 万元、20 万元等不同保额。三责险根据车型的不同,保金也不尽相同,最常见的 6 座以下乘用车,保额 5 万元的,保费通常为 800 元左右;保额 10 万元的,保费 1 100 元左右;保额 15 万元的,保费 1 200 元左右。盗抢险也是根据投保车辆的价格来进行换算,价格 15 万元的车保费为 900 元左右。此外您购买的新车在吸引路人眼球的同时,也吸引了盗贼的注意力,因此建议投保盗抢险,当然如果汽车停放地点的保安措施良好,您认为安全可靠,也可以考虑不投保。车上人员险多按照每辆车 5 个人计算,保额分别为 5 000 元和 10 000 元两种,保费分别为 100 元、200 元左右。

6) 附加险按需投保

可以根据投保人汽车的实际状况与使用情况,有针对性地选择附加险。这些险种包括:单独玻璃破碎险、划痕险、不计免赔特约险等。如果车辆经常出入交通混乱的市场等地,容易刮蹭爱车漆面,则可以考虑买一份划痕险。如果车辆不得不停放在建筑工地旁的停车场,时常有飞来的小石块,挡风玻璃又价值不菲,可建议投保人单独投保一份玻璃破碎险,以避免经济损失。此外,夏天天气热,汽车容易产生自燃,在经济条件充裕的情况下也可以投保自燃险,做到有备无患。不计免赔特约险是附加险中最有价值的险种,尽量投保。

2. 常见的险种组合方案

汽车保险的投保金额和投保险种的结构,即构成保险合同的承保范围和保险责任,直接影响事故发生后保险赔付的金额。所以,选择组合的设计显得尤为重要。各车主可根据自己用车的需要,选择相应汽车保险的险种。

1) 最低保障方案

(1) 险种组合:只投保交强险。

(2) 保障范围:只在交强险责任限额内对第三者的损失负赔偿责任。

(3) 适用对象:急于上牌照或通过年检的个人。

(4) 优点:费用较低;可以用来应付上牌照或验车。

(5) 缺点:一旦撞车或撞人,对方的损失能得到保险公司的一些赔偿,但自己车的损失只有自己负担。对第三者的赔偿限额较低。

✏️ **案例分析**

李先生今年 40 岁,已经有 8 年的驾龄了,在 2011 年购买了一辆 2008 年产的捷达二手轿车,用于上下班代步。李先生需要怎样的保险方案?

推荐分案:交强险

方案分析:由于李先生是老驾驶员,而且李先生日常的驾驶范围只是来往于住处和单位之间,道路熟悉、驾驶技术又好,再加 40 多岁的中年人安全意识较强,另外由于车辆的价值不高,李先生对车辆的保障需求并不强烈,所以只需投保交强险即可。

2) 基本保障方案

(1) 险种组合:交强险、车辆损失险、第三者责任险。

(2) 保障范围:只投保基本险,能为自己的车与他人损失的赔偿责任提供基本的保障。

(3) 适用对象:有一定经济压力的车主。

(4) 优点:费用适中,必要性最高。

(5) 缺点:不是最佳组合,最好加入不计免赔特约险。

3) 经济保险方案

(1) 险种组合:交强险、车辆损失险、第三者责任险、全车盗抢险、不计免赔特约险。

(2) 特点:投保 4 个最必要、最有价值的险种。

(3) 适用对象:适用于车辆用了三四年、有一定驾龄的投保人,是个人精打细算的最佳选择。

(4) 优点:投保最有价值的险种,保险性价比最高,人们最关心的丢车和 100% 赔付等大风险都有保障,保费不高但包含了比较实用的不计免赔特约险。

(5) 缺点:没有附加险,仍不是最完善的保险方案。

✏️ **案例分析**

张先生今年 35 岁,已经有 3 年的驾龄了,在 2008 年购买了一辆桑塔纳轿车,已经用了三年了,张先生没有自己固定的车库,经济条件中等,但比较节约。张先生需要怎样的保险方案?

推荐方案:交强险＋车辆损失险＋第三者责任险＋全车盗抢险＋不计免赔特约险

方案分析:由于张先生的驾驶经验只有 3 年,且没有自己的车库,停车不安全,张先生又比较节约,应当在尽量减少费用的情况下获得最佳保障,由于是私家车,可以用人身意外保险代替车上人员责任险。

4) 最佳保障方案

(1) 险种组合:车辆损失险、第三者责任险、全车盗抢险、车上责任险、风挡玻璃险、不计免赔特约险。

(2) 特点:在经济投保方案的基础上,加入了车上责任险和风挡玻璃险,使乘客及车辆易损部分得到安全保障。

（3）适用对象：经济较宽裕，保障需要比较全面而乘客不固定的私家车或单位用车。

（4）优点：投保价值大的险种，不花冤枉钱，物有所值。

◆ 案例分析

　　29 岁的王小姐，去年拿了驾驶证不到 2 年，2009 年新买了一辆雅阁轿车，平时喜欢和朋友一起驾车出游。王小姐如何确定 2011 年车辆保险方案？

　　推荐方案：车辆损失险＋第三者责任险＋全车盗抢险＋车上人员责任险＋玻璃单独破碎险＋不计免赔特约险。

　　方案分析：由于王小姐的车属于新车，车辆也比较新，王小姐对车辆比较爱惜，希望有全面的保障，且喜欢和朋友一起驾车出游，所以车上乘客与玻璃的风险应当予以充分考虑，经济也比较宽裕，建议投最佳车辆险。

5）完全保障方案

（1）险种组合：车辆损失险、第三者责任险、车上责任险、风挡玻璃险、不免赔特约险、新增加设备损失险、自燃损失险、全车盗抢险。

（2）特点：保全险，居安思危才有备无患。能保的险种全部投保，从容上路，不必担心交通状况所带来的种种风险。

（3）适用对象：经济充裕的车主。

（4）优点：几乎与汽车有关的全部事故损失都能得到赔偿。投保的人不必为少保某一个险种而得不到赔偿，承担投保决策失误的损失。

（5）缺点：保全险保费高，某些险种出险的几率非常小。

任务步骤 6　确定保险金额

1. 车损险保险金额的确定方式

（1）按投保时被保险机动车的新车购置价确定保险金额，此种方式属于足额投保。

新车购置价根据保险合同签订地同类型新车的市场销售价格（含车辆购置税）确定，无同类型新车市场销售价格的，由被保险人与保险人协商确定。

（2）按投保时被保险机动车的实际价值确定保险金额，此种方式属于不足额投保。

$$车辆的实际价值＝新车购置价－折旧金额$$

折旧金额＝保险事故发生时的新车购置价×被保险机动车已使用月数×月折旧率

（3）在新车购置价内协商确定保险金额的，属于不足额投保。

2. 车损险三种投保方式选择

（1）超额投保。

在保险法和车损险条款中都有规定"超过保险金额部分无效，均以实际损失补偿"的内容。因此在投保车损险时，千万不要超额投保或重复投保。

（2）足额投保。

在车险种采用足额投保，虽然在发生部分损失时是按照实际损失补偿，被保险人不用自己承担一部分损失，但发生全损时是按照实际价值补偿，这样对于旧车而言，一旦发生全部

笔记

损失,得到的补偿会较小但保费却不便宜。

因此,在确定保险金额时,要结合车辆的已使用年限决定。一般而言,新车及8年以内的旧车宜采用足额投保。但对于车龄已超过10年的旧车或本身就是低价购买的二手车,宜采用不足额投保。

(3)不足额投保。

在车险中采用不足额投保时,虽然可以省去一部分保费,但是当标的发生部分损失时,保险公司按保险金额与投保时被保险机动车的新车购置价的比例计算赔偿,即被保险人不能得到足够的保障。而大多数的交通事故中车辆只是部分损失,因此意味着被保险人需自己承担部分损失。

3. 第三者责任险的保险金额

第三者责任险车主可以根据自己的需要,选择5万元、10万元、15万元、20万元、30万元、50万元、100万元、100万元以上八档。

第三者责任险根据车型的不同,保险金额也不尽相同,最常见的6座以下乘用车,保险金额5万元的,保费通常为600元左右;保险金额10万元的,保费900元左右;保险金额15万元的,保费1100元左右,通常30万元的保险金额足够保障。

任务步骤7　计算保险费用

1. 交强险保险费估算

交强险费率实行与被保险机动车道路交通安全违法行为、交通事故记录相联系的浮动机制。

计算方法:

交强险最终保险费＝交强险基础保险费×(1＋与道路交通事故相联系的浮动比率A)

交强险基础保费见表1-5-2;与道路交通事故相联系的浮动比率A见表1-5-3。

表1-5-2　交强险基础保费

车辆大类	序 号	车辆明细分类	保费(元)
一、家庭自用车	(1)	家庭自用汽车6座以下	950
	(2)	家庭自用汽车6座及以上	1 100
二、非营业客车	(3)	企业非营业汽车6座以下	1 000
	(4)	企业非营业汽车6~10座	1 130
	(5)	企业非营业汽车10~20座	1 220
	(6)	企业非营业汽车20座以上	1 270
	(7)	机关非营业汽车6座以下	950
	(8)	机关非营业汽车6~10座	1 070
	(9)	机关非营业汽车10~20座	1 140
	(10)	机关非营业汽车20座以上	1 320
三、营业客车	(11)	营业出租租赁6座以下	1 800
	(12)	营业出租租赁6~10座	2 360
	(13)	营业出租租赁10~20座	2 400
	(14)	营业出租租赁20~36座	2 560
	(15)	营业出租租赁36座以上	3 530
	(16)	营业城市公交6~10座	2 250

续　表

车辆大类	序　号	车辆明细分类	保费(元)
三、营业客车	(17)	营业城市公交 10～20 座	2 520
	(18)	营业城市公交 20～36 座	3 020
	(19)	营业城市公交 36 座以上	3 140
	(20)	营业公路客运 6～10 座	2 350
	(21)	营业公路客运 10～20 座	2 620
	(22)	营业公路客运 20～36 座	3 420
	(23)	营业公路客运 36 座以上	4 690
四、非营业货车	(24)	非营业货车 2 吨以下	1 200
	(25)	非营业货车 2～5 吨	1 470
	(26)	非营业货车 5～10 吨	1 650
	(27)	非营业货车 10 吨以上	2 220
五、营业货车	(28)	营业货车 2 吨以下	1 850
	(29)	营业货车 2～5 吨	3 070
	(30)	营业货车 5～10 吨	3 450
	(31)	营业货车 10 吨以上	4 480
六、特种车	(32)	特种车一	3 710
	(33)	特种车二	2 430
	(34)	特种车三	1 080
	(35)	特种车四	3 980
七、摩托车	(36)	摩托车 50 CC 及以下	80
	(37)	摩托车 50 CC～250 CC(含)	120
	(38)	摩托车 250 CC 以上及侧三轮	400
八、拖拉机	(39)	兼用型拖拉机 14.7 kW 及以下	按保监产险[2007]53 号实行地区差别费率

表 1-5-3　与道路交通事故相联系的浮动比率

浮动因素		比率(%)
A1	上一个年度未发生有责任道路交通事故	−10
A2	上两个年度未发生有责任道路交通事故	−20
A3	上三个及以上年度未发生有责任道路交通事故	−30
A4	上一个年度发生一次有责任道路交通事故	0
A5	上一个年度发生两次及两次以上有责任道路交通事故	10
A6	上一个年度发生有责任道路交通死亡事故	30

2. 商业险保险费计算

计算方法:保险费＝标准保费×费率调整系数

1) 标准保费的计算方法 A、B、C 三款一样,费率不同,同一条款不同地区的费率也有所不同

(1) 车辆损失险保险费＝基本保险费＋保险金额×费率。

如表 1-5-4 所示,为广东地区家庭自用汽车机动车损失保险基本费率(A 款)。

笔记

表 1-5-4　广东地区家庭自用汽车机动车损失保险基本费率（A 款）

车辆类型	1 年以下		1～2 年		2～6 年		6 年以上	
	基础保费	费率（%）	基础保费	费率（%）	基础保费	费率（%）	基础保费	费率（%）
6 座以下	539	1.28	513	1.22	508	1.21	523	1.24
6～10 座	646	1.28	616	1.22	609	1.21	628	1.24
10 座以上	646	1.28	616	1.22	609	1.21	628	1.24

（2）第三者责任险保险费＝相应档次固定保险费。

如表 1-5-5 所示，为广东地区省第三者责任保险基本费率（A 款）。

表 1-5-5　广东地区家庭自用汽车第三者责任保险基本费率（A 款）

车辆类型	5 万元	10 万元	15 万元	20 万元	30 万元	50 万元	100 万元
6 座以下	638	920	1 049	1 141	1 288	1 546	2 012
6～10 座	590	831	941	1 014	1 135	1 352	1 760
10 座以上	590	831	941	1 014	1 135	1 352	1 760

（3）盗抢险保费＝基础保费＋保险金额×费率。

如表 1-5-6 所示，为广东地区家庭自用汽车车上人员责任险、盗抢险、玻璃单独破碎险基本费率（A 款）。

表 1-5-6　广东地区家庭自用汽车车上人员责任险、盗抢险、玻璃单独破碎险基本费率（A 款）

车辆类型	车上人员责任险		盗抢险		玻璃单独破碎险	
	驾驶人（%）	乘客（%）	基础保费	费率（%）	国产玻璃（%）	进口玻璃（%）
6 座以下	0.42	0.27	120	0.49	0.20	0.33
6～10 座	0.40	0.26	140	0.44	0.20	0.33
10 座以上	0.40	0.26	140	0.44	0.24	0.40

（4）车上人员责任险保险费＝每座赔偿限额×投保座位数×费率。

（5）玻璃单独破碎险保险费＝新车购置价×费率。

（6）车身划痕损失险可以从基本费率表中直接查询。

如表 1-5-7 所示，为广东地区家庭自用汽车车身划痕损失险基本费率（A 款）。

表 1-5-7　广东地区家庭自用汽车车身划痕损失险基本费率（A 款）

车　龄	保额（元）	新车购置价（元）		
		30 万以下	30～50 万	50 万以上
2 年以下	2 000	400	585	850
	5 000	570	900	1 100
	10 000	760	1 170	1 500
	20 000	1 140	1 780	2 250
2 年及以上	2 000	610	900	1 100
	5 000	850	1 350	1 500
	10 000	1 300	1 800	2 000
	20 000	1 900	2 600	3 000

（7）车辆停驶损失险保险费＝日赔偿金额×约定的最高赔偿天数×费率。

（8）自燃损失险保险费＝实际价值×费率。

（9）新增设备损失险保险费＝此险保险金额×车辆损失险费率。

（10）基本险不计免赔特约险（各险种）标准保费＝各基本险标准保费×对应的费率。

如表1-5-8所示，为广东地区家庭自用汽车不计免赔率特约条款基本费率（A款）。

表1-5-8　广东地区家庭自用汽车不计免赔率特约条款基本费率（A款）

适用险种	费率（%）
第三者责任保险	15
机动车损失保险	15
车上人员责任保险	15
车身划痕损失险	15
盗抢险	20

（11）附加险不计免赔特约险（各险种）标准保费＝各附加险标准保费之和×对应的费率。

2）费率调整系数

A、B、C三个条款采用不同系数，如表1-5-9所示。

表1-5-9　A款费率调整系数

序号	项目	内容	系数	适用范围
（1）	无赔款优待及上年赔款记录	连续3年没有发生赔款	0.7	所有车辆
		连续2年没有发生赔款	0.8	
		上年没有发生赔款	0.9	
		新保或上年赔款次数在3次以下	1.0	
		上年发生3次赔款	1.1	
		上年发生4次赔款	1.2	
		上年发生5次及以上赔款	1.3	
（2）	多险种同时投保	同时投保车损险、第三者险	0.95～1.00	
（3）	客户忠诚度	首年投保	1.00	
		续保	0.90	
（4）	平均年行驶里程	平均年行驶里程＜30 000千米	0.90	
		平均年行驶里程≥50 000千米	1.1～1.3	
（5）	安全驾驶	上一保险年度无交通违法记录	0.90	
（6）	约定行驶区域	省内	0.95	所有车辆
		固定路线	0.92	不适用于家庭自用车
		场内	0.80	
（7）	承保数量	承保数量＜5台	1.00	不适用于家庭自用车
		5台≤承保数量＜20台	0.95	
		20台≤承保数量＜50台	0.90	
		承保数量≥50台	0.80	
（8）	指定驾驶人	指定驾驶人员	0.90	仅适用于家庭自用车
（9）	性别	男	1.00	
		女	0.95	

笔 记

续 表

序号	项 目	内 容	系 数	适用范围
(10)	驾龄	驾龄<1年	1.05	仅适用于家庭自用车
		1年≤驾龄<3年	1.02	
		驾龄≥3年	1.00	
(11)	年龄	年龄<25岁	1.05	
		25岁≤年龄<30岁	1.00	
		30岁≤年龄<40岁	0.95	
		40岁≤年龄<60岁	1.00	
		年龄≥60岁	1.05	
(12)	经验及预期赔付率	40%及以下	0.7~0.8	仅适用于车队
		40~60%	0.8~0.9	
		60~70%	1.00	
		70~90%	1.1~1.3	
		90%以上	1.3以上	
(13)	管理水平	根据风险管理水平和业务类型	0.7以上	
(14)	车辆损失险车型	特异车型、稀有车型、古老车型	1.3~2.0	所有车辆

注:费率调整系数表不适用于摩托车和拖拉机。

五、任务评价

按照表1-5-10对任务1.5完成情况进行评价。

表 1-5-10　制订投保方案任务考核标准

考核项目	评分标准	分 数	学生自评	小组互评	教师评价	小 计
团队合作	团队和谐 有分工合作 组员积极参与	10				
任务方案	正确、合理	10				
操作过程	能选择投保的渠道 能选择合适保险公司 能选择合理险种组合 能选择合适的投保金额 能估算保险费用	70				
任务完成情况	圆满完成	10				
教师签写		年　月　日			总　分	

六、学习拓展

简答题

(1) 交强险和商业险是否可以不同的保险公司投保?

(2) 常用于自驾游的车需考虑投保哪些险种? 有多人驾乘的车辆考虑投保哪些险种?

(3) 经常跑长途的车辆选择保险公司时需考虑哪些因素?

笔记

任务 1.6　签订汽车保险合同

一、学习目标

通过本任务的学习,你应当:

1. 知道汽车保险承保流程;
2. 能够指导投保人进行投保;
3. 能够进行汽车保险初步核保;
4. 能签订汽车保险合同。

二、任务情景

情景描述	小王是保险公司的业务员,今日接触到一个客户李女士。李女士在本市汽车城购买了一辆宝马 750Li 高级轿车,主要用于上下班代步,并接送上初中的儿子上下学,节假日经常一家人外出自驾游,小王通过与李女士的接触沟通,为她介绍了汽车保险的有关情况,并为其认真设计了投保方案,李女士对投保方案比较认可,有投保的意向 小王需要引导李女士进行投保,完成李女士保险承保工作,订立汽车保险合同。小王应如何开展工作
任务目标	1. 指导投保人填写投保单 2. 进行汽车保险初核工作 3. 订立汽车保险合同 4. 签发汽车保险单证 5. 进行批改、续保工作

三、相关知识

知识要点 1　汽车保险承保业务

汽车保险承保即指保险人在投保人提出投保请求时,经审核其投保内容后,同意接受其投保申请,并负责按照有关保险条款承担保险责任的过程。承保实质上是保险双方订立合同的过程。

一般先由从事展业的人员为客户制定保险方案,客户提出投保申请,经保险公司核保后,双方共同订立保险单。保险承保业务流程如图 1-6-1 所示。

1. 展业

保险展业是保险公司进行市场营销的过程,也称推销保险单,它是保险展业人员引导具有保险潜在需要的人参加保险的行为,也是为投保人提供投保服务的行为,它是保险经营的起点。其实保险展业就是销售保险的过程,这一部分的内容在前面的章节已有详细叙述。

1) 保险展业方式

保险展业的方式包括直接展业、保险代理人展业和保险经纪人展业。

(1) 保险人直接展业。

笔记

```
┌──────────────┐      ┌────────────────────────────────┐
│     展业     │ ⇒   │ 展业人员进行保险宣传、销售保险，为投保人 │
└──────────────┘      │ 制定投保方案                    │
        ↓             └────────────────────────────────┘
┌──────────────┐      ┌────────────────────────────────┐
│   投保人投保   │ ⇒   │ 1. 投保人确定投保方案            │
└──────────────┘      │ 2. 填写投保单，进行投保申请       │
        ↓             └────────────────────────────────┘
┌──────────────┐      ┌────────────────────────────────┐
│  保险公司核保  │ ⇒   │ 保险公司确定是否承保、承保条件、厘定保险 │
└──────────────┘      │ 费率等                          │
        ↓             └────────────────────────────────┘
┌──────────────┐      ┌────────────────────────────────┐
│   缮制及签单   │ ⇒   │ 保险人缮制保险单证，收取保险费并签发保险 │
└──────────────┘      │ 单证                            │
        ↓             └────────────────────────────────┘
┌──────────────┐      ┌────────────────────────────────┐
│     批改     │ ⇒   │ 在保险单签发之后，进行保险合同的变更时， │
└──────────────┘      │ 投保人告知保险公司进行批改        │
        ↓             └────────────────────────────────┘
┌──────────────┐      ┌────────────────────────────────┐
│     续保     │ ⇒   │ 保险期满以后，在同一保险人处重新办理汽车 │
└──────────────┘      │ 保险                            │
                      └────────────────────────────────┘
```

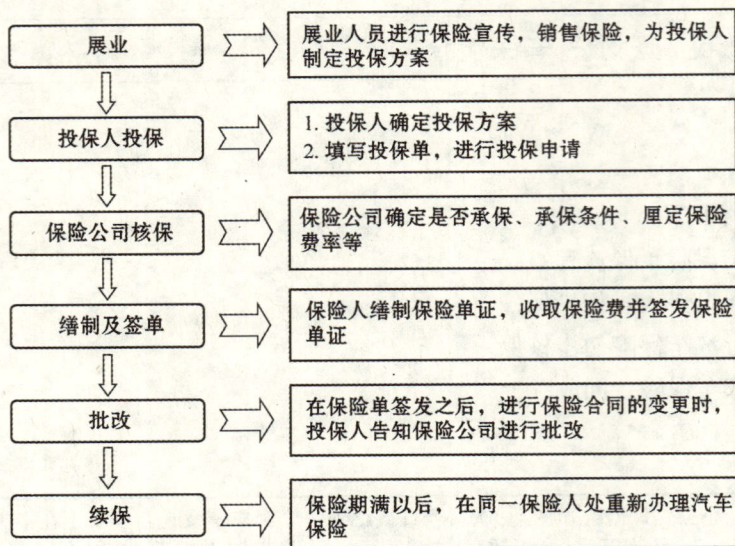

图 1-6-1　承保业务流程

直接展业是指保险公司依靠自己的业务人员去争取业务，适合于规模大、分支机构健全的保险公司以及金额巨大的险种。

（2）保险代理人展业。

对许多保险公司来说，单靠直接展业是不足以争取到大量保险业务的，在销售费用上也是不合算的。如果保险公司单靠直接展业，就必须配备大量展业人员和增设机构，大量工资和费用支出势必会提高成本，而且展业具有季节性特点，在淡季时，人员会显得过剩。因此，国内外的大型保险公司除了使用直接展业外，还广泛地建立代理网，利用保险代理人和保险经纪人展业。

（3）保险经纪人展业。

保险经纪人不同于保险代理人，保险经纪人是投保人的代理人，对保险市场和风险管理富有经验，能为投保人制订风险管理方案和物色适当的保险人，是保险展业的有效方式。

2）汽车保险展业的过程

（1）准备工作。

业务人员进行展业活动前，必须作好各项准备，主要有：

① 相关知识，了解条款、条款解释、费率规章、投保单填写要求。

② 车辆情况。了解企业车辆数量、车型、用途、车辆状况、驾驶人员素质、运输对象（货物/人员）、车辆管理部门等。

③ 以往投保情况，包括了解承保公司、投保险种、投保金额、保险期限和赔付率等情况。

④ 当地情况，了解当地机动车辆交通事故情况、处理规定等。

（2）保险宣传。

保险宣传对于保险业务的顺利展开和增强国民的保险意识具有重要的作用。在我国，由于国内保险业务停办了 20 年，导致保险意识淡薄，不少人对保险比较陌生，有些企事业单位的领导对保险的职能和作用也认识不够。保险宣传的方式多种多样，如广告宣传、召开座谈会、电台和报刊播放或登载保险知识系列讲座、印发宣传材料等。

（3）保险方案。

由于投保人所面临的风险概率、风险程度不同，因而对保险的需求也各不相同，这需要展业人员为投保人设计最佳的投保方案。提供完善的保险方案也是保险人加大保险产品内涵，提高保险公司服务水平的重要标志。关于保险方案的制定，在上一章节中已有详细的叙述。

2. 投保

投保即投保人向保险人表达缔结保险合同的意愿。因保险合同的要约一般要求为书面形式，所以汽车保险的投保需要填写投保单。投保单是投保人向保险人表示要约意思的书面文件，也是投保人要求投保的书面凭证，为保险合同的要件之一。保险人接受了投保单，投保单就成为保险合同的要件之一。

1）投保人在投保阶段的权益

（1）知情权。

知情权指投保人在投保之前，有权知悉保险公司的相关状况。投保人有权知道保险公司财务状况，并要求解释保险条款含义。

（2）选择权。

指投保过程中自主选择的权利，包括选择是否购买保险，选择哪个保险公司，哪种保险产品。

（3）退保权。

指投保人在签订保险合同之后，包括合同生效前以及合同生效后，在符合规定情况下，拥有退保的权利。

（4）被保密的权利。

指对于投保人的各项信息，保险人应当给予保密，不得随意泄露。

2）投保方式

投保的渠道有多种，主要有上门办理、去保险公司办理、电话投保、网上投保、代理人投保、经纪人投保等。各投保渠道特点在前面的章节中已有详细叙述。

3. 核保

保险核保是保险最关键的环节之一、对投保人的投保申请进行审核，对标的的风险情况进行审核和评估，以确定是否接受该投保申请。核保的本质是对可保风险的判断和选择，以选择优质业务进行承保的一种行为，目的在于发展与维持有利润的业务。

常有客户向营销员提出："我在保险公司投保是给保险公司送钱，保险公司为何还要审核，甚至拒绝我投保？"其实保险公司是有经营风险的。由于保险产品的特殊性，为了确保客户利益的公平性，必须对风险加以评估，以决定是否承保以及以何种条件承保。保险核保实际上就是确定是否承保、承保条件、保险费率的过程。

1）核保的意义

（1）公平合理。核保最主要的出发点就是使客户能享有公司合理的保险费率。保险公司本着公平、公正的原则进行评估和风险分类。确保每位被保险人承担的保险费率与自身的风险程度相匹配。例如：根据风险分类，一位属于标准体风险的被保险人承担标准保费，另一位属于次标准体风险的被保险人承担较标准费率高的费率。

（2）避免逆选择，健全经营。通过核保，一方面排除不良契约，保证公司长期偿付能力，达到安全、稳定经营的目的。另一方面有效保证契约品质，减少差错与纠纷，建立公司良好的经营管理与品牌形象。

2）核保运作

核保工作原则上采取两级核保体制。先由展业人员、保险经纪人、代理人进行初步核保；然后由核保人员复核决定是否承保、承保条件及保险费率等。

（1）标准业务核保与非标准业务核保。标准业务核保是指常规风险的机动车辆保险业务，这类风险的特点是其基本符合机动车辆保险险种设计所设定的风险情况，按照保险公司的有关核保规定就能进行核保。非标准业务是风险具有较大特殊性的保险业务，如出险概率较高或车险后损失巨大等需要控制的业务。

标准业务可以根据保险公司有关的核保规定进行核保，而非标准业务则无法完全依靠公司的有关核保规定进行核保，而需专业核保人员运用保险的基本原理，相关的法律法规，自身有关的经验，通过研究分析来解决这些特殊问题，必要时核保人员需要向上级核保部门进行请示。

（2）集中核保和远程核保。集中核保的技术代表了核保技术发展的趋势和方向。集中核保可以有效地解决统一标准和业务规范问题，实现技术和经验的最大限度利用。计算机技术的广泛运用，尤其是互联网技术的发展带动了核保领域的进步。解决了以往集中核保在实际工作中遇到的经营网点分散和沟通联系困难的问题，出现远程核保这种核保模式，远程核保就是建立区域性的核保中心，利用互联网等现代通信技术，集中区域内的核保专家对区域内的所有业务进行核保。

3）核保步骤

汽车保险核保具体步骤如图1-6-2所示。

审核投保单 ➡ 查证验车 ➡ 核定费率 ➡ 计算保费 ➡ 复核

图1-6-2　核保步骤

4．缮制及签单

在核保通过，保险人同意承保后，应当签发有关单证。单证签发主要包括制单、复核、收费、签单、清分与归档等工作。

5．批改

在保险单的签发之后，因保险单或保险证需要进行修改或增删时所签发的一种书面证明，称为批单。批改作业的结果通常用这种批单表示。

一般，在保险合同主体或内容发生变更时，保险合同需要进行相应的变更。当保险合同生效后，如果保险车辆的所有权发生变化，车辆保险合同是否继续有效取决于申请批改的情况。如果投保人或被保险人申请批改，保险人经过必要的核保，签发批单同意，则原车辆保险合同继续有效。

在保险的有效期内，车辆发生转让、转卖、赠送他人，变更使用性质，调整保险金额或赔偿限额，增加或减少投保车辆，终止保险责任等，都需要申请办理批改，填具批改申请书送交保险公司。保险公司审核同意后出具批改给投保人留存。保险凭证上的有关内容也将通知批改异动,并在异动处加盖保险人业务专业章。

6. 续保

保险期满以后,投保人在同一保险人处重新办理保险汽车的保险事宜称为续保。汽车保险业务中有相当大一部分是续保业务,做好续保工作对于巩固保险业务来源十分重要。

知识要点2　汽车保险合同特点

1. 什么是汽车保险合同

汽车保险合同是保险合同的一种,《保险法》关于保险合同的一般规定,包括合同订立、变更、解除以及保险合同双方当事人的权利义务关系等基本内容,对汽车保险合同的订立、变更等行为同样是适用的。《保险法》第十条规定:"保险合同是投保人与保险人约定保险权利义务关系的协议。"因此,保险合同的当事人是投保人和保险人;保险合同的内容是关于保险的权利义务关系。

不过,汽车保险业务活动毕竟与其他的具体险种合同行为存在差别,掌握这些差别,对于正确理解汽车保险具有十分重要的意义。

汽车保险合同是财产保险合同的一种,是指以汽车及其有关利益作为保险标的保险合同。汽车保险合同不仅适用《保险法》、《道路交通安全法》、《机动车交通事故责任强制保险条例》等法律法规的规定,而且适用《中华人民共和国合同法》和《中华人民共和国民法通则》的有关规定。

2. 汽车保险合同特点

汽车保险合同是双方当事人在社会地位平等的基础上产生的一项经济活动,是双方当事人平等、等价的一项民事法律行为,属于经济合同的一种。又由于汽车保险合同的客体不同于一般的经济合同,所以,它既具有经济合同的一般特点,同时又有自身的独特之处,如图1-6-3所示。

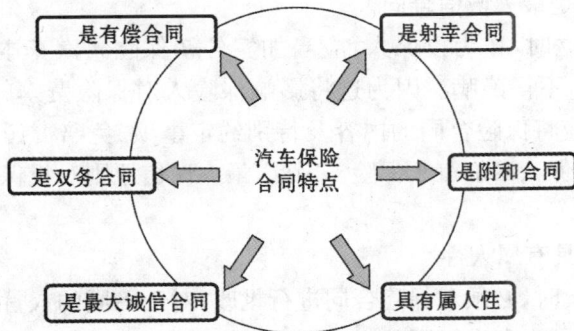

图 1-6-3　汽车保险合同特点

1) 汽车保险合同是有偿合同

有偿合同是指合同双方当事人的权利取得是需要花费一定代价的。在投保人和保险人订立汽车保险合同时,投保人是以向保险人支付一定的保险费为代价,取得当约定的保险事件出现时投保人能从保险人那里得到赔偿的权利;而保险人所具有的收取投保人保险费的权利,也是以保险标的发生保险事故后自己给予经济补偿的承诺为代价的。所以汽车保险合同是一种有偿合同。

2) 汽车保险合同是射幸合同

射幸是指侥幸、偶然或不确定的意思。射幸合同是指当事人双方在签订合同时不能确定履行内容的合同。汽车保险合同的射幸性表现为保险事件发生具有不确定性,所以保险人履行赔偿的责任也是不确定的。如果在保险期内保险汽车发生保险责任事故,那么保险人必须赔偿被保险人的经济损失,并且保险人的赔偿一般都远远超过投保人所支付的保险费;如果在保险期内没有发生保险事故,保险人则只有保费收入而无任何赔偿支付。

3) 汽车保险合同是双务合同

双务合同是指双方当事人相互享有权利,并且相互承担义务的合同。汽车保险合同对双方当事人都是法律约束,双方当事人都有义务履行合同,所以是双务合同。投保人在承担支付保险费的义务后,合同生效;被保险人在保险汽车发生保险事故时,依据合同享有请求保险人补偿损失的权利。同样,保险人在收取投保人保险费以后,就必须履行保险合同所规定的赔偿损失的义务。

4) 汽车保险合同是附和合同

附和合同是指合同双方当事人不充分商议合同的重要内容,而是由一方提出合同的主要内容,另一方只能取与舍,即要么接受对方提出的合同内容,签订合同,要么拒绝。汽车保险合同的主要内容一般情况下是由保险人事先拟定好,供投保人或被保险人选择,没有变更或修改的余地,所以汽车保险合同是附和合同。

该特点是由汽车保有量多和汽车保险业务专业性强决定的。保险人每年签订的合同数量巨大,因此,保险手续必须力求迅速,由保险人事先拟定好合同的主要内容,然后投保人进行选择即可。同时,由于汽车保险合同内容的技术性较强,一般投保人缺乏了解,根本无法让其参与协商确定合同内容。

5) 汽车保险合同是最大诚信合同

汽车保险合同订立时,作为投保人,应当如实告知保险人汽车本身的情况,并如实回答保险人提出的问题,不得隐瞒。因为这将影响保险人对保险费率的确定,决定保险合同是否有效。保险人也应将保险合同的内容及特别约定事项、免赔责任如实向投保人进行解释,不得误导或引诱投保人参加汽车保险。因此,最大诚信原则对投保人与保险人是同样适用的。

6) 汽车保险合同具有属人性

保险标的汽车转卖时,必须对保险合同进行批改,对于不同的人,由于年龄、性别、职业、习惯等不同,这就决定了汽车在不同的人手中,出险概率的大小是不同的,因此,保险公司有权重新核定,决定是否继续接受该人的投保请求,这体现了汽车保险合同的属人性特征。

知识要点 3 汽车保险合同的形式

汽车保险合同采用书面文件的形式,主要有投保单、保险单、暂保单、保险凭证、批单、书面协议等形式,如图 1-6-4 所示。

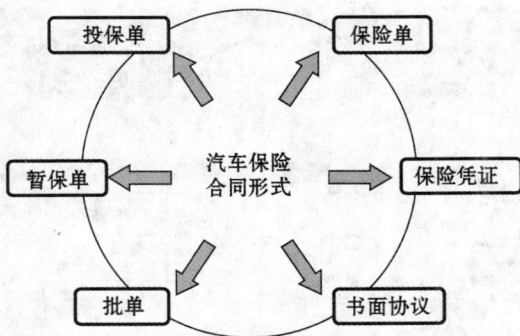

图 1-6-4 汽车保险合同形式

1. 投保单

汽车保险投保单又称"投保申请书",是投保人申请保险的一种书面形式。通常,投保单由保险人事先设计并印制,上面列明了保险合同的具体内容,投保人只需在投保单上按列明的项目逐项填写即可。投保人填写好投保单后,保险人审核同意签章承保,这意味着保险人接受了投保人的书面要约,说明汽车保险合同已告成立。

投保单的内容经保险人签章后,保险合同即告成立,保险人按照约定的时间开始承担保险责任。

2. 保险单

保险单简称"保单",是保险人和投保人之间订立保险合同的正式书面凭证。它根据汽车投保人申请,在保险合同成立之后,由保险人向投保人签发。保险单上列明了保险合同的所有内容,它是保险双方当事人确定权利、义务和在发生保险事故遭受经济损失后,被保险人向保险人索赔的重要依据。汽车保险单如图 1-6-5 所示。

3. 暂保单

暂保单是临时保险合同,用以证明保险人同意承保。暂保单的内容仅包括保险标的、保险责任、保险金额以及保险关系当事人的权利义务等。使用暂保单有以下几种情况:

(1) 代理人在争取到业务但尚未向保险人办妥保险单之前,对被保险人开具的临时证明。

(2) 保险公司的分支机构在接受投保人的要约后,需要获得上级保险公司的批准。

(3) 保险人和投保人在洽谈或续订保险合同时,订约双方已就主要条款达成一致,但一些条件尚未谈妥。

(4) 出口贸易结汇,保险单是必备的文件之一,在保险单或保险凭证未出具之前,可出立暂保单,以证明出口货物已办理保险,作为办理结汇凭证之一。

暂保单具有与正式保单同等的法律效力。同正式保单相比,暂保单的内容相对简单、保险期限短,可由保险人或兼业保险代理机构签发;而正式保单尽管法律效力与暂保单相同,但其内容较为复杂,保险期限通常为一年,保险单只能由保险人签发。我国现行的汽车保险中提车暂保单承保车辆损失险和第三者责任险。

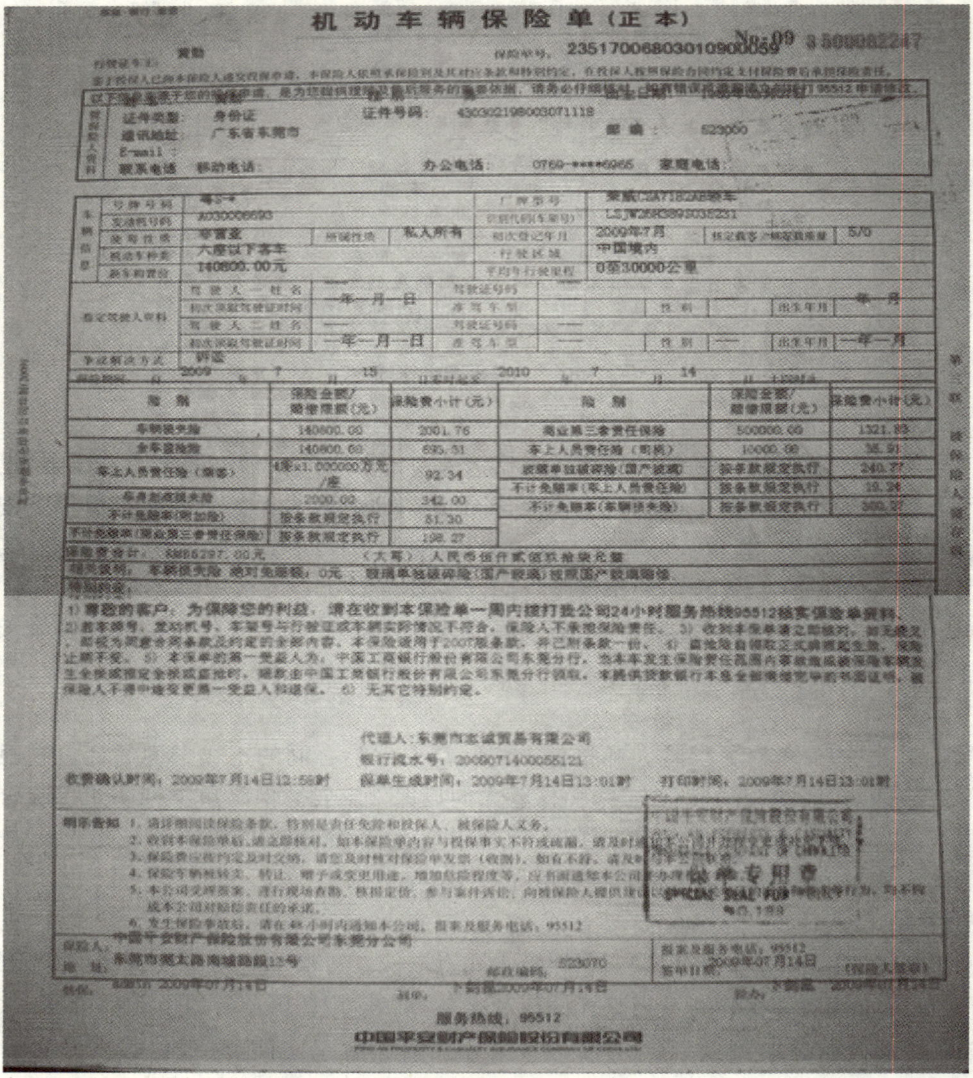

图 1-6-5　汽车保险单

4. 保险凭证

保险凭证也称保险卡,是保险人发给投保人以证明保险合同已经订立或保险单已经签发的一种凭证。便于被保险人或其允许的驾驶人员随身携带,证明保险合同的存在。保险凭证的法律效力与保险单相同,保险凭证上未列明的事项以保险单为准。保险凭证如图 1-6-6 所示。

5. 批单

在保险合同有效期间内可能发生需要部分更动的情况,这时要求对保险单进行批改。批单的内容通常包括:批改申请人、批改的要求、批改前的内容、批改后的内容、是否增加保险费、增加保险费的计算方式、增加的保险费,并明确除本批改外原合同的其他内容不变。

批单应该加贴在原保险单正本和副本背面上,并加盖骑缝章,使其成为保险合同的一部分。

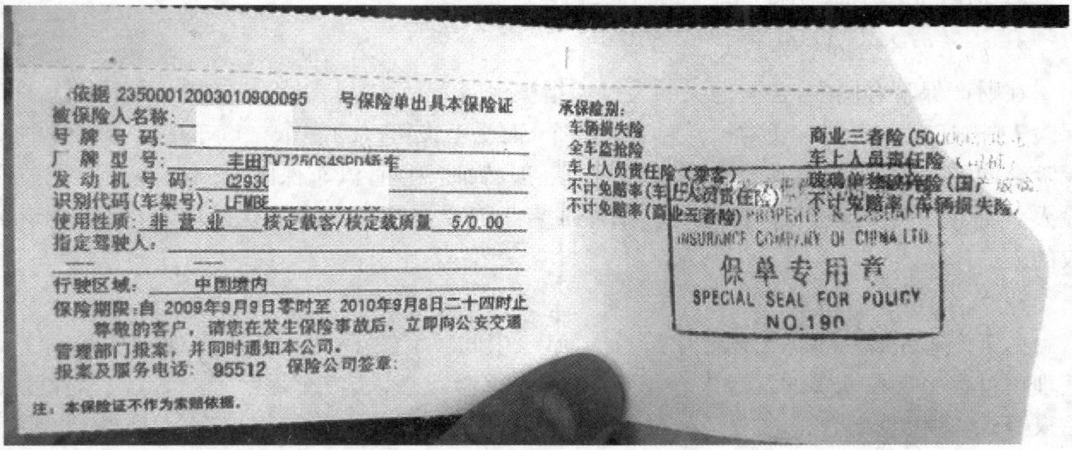

图 1-6-6 汽车保险证

6.书面协议

保险人经与投保人协商同意,可将双方约定的承保内容及彼此的权利义务关系以书面协议形式明确下来。这种书面协议也是保险合同的一种形式。同正式保单相比,书面协议的内容不事先拟就,而是根据保险关系双方当事人协商一致的结果来签订,具有较大的灵活性和针对性,是一种不固定格式的保险单,它与保险单具有同等法律效力。

知识要点 4 汽车保险合同的基本内容

1.汽车保险合同的主体

所谓汽车保险合同的主体是指具有权利能力和行为能力的保险关系双方,包括汽车保险合同当事人、关系人和中介人三方面内容。与汽车保险合同订立直接发生关系的人是保险合同的当事人,包括汽车保险人和汽车保险投保人;与汽车保险合同间接发生关系的人是合同的关系人,它仅指被保险人。由于在保险业务中涉及的面较广,通常存在中介人,如保险代理人、经纪人、公估人等。

1)汽车保险合同的当事人

(1)投保人。汽车保险投保人是指与汽车保险人(即保险公司)订立汽车保险合同,并按照保险合同负有支付保险费义务的人。

汽车保险投保人应具备下列三个条件:

① 投保人是具有权利能力和行为能力的自然人或法人。

② 投保人对汽车具有利害关系,存在可保利益。

③ 投保人负缴纳保险费的能力。

(2)保险人。汽车保险人是指与投保人订立汽车保险合同,对于合同约定的可能发生的事故因其发生造成汽车本身损失及其他损失承担赔偿责任的财产保险公司。

保险人必须符合以下条件:

① 保险人要具备法定资格。

② 保险人须以自己的名义订立保险合同。

③ 保险人须依照保险合同承担保险责任。

2) 汽车保险合同的关系人

在财产保险合同中,合同的关系人仅仅指被保险人,而人身保险合同中的关系人除了被保险人外,还有受益人。通常被保险人是一个,而受益人可以为多个。汽车保险合同是财产保险合同的一种,应当具有财产保险合同的一般特征,因而,汽车保险合同的关系人是被保险人。所谓汽车保险被保险人是指其财产或者人身受汽车保险合同保障,享有保险金请求权的人。

3) 汽车保险合同的中介人

由于汽车保险在承保与理赔中涉及的面广、中间环节较多,因而在汽车保险合同成立及其理赔过程中存在众多的社会中介组织,如汽车保险代理人、汽车保险经纪人、汽车保险公估人等。

2. 汽车保险合同的客体

保险合同的客体是投保人在保险标的上的保险利益。投保人对保险标的应当具有保险利益;投保人对保险标的不具有保险利益的保险合同无效。

汽车保险合同的客体不是保险标的本身,而是投保人或被保险人对保险标的所具有的合法的经济利害关系,即保险利益,也称可保利益。

保险利益是投保人投保签约的起因,也是保险人决定是否可以承保的标准。

保险利益与保险标的的含义不同,但两者又是相互依存的关系。投保人或被保险人在投保或索赔时,一般须对保险标的具有保险利益,否则保险人是不予承保或赔偿的。保险利益又以保险标的的存在为条件。

投保人或被保险人向保险人投保的,不是保险标的本身,而是以对其保险标的所具有的经济上的利益。

3. 汽车保险合同的内容

汽车保险合同的内容主要用来规定保险双方当事人所享有的权利和承担的义务,它通过保险条款使这种权利义务具体化,包括基本条款和附加条款(约定条款)。

1) 保险合同的基本条款

(1) 保险人的名称和住所;

(2) 投保人、被保险人名称和住所,以及人身保险的受益人的名称和住所;

(3) 保险标的;

(4) 保险责任和责任免除;

(5) 保险期限和保险责任开始时间;

(6) 保险金额;

(7) 保险费及支付办法;

(8) 保险金赔偿或者给付办法;

(9) 违约责任和争议处理;

(10) 订立合同的年月日。

2) 保险合同的特约条款

《保险法》规定投保人和保险人可以约定与保险有关的其他事项。

当保险合同的基本内容不能完全表达当事人双方的意愿时,当事人双方可以通过协商约定其他内容。这些称为保险合同的约定条款。

约定条款必须是保险法所允许的,不得与其他法律、法规相抵触,也不得违背最大诚信原则。

知识要点5 汽车保险合同订立、生效、变更与解除

1. 汽车保险合同的订立

保险合同的订立是投保人与保险人之间基于意思表示一致而作出的法律行为。保险合同的订立须经过投保人提出要求和保险人同意两个阶段,这两个阶段即为合同实践中的要约与承诺。

1) 要约

要约亦称"提议",它是指当事人一方以订立合同为目的而向对方作出的意思表示。一个有效的要约应具备三个条件:

(1) 要约须明确表示订约愿望。

(2) 要约须具备合同的主要内容。

(3) 要约在其有效期内对受约人具有约束力。

2) 承诺

承诺,又称"接受订约提议",是承诺人向要约人表示同意与其缔结合同的意思表示。作出承诺的人称为承诺人或受约人。承诺满足下列条件时有效:

(1) 承诺不能附带任何条件,是无条件的。

(2) 承诺须由受约人本人或其合法代理人作出。

(3) 承诺须在要约的有效期内作出。

保险合同的承诺也叫承保,通常由保险人或其代理人作出。

2. 汽车保险合同的生效

保险合同的成立是指投保人与保险人就保险合同条款达成协议。机动车辆保险合同自双方当事人签字或盖章时合同成立。

保险合同的生效是指保险合同对当事人双方发生约束力,即合同条款产生法律效力。保险合同的生效与成立的时间不一定一致。我国保险公司普遍推行"零时起保制",把保险合同生效的时间放在合同成立日的次日零时。

3. 汽车保险合同的变更

保险合同的变更是指在保险合同有效期内,投保人和保险人相互协商,在不违反有关法规、法律的情况下,变更保险合同的主体、客体和内容。我国《保险法》明确规定:"在保险合同有效期内,投保人和保险人可以协商变更合同内容。变更保险合同的,应当由保险人在保险单或者其他保险凭证上批注或者附贴批单,或者由投保人和保险人订立变更的书面协议。"

1) 汽车保险合同变更的事项

(1) 汽车保险合同主体的变更。保险人发生分立或合并时,应变更保险人;投保人或被保险人将保险标的转让给他人的,应该变更投保人或被保险人。

(2) 汽车保险合同客体的变更。包括保险标的的用途、危险程度的变化、保险价值明显

增加或减少等情况。

（3）汽车保险合同内容的变更。是指当事人双方权利和义务的合同条款的变更。当投保人或被保险人提出增加或减少保险费、改变保险费的支付方式、扩大或缩小保险责任范围和条件、扩大或缩小责任免除范围和条件、延长或缩短保险期限等要求时，会导致保险合同内容的变更。保险合同标的变更时，也往往引起保险合同内容的变更。

2）汽车保险合同变更的程序

先由投保人或被保险人提出变更保险合同的书面申请；然后保险人审核变更请求，作出相应决定，如风险增大，需增加保险费的，投保人应按规定补缴，如风险降低，应减少保费的，保险人须退还；最后，保险人签发批单，保险合同变更生效。

根据国际惯例，手写批注的法律效力优于打字批注；打字批注的法律效力优于加贴的附加条款；加贴的附加条款的法律效力优于基本条款；旁注附加的法律效力优于正文附加。

4．汽车保险合同的解除

汽车保险合同解除，是指保险合同成立之后，当法定或约定的事由发生时，一方当事人可以行使解除权，使保险合同效力提前灭失的一种法律行为。

1）汽车保险合同的解除的形式

保险合同解除的形式有两种：法定解除与协议解除。

（1）法定解除。法定解除是法律赋予当事人的一种单方解除权。《保险法》第 15 条强调："除本法另有规定或者保险合同另有约定外，保险合同成立后，投保人可以解除合同，保险人不得解除合同。"

（2）协议解除。协议解除又称约定解除，是指当事人双方经协商同意解除保险合同的一种法律行为。

2）汽车保险合同解除的实务

（1）投保人解除汽车保险合同。在保险实践中，如果投保人没有在投保机动车辆损失保险的同时附加投保机动车辆失窃险，那么在保险合同有效期内保险车辆失窃时投保人就会解除保险合同。此外，当机动车辆在交通事故中被其他车辆严重损伤，肇事车辆所有人根据责任以现金的方式进行赔偿，或者肇事车辆的保险人依据第三者责任险的赔偿责任以现金的方式赔偿，受损伤车辆的价值明显减少，投保人也可以提出解除保险合同。

《保险法》第 54 条规定："保险责任开始前，投保人要求解除合同的，应当按照合同约定向保险人支付手续费，保险人应当退还保险费。保险责任开始后，投保人要求解除合同的，保险人将以收取的保险费，按照合同约定扣除自保险责任开始之日起至合同解除之日止应收取的部分后，退还投保人。"

例如，中国人保在其机动车辆保险条款中规定："保险责任开始前，投保人要求解除保险合同的，应当向保险人支付应缴保险费 5% 的退保手续费，保险人应当退还保险费。保险责任开始后，投保人要求解除保险合同的，自通知保险人之日起，本保险合同解除。保险人按日收取自保险责任开始之日起至合同解除之日止期间的保险费，并退还剩余部分保险费。"

（2）保险人解除汽车保险合同。保险人解除保险合同的权利一般受法律限制。《保险法》第 15 条规定："除本法另有规定或者保险合同另有约定外，保险合同成立后，保险人不得解除保险合同。"但是，机动车辆保险人可以依据如下法定条件行使合同解除权：

① 投保人违反如实告知义务；

② 保险标的危险程度增加，未通知保险人的；

③ 投保人、被保险人违反合同规定，未遵守国家有关消防、安全等方面的规定，对保险标的安全不尽维护安全的责任；

④ 被保险人或投保人在未发生保险事故情况下以口头或书面形式谎称发生了保险事故，向保险人提出赔偿；

⑤ 投保人、被保险人故意制造保险事故。

5. 汽车保险合同的终止

保险合同的终止是指当事人之间由合同所确定的权利义务因法律规定的原因出现而不复存在。导致保险合同终止的原因很多，主要有：

（1）保险合同因期限届满而终止；

（2）保险合同因履行而终止。如保险车辆因一次事故全部损毁或推定全损；

（3）财产保险合同因保险标的灭失而终止；

（4）人身保险合同因被保险人的死亡而终止；

（5）财产保险合同因保险标的部分损失，保险人履行赔偿义务而终止。

四、任务实施

任务步骤 1　拟定任务实施计划

当客户有投保意向时，应指引客户进行投保，进行保险承保工作，订立汽车保险合同，汽车保险承保工作步骤可按图 1-6-7 所示步骤进行。

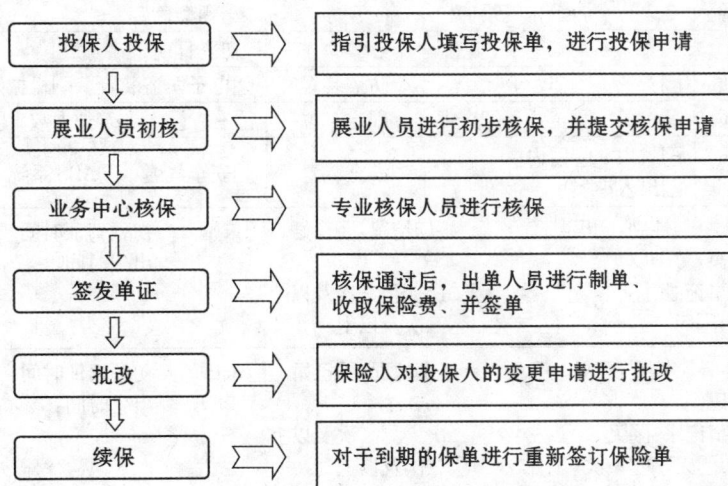

投保人投保	⇒	指引投保人填写投保单，进行投保申请
展业人员初核	⇒	展业人员进行初步核保，并提交核保申请
业务中心核保	⇒	专业核保人员进行核保
签发单证	⇒	核保通过后，出单人员进行制单、收取保险费、并签单
批改	⇒	保险人对投保人的变更申请进行批改
续保	⇒	对于到期的保单进行重新签订保险单

图 1-6-7　签订保险合同任务实施流程

任务步骤 2　投保人投保

投保人投保必须填写投保单，投保单是投保人向保险人申请订立保险合同的书面要约。

笔记

　　投保单是由保险人事先准备、具有统一格式的书据。投保人必须依其所列项目一一如实填写,以供保险人决定是否承保或以何种条件、何种费率承保。

　　投保单本身并非正式合同的文本,但一经保险人接受后,即成为保险合同的一部分。在保险实务中,投保人提出保险要约时,均需填具投保单。如投保单填写的内容不实或故意隐瞒、欺诈,都将影响保险合同的效力。

　　1. 投保单填写的注意事项

　　(1) 用钢笔或签字笔填写。

　　(2) 由客户亲自填写,且由投保人及被保险人亲笔签字认可。

　　(3) 应如实填写各项内容,如有不实填写,而被保险公司承保,保险公司亦可按不实填写告知解除保险合同。

　　(4) 应详细填写各项内容,不准空项,包括通信地址、邮编及各种通信方式,以便保险公司随时与客户联系。

　　2. 投保单样式

　　投保单的样式如表 1-6-1 所示。

表 1-6-1　机动车辆保险投保单

投保情况	投保情况	□新保　□续保		上年投保公司		
	上年保单号			到期时间		
被保险人	被保险人			身份证号码		
	通信地址			邮政编码		
	联系人			联系电话		E-mail
投保车辆情况	车牌号码		境外号牌		号牌底色	
	厂牌型号		车辆种类		车架号	
	发动机号		排气量(升)		车辆颜色	
	VIN码		座位/吨位		初登日期	
	使用性质	□营业　□非营业		防盗装置	□电子防盗装置　□机械防盗装置　□无	
	所属性质	□机关　□企业　□个人		固定车位	□有　□无　驾驶人数　□单人　□多人	
	行驶区域	□省内　□国内 □出入港澳		安全装置	□安全气囊　□ABS 系统　□无安全装置	
主驾驶人资料	姓名:　　　性别:□男　□女　　婚姻情况:□已婚　□未婚　　初领驾证时间　年　月　日 身份证号码:　　　　　　　　　　　　　　　　　　　　　　出生时间: 近三年肇事记录:□无　□一次　□二次　□三次及以上 违章记录:□无　□一次　□二次　□三次及以上					
副驾驶人资料	姓名:　　　性别:□男　□女　　婚姻情况:□已婚　□未婚　　初领驾证时间　年　月　日 身份证号码:　　　　　　　　　　　　　　　　　　　　　　出生时间: 近三年肇事记录:□无　□一次　□二次　□三次及以上 违章记录:□无　□一次　□二次　□三次及以上					
基本险	车辆损失险				第三者责任险	
	新车购置价	保险金额	费　率	保险费小计	赔偿限额	保险费小计
	全车盗抢险				车上人员责任险	
	保险金额		保险费小计		赔偿限额:　　万元/座	保险费:

续 表

	险 别	保险金额(赔偿限额)	费 率	保险费小计
附加险	玻璃单独破碎险			
	无过错损失补偿险			
	不计免赔率特约险			
	自燃损失险			
	新增设备损失险			
	承运货物责任险			
	车身划痕险			
	代步车费用险			
	他人恶意行为损失险			
	交通事故精神损害赔偿险			

保险期限:共　　个月　自　　年　　月　　日零时起至　　年　　月　　日二十四时止

特别约定:

3.投保单内容

1)投保人和被保险人情况

(1)投保人与被保险人姓名。投保人是保险合同不可缺少的当事人。投保人除应当具有相应权利能力和行为能力外,对保险标的必须具有保险利益。因此,投保人应当在投保单上填写自己的姓名,以便保险人核实其资格,避免出现保险纠纷。

被保险人必须是保险事故发生时遭受损失的人,即受保障的人,因此,投保单上必须注明被保险人的姓名。

(2)投保人与被保险人地址。投保单上需要填具投保人与被保险人的详细地址、邮编、电话及联系人,以便于联系和作为确定保险费率的参考因素。便于联系,保险人需要核保。合同生效后,保险人需定期或不定期地向客户调研自身的服务质量或通知被保险人有关信息。

另外,不同地区汽车保有量、道路状况、治安状况不同,危险因素也就不一样,这是厘订费率的依据。

2)驾驶员情况

我国以前车险以从车主义为主,投保单没有要求填具驾驶员情况。

采用从人主义为主的汽车保险,投保单需要提供驾驶员情况,如驾驶员的住址、性别、年龄与婚姻状况、健康状况、驾龄、违章情况等,这是确定保险费的重要依据。

3)保险车辆情况

包括号牌号码、厂牌型号、发动机号、车架号、车辆种类、座位/吨位、车辆颜色、汽车所有人与使用情况等内容。

(1)号牌号码。填写车辆管理机关核发的号牌号码并注明底色。例如,冀H00099(黄)
冀QA0398(黄)填写号牌号码应与行驶证号牌号码一致。

(2)厂牌型号。厂牌型号应和实际车辆、行驶证一致。

(3)发动机号及车架号。发动机号和车架号是生产商在发动机和车架上打印的号码,

笔记

可根据车辆行驶证填写并实车查看。对于有 V1N 号的车辆,应以 VIN 号代替车架号。车辆识别代码 Vehicle Identification Number(VIN 码)由 17 位字符组成,俗称十七位码。它包含车辆生产厂家、年代、车型、车身形式及代码、发动机代码及组装地点等信息。

(4) 车辆种类。按照车辆行驶证上注明的车辆种类填写。主要包括:

① 客车:座位(包括驾驶员座位)以机动车行驶证载明的座位为准。

② 货车:按其载重量分档计费;客货两用车按客车或货车中的高档费率计费。

③ 挂车。

④ 油罐车、气罐车、液罐车、冷藏车。

⑤ 起重车、装卸车、工程车、监测车、邮电车、消防车、清洁车、医疗车、救护车、监测、消防、清洁、医疗、救护、电视转播、雷达、X 光检查、邮电车辆、大型联合收割机或其他专用车辆。

⑥ 摩托车。

(5) 座位/吨位。根据行驶证注明的座位和吨位填写。客车填座位,货车填吨位,客货两用车填写座位/吨位。如 BJ630 客车填"16/",解放 CAl41 货车填"/5",丰田 DYNA 客货两用车填写"5/1.75"。

(6) 初次登记年月。用来确定车龄,因为初次登记年月是理赔时确定保险车辆实际价值的重要依据,所以应按照车辆行驶证上的"登记日期"填写。

(7) 使用性质。使用性质分为营业与非营业两类。营业车辆指从事社会运输并收取运费的车辆;非营业车辆是指各级党政机关、社会团体、企事业单位自用的车辆,或仅用于个人及家庭生活的车辆。

(8) 所属性质。根据保险汽车的所有权,按照机关、企业、个人三类填写保险汽车的所属性质。

(9) 车辆颜色。车辆颜色应与车辆行驶证上的车辆照片颜色一致。

(10) 行驶区域。行驶区域有省内、境内和出入境。

4) 投保险种及期限情况

(1) 保险金额应分险种列明,如车辆损失险;第三者责任险;附加险。

(2) 保险期限通常为一年,也可根据实际情况选择短期保险。

5) 保险费

6) 投保人签单

投保人在对投保单所填写的各项内容核对无误,并对责任免除和被保险人义务明示理解后,须在"投保人签章"处签章并填写日期。

任务步骤 3 展业人员初核

展业人员的初核工作如图 1-6-8 所示。

审核投保单 ⇒ 验证 ⇒ 查验车辆 ⇒ 录入投保信息 提交核保申请

图 1-6-8 核保初核工作流程

1. 审核投保单

展业人员应当对投保人填写的投保单进行审核,确认填写是否完整、清楚,内容是否准确。

2. 验证

展业人员结合投保车辆的有关证明,如机动车驾驶证、介绍信等,进行详细的检查。首先检查投保人称谓与其签章是否一致,即投保人的姓名与投保车辆行驶证标明的姓名是否一致,如果不一致则需要投保人提供对投保车辆拥有可保利益的书面证明。其次应当检验投保单上的信息与行驶证上的信息是否相符,这些信息主要有:是否年检合格、车辆种类、牌照、发动机号、VIN码、颜色等。

3. 查验车辆

即根据投保单、投保单附表和车辆行驶证,对投保车辆进行实际检验,需要重点检查的车辆如:首次投保车辆、未按期续保车辆、投保三责险后又加保车损的车辆、申请增加附加险的车辆、接近报废车辆、特种车辆、重大事故后修复的车辆等。

车辆主要检查事项有:

(1) 检查车辆是否存在或有无受损,是否有消防和防盗设备等,以控制车辆风险。

(2) 检查车辆的实际牌照、车型、发动机号、车架号、车身颜色是否与车辆行驶证一致。

(3) 检查车辆的操纵安全性与可靠性是否符合要求,重点检查转向、制动、灯光、喇叭、刮水器等影响车辆安全的装置。

(4) 检查发动机、底盘、电气设备以及车身各部分的技术状况。

投保盗抢险的车辆需要拓印车架号与发动机号码并将其附在保险单的正面或拓印牌照留底并将照片贴在保险单背面。

4. 录入投保信息,提交核保申请

展业人员在检验证件与车辆后,应将投保信息录入计算机承保系统,并提交核保人员进行审核。下面以某保险公司的车险承保系统为例说明操作。

1) 首先登录车险承保系统

2) 进入业务选择新增保单界面

登录系统后,选择"销售支持"项下的"产险自助录单",进入业务选择新增界面,选择相应的产品,新增界面如图1-6-9所示。

3) 进入续保检查

根据客户提供的行驶证复印件录入车牌号、发动机号、车架号,检查是否续保车辆。

上述信息录完后点击"续保检查",检查范围为保单起始时间默认为出单日起向前推15个月,在所查保险期限内符合以上三个必录项中两项的即在下面的续保检查列表中显示,如图1-6-10所示。

4) 进入信息输入界面

如何不是续保业务,选择"全新"选项,进入信息录入界面,录信息。

(1) 在人员信息页面,录入被保险人、投保人信息,如图1-6-11所示。

(2) 在基本信息页面,录入基本信息,如图1-6-12所示。

(3) 在随车因素页面,录入保险车辆信息,如图1-6-13所示。

（4）在险别页面，选择需投保的商业险险别，如图 1-6-14 所示。

（5）在"费率因子"页面，录入险费率因子，如图 1-6-15 所示。

（6）在"车船税信息"页面，录入车船税信息，如图 1-6-16 所示。

5）申请核保

在输入信息完成后，提交核保申请，如图 1-6-17 所示。

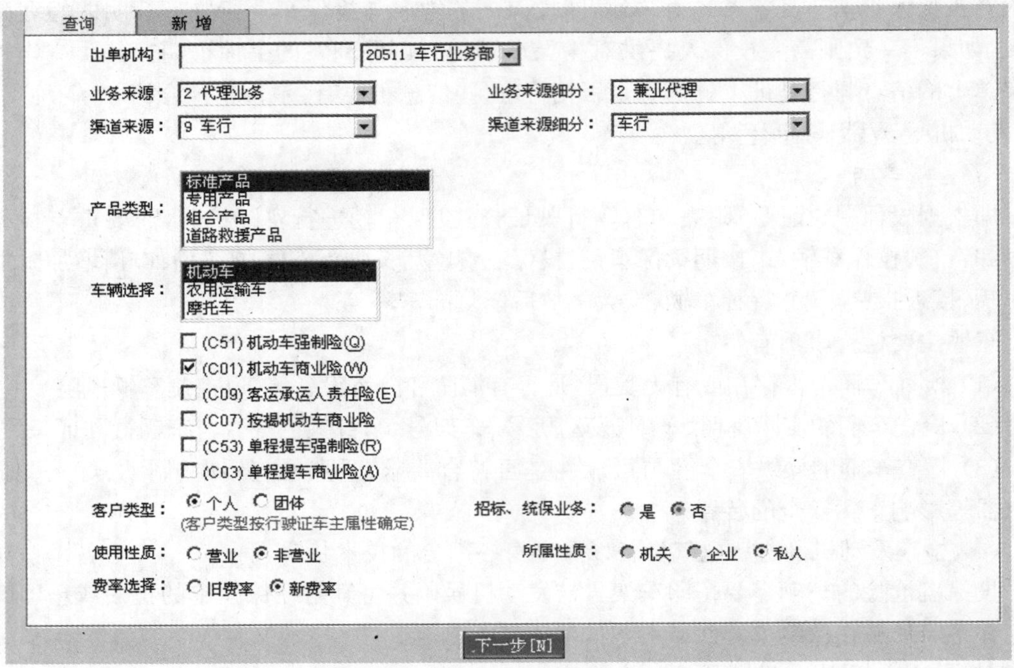

图 1-6-9　新增界面

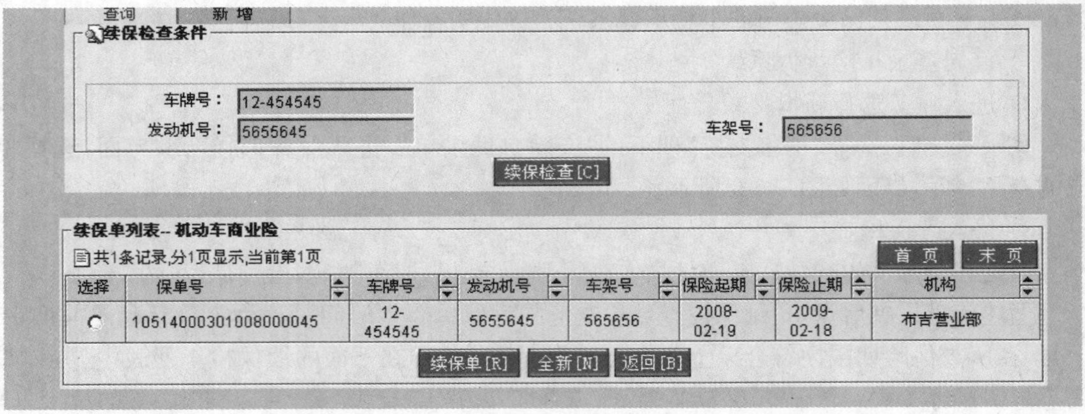

图 1-6-10　续保检查界面

笔 记

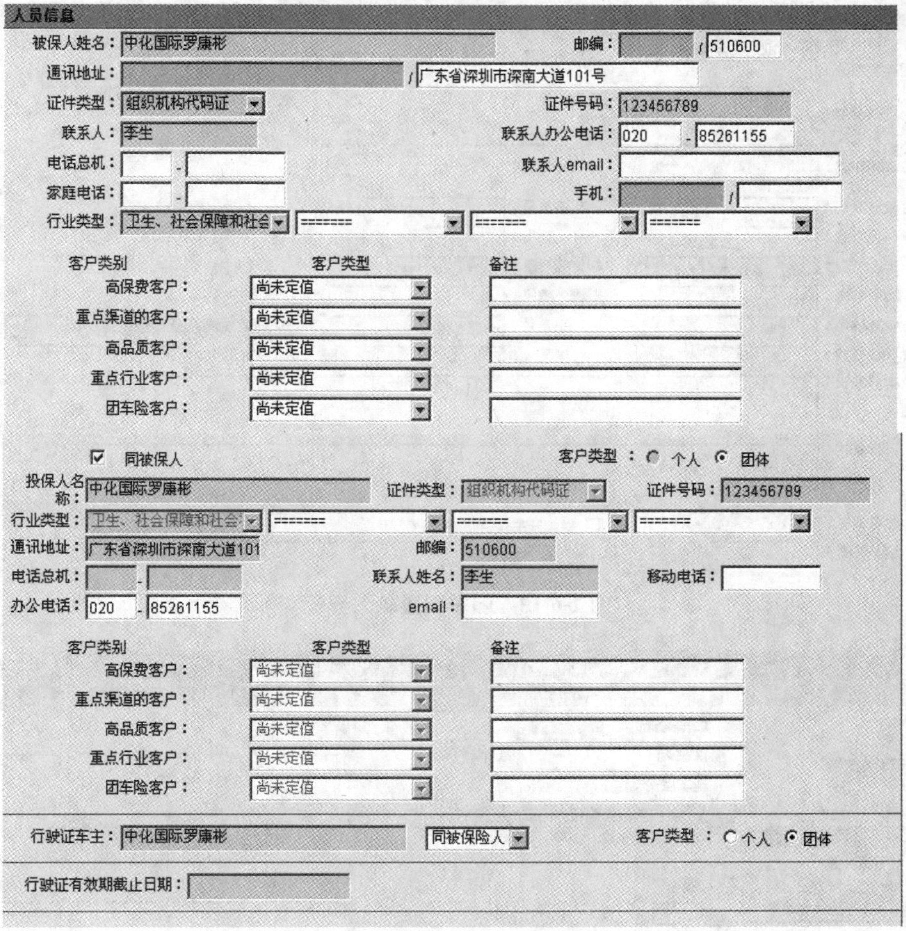

人员信息

被保人姓名：中化国际罗康彬	邮编：　/ 510600
通讯地址：　/ 广东省深圳市深南大道101号	
证件类型：组织机构代码证	证件号码：123456789
联系人：李生	联系人办公电话：020 - 85261155
电话总机：　-	联系人email：
家庭电话：　-	手机：　/
行业类型：卫生、社会保障和社会 ======= ======= =======	

客户类别	客户类型	备注
高保费客户：	尚未定值	
重点渠道的客户：	尚未定值	
高品质客户：	尚未定值	
重点行业客户：	尚未定值	
团车险客户：	尚未定值	

☑ 同被保人　　　　　　　　客户类型：○个人 ●团体

投保人名称：中化国际罗康彬	证件类型：组织机构代码证	证件号码：123456789
行业类型：卫生、社会保障和社会 ======= ======= =======		
通讯地址：广东省深圳市深南大道101	邮编：510600	
电话总机：　-	联系人姓名：李生	移动电话：
办公电话：020 - 85261155	email：	

客户类别	客户类型	备注
高保费客户：	尚未定值	
重点渠道的客户：	尚未定值	
高品质客户：	尚未定值	
重点行业客户：	尚未定值	
团车险客户：	尚未定值	

行驶证车主：中化国际罗康彬　　同被保险人　　客户类型：○个人 ●团体

行驶证有效期截止日期：

图 1-6-11　人员信息界面

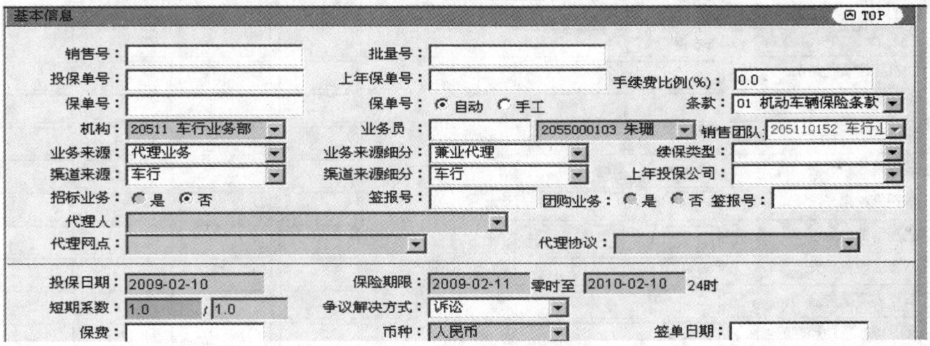

基本信息　　　　　　　　　　　　　　　　　　⊠ TOP

销售号：	批量号：	
投保单号：	上年保单号：	手续费比例(%)：0.0
保单号：	保单号：●自动 ○手工	条款：01 机动车辆保险条款
机构：20511 车行业务部	业务员：2055000103 朱珊	销售团队：205110152 车行业
业务来源：代理业务	业务来源细分：兼业代理	续保类型：
渠道来源：车行	渠道来源细分：车行	上年投保公司：
招标业务：○是 ●否	签报号：	团购业务：○是 ●否 签报号：
代理人：		
代理网点：	代理协议：	

投保日期：2009-02-10	保险期限：2009-02-11 零时至 2010-02-10 24时	
短期系数：1.0 / 1.0	争议解决方式：诉讼	
保费：	币种：人民币	签单日期：

图 1-6-12　基本信息界面

笔记

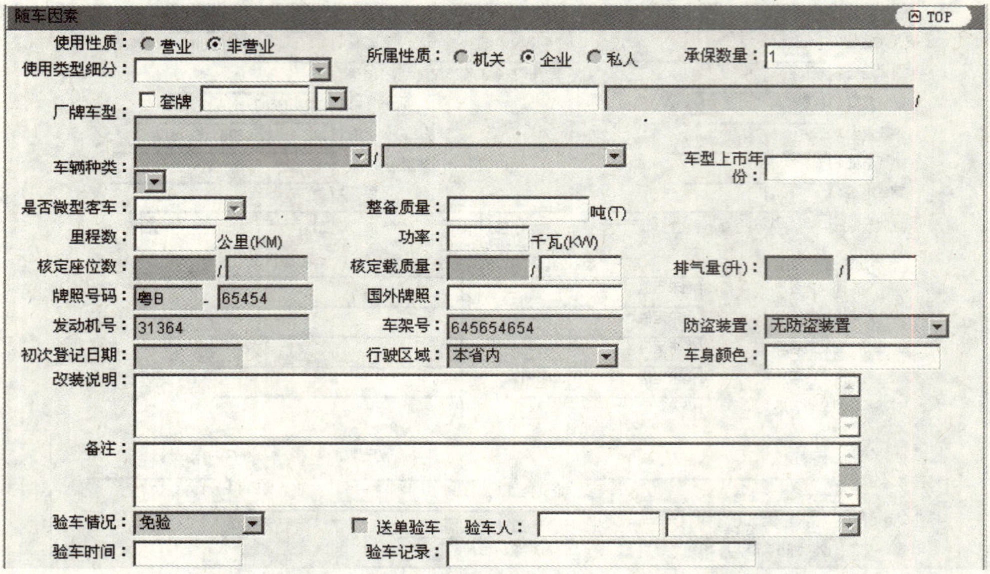

图 1-6-13　随车因素输入界面

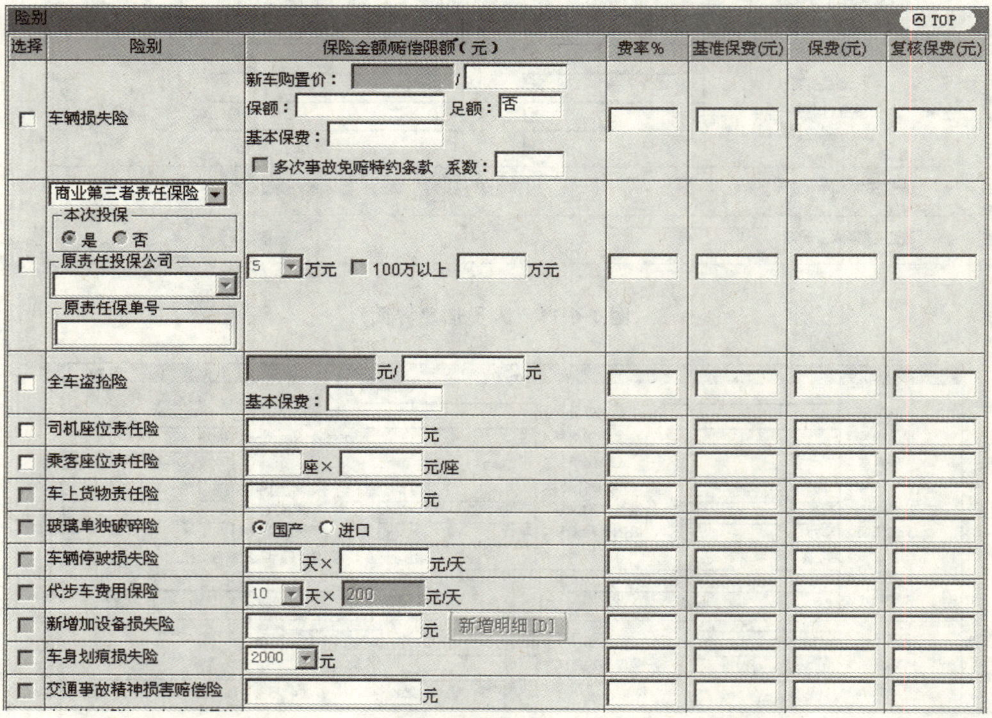

图 1-6-14　险别选择界面

图 1-6-15　费率因子输入界面

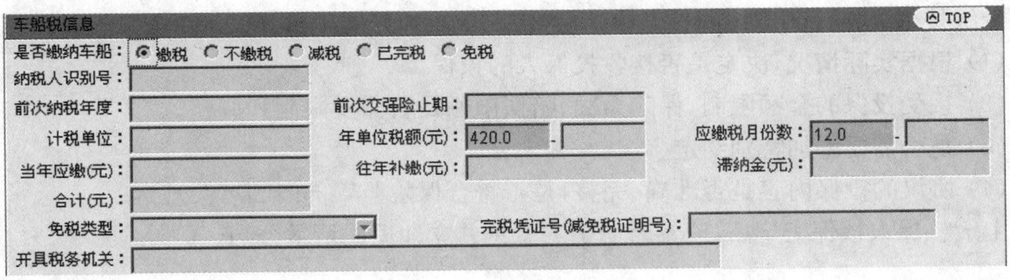

图 1-6-16　车船税信息输入界面

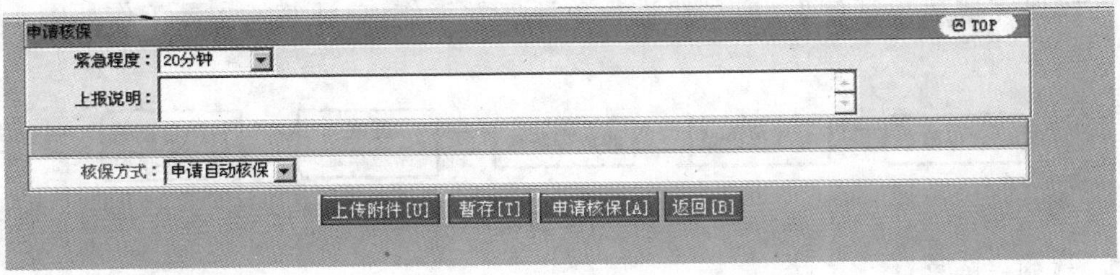

图 1-6-17　核保申请界面

任务步骤 4　核保人员核保

核保工作原则上采用两级核保体制。先由展业人员、保险经纪人、保险代理人进行初步核保,在展业人员提交核保申请后,需要核保人进行核保,决定是否承保、承保条件与保险费率。对于超出本级核保权限,上报上级保险人核保。

1. 本级核保

本级核保的核保人的核保工作主要有下面内容:

(1) 审核保险单是否按规定的内容与要求填写;审核保险价值与保险金额是否合理。

对于不符合要求的,应退回给业务人员指导投保人重新填写,进行更正。

(2)审核业务人员在初核验证单证与查验车辆时,是否按照要求向投保人履行了告知义务,对特别约定的事项是否在特约栏内注明。

(3)审核适用的费率标准和计收保险费是否正确。应根据投保单上所列的车辆情况、驾驶人员情况和保险公司的《机动车辆保险费率标准》,逐项确定投保车辆的保险费率。

(4)对于高保额和投保盗抢险的车辆,需审核有关证件以及实际情况是否与投保单填写一致,是否按照规定复印拍照存档。

(5)对于高发事故和风险集中的投保单位,提出公司的限制性承保条件。

(6)对于费率表中没有列明的车辆,包括高档车和其他专用车辆,可视风险情况提出厘定费率的意见。

(7)审核其他有关情况。

审核完毕后,核保人应在投保单上签名。如果超出本级核保的权限,应上报上级核保人核保。

2.上级核保人核保

上级核保人接收到下级的核保申请后,应有重点地开展工作。

(1)根据实际情况,决定是否接收投保人的投保。

(2)接受投保的金额限制、保险金额、赔偿限额是否需要限制和调整。

(3)是否需要增加特别约定。

(4)协议的投保内容是否准确、完整,是否符合保险监管部门的有关规定。

上级核保人核保完毕后,应签署明确的意见并立即返回请示公司。

任务步骤5   单证签发

在核保完成后单证签发,应尽快进行单证签发工作,单证签发主要工作如图 1-6-18 所示。

图 1-6-18   单证签发工作步骤

1.缮制保险单

业务内勤接到投保单及其附表后,应根据核保人员的意见,开展保险制单工作。

保险单原则上应用计算机出单,暂无计算机设备由手工出单的,应得到上级单位的书面同意。

计算机制单,将投保单的有关内容输入到保险单对应栏目内,在保险单"被保险人"和"厂牌号码"栏内登录统一规定的代码,录入完毕检查无误后,打印出保险单。

缮制保险单应注意以下事项:

(1)双方协商并在投保单上注明的特别约定内容应完整地载明到保险单对应的栏目内,如果核保有新的意见应该根据核保意见修改或增加。

(2)无论是主车还是挂车一起投保,还是挂车单独投保,挂车都必须单独出具具有独立保险单号码的保险单。当主车和挂车一起投保时,可按照多车承保方式处理,给予统一的合同号,以便调阅。

(3) 特别条款或附加条款应打印或贴在保险单正本背面,加贴的条款应加盖骑缝章。应当注意,责任免除、被保险人的义务或免赔等规定的印刷字体应该与其他内容的字体不同,以提醒被保险人注意阅读。

保险单缮制完毕后,制单人应将保险单、投保单及其附表一起送复核人员复核。

2. 复核保险单

复核人员接到保险单、投保单及其附表后,应详细对照复核。复核无误后,复核人在保险单"复核处"签章。

3. 收取保险费

收费人员经复核保险单无误以后,向投保人核收保险费,并在保险单的"会计"处和保险费收据的"收款人"处签章,在保险费收据上加盖财务专用章。需要注意的是,只有被保险人按约定交纳了保险费,保险合同才能生效。

4. 签发保险单证

汽车保险合同实行一车一单(保险单)和一车一证(保险证)的制度。投保人交纳了保险费后,业务人员必须在保险单上注明公司的名称、详细地址、邮政编码和联系电话,并加盖保险公司业务专用章。根据保险单填写保险证并加盖业务专用章,所填写的内容应与保险单的有关内容一致,电话应填写保险公司的报案电话,所填内容不得涂改。

签发单证时,交由被保险人保存的单证有保险单正本、保险费收据和机动车保险证。

5. 保险单证的清分与归档

对于投保单及其附表、保险单及其附表、保险费收据、保险证应由业务人员清理归类。

投保单的附表要加贴在投保单背面,保险单及其附表需要加盖骑缝章,清分时应按照送达的部门清分。

(1) 财务部门留存的单证:保险费收据(会计留存联)、保险单副本。

(2) 业务部门留存的单证:保险单副本、投保单及其附表、保险费收据(业务留存联)。

留存的单证应有专人保管并及时整理,按规定的顺序装订成册,并在规定的时间内移交档案部门归档。

任务步骤6 汽车保险批改

机动车的保险条款中规定:"在保险期间内,被保险机动车改装、加装或从事营业运输等,导致被保险机动车危险程度显著增加的,应当及时书面通知保险人。否则,因被保险机动车危险程度显著增加而发生的保险事故,保险人不承担赔偿责任。"同时一般车辆保险单上也注明"本保险单所载事项如有变更,被保险人应立即向本公司办理批改手续,否则,如有意外事故发生,本公司不负赔偿责任"的字样。以提醒保险人注意。

1. 批改作业的注意内容

(1) 保险金额增减;

(2) 保险种类增减或变更;

(3) 车辆种类和厂牌型号变更;

笔 记

（4）保险费变更；

（5）保险期间变更。

2．汽车保险批改的程序

（1）被保险人填写批改申请书；

（2）保险公司审核；

（3）加减保费；

（4）出具批单盖章；

（5）批改生效。

任务步骤 7　汽车保险续保

在汽车保险业务中，续保业务一般在原保险期到期前一个月办理。为防止续保以后至原保险单到期这段期间发生保险责任事故，在续保通知书应注明："出单前，如有保险事故发生，应重新计算保险费；全年保险责任事故发生，可享受无赔款优待"等字样。

五、任务评价

按照表 1-6-2 对任务 1.6 完成情况进行评价。

表 1-6-2　签订汽车保险合同任务考核标准

考核项目	评分标准	分　数	学生自评	小组互评	教师评价	小　计
团队合作	团队和谐 有分工合作 组员积极参与	10				
任务方案	正确、合理	10				
操作过程	能指引投保人填写投保单 能进行初步核保 能录入投保信息，申请核保 能进行汽车保险核保 能进行单证签发 能进行汽车保险批改 能进行汽车保险续保	70				
任务完成情况	圆满完成	10				
教师签写		年　　月　　日		总　分		

六、学习拓展

选择题

（1）保险合同成立后，保险人按照下列哪个时间开始承担保险责任。（　）

A．合同约定　　　　B．交纳保险费　　　　C．合同成立　　　　D．出具保险单

（2）根据保险标的的所面临的风险程度而厘定的费率部分称为（　）。

A．成本费率　　　　B．附加费率　　　　C．纯费率　　　　D．各项税率

笔记

（3）在不定值保险合同中,如果合同约定的保险金额比保险标的出险时的实际价值低,在保险标的的发生部分损失的情况下,保险人（　　）。

A. 对保险标的的实际损失进行赔偿

B. 按照保险金额承担赔偿责任

C. 以保险金额与保险价值之比确定保险人的赔偿金额

D. 以实际损失与保险价值之比确定保险人的赔偿金额

（4）签订保险代理合同的目的是为了保护（　　）。

A. 投保人的利益　　B. 保险人的利益　　C. 第三者的利益　　D. 保险代理人的利益

（5）保险人同意投保人提出的保险要求,并予以承保的行为属于（　　）。

A. 要约　　　　　　B. 反要约　　　　　C. 承诺　　　　　　D. 受约

（6）与保险人订立保险合同,并按照保险合同负有支付保险费义务的人为（　　）。

A. 投保人　　　　　B. 受益人　　　　　C. 被保险人　　　　D. 保险经纪人

（7）保险合同的当事人（　　）。

A. 投保人和保险人　　　　　　　　　　B. 被保险人和保险人

C. 收益人和保险人　　　　　　　　　　D. 被保险人和收益人

（8）暂保单的法律效力有效期较短,一般为多少天（　　）。

A. 15 天　　　　　　B. 30 天　　　　　C. 45 天　　　　　　D. 60 天

（9）车辆识别代码（VIN 码）共有（　　）位,其中第（　　）位是世界制造厂识别代号（WMI）。

A. 17,1～5　　　　 B. 17,1～3　　　　C. 17,1～2　　　　 D. 16,8～10

（10）对于车型编号 EQ3160GE,BJ4208SLFJB,CA7230AT,以下正确排序是（　　）。

A. 自卸货车、越野车、客车　　　　　　B. 普通货车、自卸货车、轿车

C. 自卸货车、牵引车、轿车　　　　　　D. 专用车、牵引车、轿车

（11）根据我国《合同法》的有关规定,合同成立的时间规定是（　　）。

A. 以要约到达受约人时为准

B. 以承诺在合理期限内到达要约人时为准

C. 以受约人在承诺期限之处作出承诺时为准

D. 以双方当事人签字或盖章时为准

（12）逆选择意味着具有较大风险的投保人转移自己的风险损失所支付的保险费率是（　　）。

A. 公平费率　　　　B. 平均费率　　　　C. 优惠费率　　　　D. 低廉费率

（13）签订和履行保险合同的过程中,投保人或被保险人对保险标的必须具有可保利益,如果投保人对保险标的不具有可保利益,签订的保险合同（　　）。

A. 有效　　　　　　B. 无效　　　　　　C. 一半有效　　　　D. 失效

（14）保险合同的解释通常是遵循有利于哪一方的原则（　　）。

A. 保险人　　　　　B. 被保险人　　　　C. 法院　　　　　　D. 社会大众

（15）投保人和保险人就保险合同的条款达成协议,这说明（　　）。

A. 保险合同成立　　　　　　　　　　　B. 保险合同生效

C. 保险合同有效　　　　　　　　　　　D. 保险合同无效

笔记

项目二   汽车保险理赔

Description 项目描述	王先生在保险公司购买了一份保险。在某日,王先生驾驶车辆发生了交通事故,王先生向保险公司报案索赔 你是保险公司理赔公司的理赔人员,应当如何开展理赔工作
Objects 项目目标	1. 能进行报案受理与调度派工 2. 能认定交通事故责任 3. 能进行交通事故现场查勘 4. 能确定事故车辆损失 5. 能进行汽车保险赔案缮制 6. 能进行汽车保险核赔与结案
Tasks 项目任务	任务 2.1:报案受理与调度派工 任务 2.2:交通事故责任认定 任务 2.3:交通事故现场查勘 任务 2.4:确定事故车辆损失 任务 2.5:汽车保险赔案缮制 任务 2.6:汽车保险核赔与结案
Implementation 项目实施	项目实施步骤及其涉及的工作岗位如下图 报案受理与调度派工 → 查勘员 ← 调度员 ← 接报案人员 ← 客户 交通事故责任认定 → 查勘员 → 客户 交通事故现场查勘 确定事故车辆损失 → 定损员 ← 查勘员 ← 客户 汽车保险赔案缮制 → 理算员 → 客户 汽车保险核赔与结案 → 核赔人 ← 理赔内勤 ← 财务人员 ← 客户

任务2.1   报案受理与调度派工

一、学习目标

通过本任务的学习,你应当:

1. 知道报案受理的工作内容;

2. 知道客服电话礼仪规范;

3. 能够进行报案受理工作;

4．能够进行调度派工工作。

二、任务情景

情景描述	王先生在某保险公司购买一份保险，投保险种有车辆损失险、第三者损失险、盗抢险、玻璃单独破碎险、划痕损失险和不计免赔特约险。保险期限为 2011 年 2 月 5 日零时至 2012 年 2 月 4 日二十四时。2011 年 6 月 5 日，王先生驾驶车辆下班回家途中，行驶到市区的一个十字路口时，与一辆摩托车发生碰撞，两辆车均有损坏，摩托车司机受伤，两辆车均在事故现场，尚未报警处理。王先生向保险公司报案，保险公司人员应当如何开展接案与调度派工工作
任务目标	1．接受客户的报案 2．进行报案受理工作 3．进行调度派工

三、相关知识

知识要点 1　报案受理工作内容

1．客户报案方式

1）电话报案

报案人通过拨打保险公司全国统一的客户服务电话，进行报案。此类报案占了多数，电话客服人员在接受电话报案时，需注意电话礼仪规范，认真细致地为客户服务。

2）上门报案

报案人亲自到保险公司报案，保险公司需保证有接待人员接待报案人。

3）传真报案

报案人用传真方式向保险公司报案，保险公司需及时处理。

4）其他方式报案

2．报案受理工作内容

接报案人员在受理报案时，其所需完成工作内容如图 2-1-1 所示。

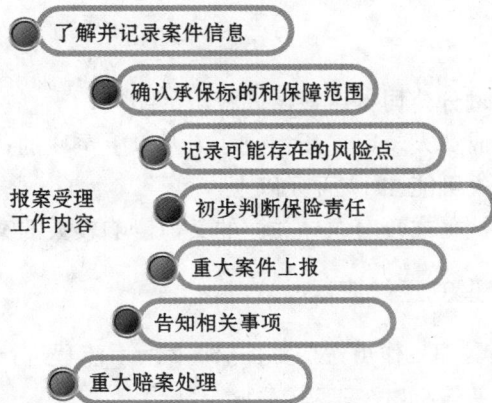

报案受理
工作内容

- 了解并记录案件信息
- 确认承保标的和保障范围
- 记录可能存在的风险点
- 初步判断保险责任
- 重大案件上报
- 告知相关事项
- 重大赔案处理

图 2-1-1　报案受理工作内容

1）了解并记录案件信息

接报案人员需了解案件信息，将报案信息立即录入计算机报案系统生成赔案编号，填制理赔流转单。

2）确认承保标的和保障范围

接报案人员需在系统中核对或查抄保单、确认承保标的：即核对出险车辆的厂牌型号、车牌号、发动机号或车架号；初步确认承保范围，即受损项目是否在承保险种责任范围内。

3）记录可能存在风险点

接听报案人员应对可能存在的风险点进行相关信息的核实确认，并记录。

4）初步判断保险责任

根据保单信息对案件进行初步判断，对案件不属于保单责任的按实际情况酌情处理：对于属于保险公司保险标的的车辆，接案员可直接告知报案人；对于其他可能不属于保单责任的情况，接报案人员应不予表态，而应立即将有关情况记录在报案记录中，并报告给核赔人，由核赔人派定损员前往调查取证处理。

5）重大案件上报

接报案人员在接到事故损失较大的报案时，要立即向调度或本级理赔负责人报告，调度应及时派人处理。

6）告知相关事项

接听报案人员在了解案情后，向被保险人进行一些必要告知，包括现场的处理措施、保险公司的索赔规定、报警或协商应注意的事项等。

7）重大赔案处理

对于重大案件的报案，接报案人应立即上报分公司首席核赔人并同时上报总公司风险控制部。

接报案人员对重大案件的报案内容应做好详细记载，重点包括：报案人姓名、联系方式、出险时间、地点、案件性质、现场环境、已采取的紧急措施、伤员的就治医院等。

对报案内容接报案人员应立即在理赔操作系统的接报案处理栏中，进行相应的标识，并在"处理意见"栏注明所报送的分公司首席核赔人和总公司风险控制部人员（须注明上报时间）。

这里重大赔案是指：

（1）估计损失金额超过分公司首席核赔人权限的赔案；

（2）一次事故可能造成2人及以上死亡或3人及以上重残的；

（3）报案人称财产损失可能在10万元以上；

（4）在当地新闻媒体披露或政府领导关注的其他影响较大的案件。

知识要点2　报案受理的工作流程

接报案人员进行报案受理工作可按照如图2-1-2所示流程进行。

1. 接受报案，查看保单信息，核实客户身份

接报案工作人员在接到报案人报案后，应该在理赔系统"报案受理页面"查看保单的有关信息，与报案人核对被保险人名称、车牌号码、车辆型号等信息。核实出险车辆确为承保

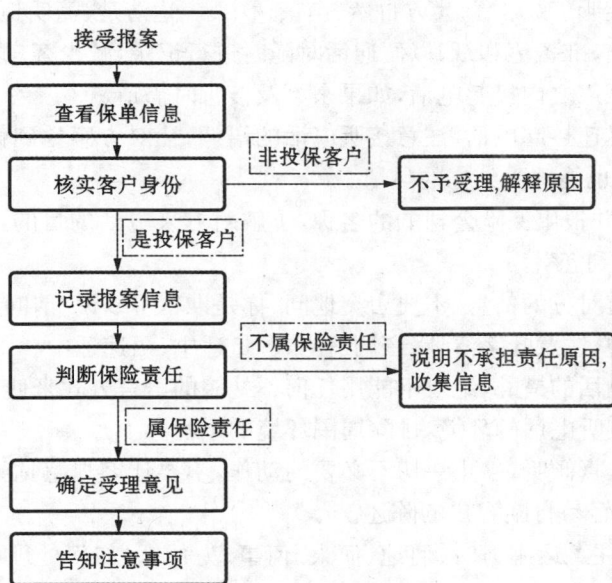

图 2-1-2 报案受理工作流程

车辆以及保险期限、投保险别、保费到账情况等承保信息。如出险车辆属非承保标的、保单已过期、非保单承保险别的情况,应不予受理,并向客户说明不受理的理由。

2. 记录报案信息

如果出险车辆属于保险公司的承保车辆、出险时间在保单有效期内、属保单承保险别的情况,应详细询问案件的信息,并在报案平台中记录。

3. 判断保险责任

根据保险人对案件过程的描述,接报案人员可初步判断事故是否属于保险责任,如果事故明显不属于保险责任,接报案人员应耐心向客户解释保险公司不承担赔偿责任的原因,并注意收集案件与报案人的信息。如果事故属于保险责任,则接报案人员应当重述报案信息并与报案人确认。

4. 确定受理意见

在判断保险责任后,接报案人员根据案件情况,正确确定案件的受理意见,如同意受理,则理赔系统自动生成报案号。

5. 告知注意事项

理赔系统在受理报案后自动生成报案号,接报案人员应告知客户报案号的后面几位,以便客户进行后续处理,并告知客户查勘人员将尽快与其联系;同时应告知客户注意事项及索赔流程。

知识要点 3 客服电话礼仪

接报案人员在与客户沟通时大部分时间都是通过电话进行,掌握电话礼仪规范有助于提高接报案工作的顺利进行,提高保险公司的服务质量,塑造良好的形象。

1. 接听电话礼仪

接听客户的来电,要讲究必要的礼仪和一定的技巧,以免产生误会。无论是打电话还是接电话,我们都应做到语调热情、大方自然、声量适中、表达清楚、简明扼要、文明礼貌。

(1) 接听电话前,准备笔和纸,以便通话时随时进行记录,减少客户的等待时间。

(2) 电话铃响三声之内接起电话,如果来不及接听时需道歉。

(3) 带着微笑迅速接起电话,注意接听电话的语调,让对方感觉到你是非常乐意帮助他的,让对方在电话中也能感受到你的热情。

(4) 主动问候,并报出保险公司的的名称,了解对方来电话的目的,如:"您好,某某保险公司,有什么可以帮到您"。

(5) 如果想知道对方的信息,不要唐突地问"你是谁",可以说"请问怎么称呼您?"

(6) 通话过程中,注意吐字清晰、音调适当、音量适中、语速适中。

(7) 注意接听电话的措辞,绝对不能用任何不礼貌的语言方式来使对方感到不受欢迎。

(8) 注意双方接听电话的环境,排除周围环境的干扰。

(9) 通话时需认真倾听,停止一切不必要的动作,不要让客户感觉到你在处理一些与电话无关的事情,不要轻易打断客户的陈述。

(10) 通话中应注意运用何时、何地、何人、何事、为什么、如何处理(5WIH 法则)来弄清报案信息,避免遗漏。

(11) 通话中如果因电话线路发生故障等原因发生通话中断,应重新回拨,必须向对方说明原因。

(12) 当听到对方的谈话很长时,也必须有所反映,如使用"是的、好的"等来表示你在听。

(13) 通话过程须搁置电话或让客户等待时,应给予说明,并致歉。每过 20 秒留意一下对方,向对方了解是否愿意等下去。

(14) 转接电话要迅速,必须学会自行解决电话问题,如果自己解决不了再转接到正确的分机上,并要让对方知道电话是转给谁的。

(15) 接听客户电话时,在对方叙述完一项内容后应复述要点,并获得对方确认。

(16) 有关事项沟通完毕后,询问客户是否还有其他问题。

(17) 通话结束时,感谢对方来电,并礼貌地结束电话,等客户挂断电话后再轻放话筒。

2. 打电话的礼仪

(1) 要选好时间。打电话时,如非重要事情,尽量避开受话人休息、用餐的时间,而且最好别在节假日打扰对方。

(2) 拨打电话前确认对方的电话号码、单位、姓名等信息,以免打错电话。

(3) 打电话前,最好先想好要讲的内容,以便节约通话时间,不要现想现说,通常一次通话不应长于 3 分钟,即所谓的"3 分钟原则"。

(4) 通话时首先使用问候语。

(5) 要用语规范。通话之初,应先做自我介绍,不要让对方"猜一猜"。请受话人找人或代转时,应说"劳驾"或"麻烦您"。

(6) 讲话内容应有次序,简洁明了。

(7) 要态度友好。通话时不要大喊大叫,震耳欲聋。

(8) 内容叙述完毕后应确认对方是否明白或是否有疑问。

笔记

（9）结束时道再见并等对方挂机后再放电话。

3. 常见电话服务用语

（1）您好！这里是×××公司×××部（室），请问有什么可以帮到您？

（2）请问您有什么事？（有什么能帮您？）

（3）您放心，我们公司会尽快为您处理。

（4）不用谢，这是我们应该做的。

（5）×××不在，我可以替您转告吗？（请您稍后再来电话好吗？）

（6）对不起，这类业务请您向×××部（室）咨询，他们的号码是……。

（7）您打错号码了，我是×××公司×××部（室），……没关系。

（8）您好！请问您是×××先生吗？

（9）对不起，我打错电话了。

（10）请您稍等。

（11）对不起，让您久等了！

（12）非常抱歉……

（13）请你谅解……

（14）谢谢您的来电，再见！

知识要点 4　各类案件应对话术

下面介绍处理各种情况案件的报案受理时的应对方法。

1. 单方事故

单方事故是指不涉及第三方损害赔偿的事故，不包括因自然灾害引起的事故。

1）出险时间异常情况

（1）出险时间在保单起保 7 天内。

① 操作要点：询问客户上一年的投保公司，投保何种险种。

② 话术示例：请问您的车险去年在那一家保险公司投保？投保了什么险种？

③ 备注记录：上年在××公司投保，保单号××，投保险种为××。

（2）出险时间为餐后时间，或晚上 21:00 至凌晨 3:00。

① 操作要点：认真聆听报案人叙述及吐字是否清晰，询问报案人是否在事故现场，提示报案人保险公司理赔人员需要查勘或复勘现场。

② 话术示例：请问您现在是否在现场？请您根据查勘人员的需要，配合查勘现场。

③ 备注记录：现场报案，报案人在现场，报案人表述清晰（不清晰）。

2）出险地点异常情况

异常地点是指在郊外、山区、农村等较为偏僻的地点出险。

（1）操作要点：确认事故地点，请客户在出险地点等待查勘人员查勘。

（2）话术示例：请问您现场出险地点是指什么地方，是否为郊区（山区或农村）。请您在现场稍等，保险公司的理赔人员将尽快与您联系。

（3）备注记录：地点在郊区（山区或农村），已提示现场待查勘联系。

3）多次出险情况

（1）操作要点：提醒并与客户确认其车辆已有多次出险，告知被保险人亲自进行索赔。

（2）话术示例：由于您的车辆已是第×次出险，为了维护您的权益，请您亲自来我司办理索赔手续。

（3）备注记录：客户第×次出险，报案人了解出险次数，已提示客户亲自办理索赔手续。

4）报案人异常情况

（1）报案人非驾驶人、驾驶人非被保险人以及报案人对驾驶员及出险事态不清楚等情况。

① 操作要点：询问报案人与被保险人关系；如果报案人非驾驶员，需取得驾驶员联系方式并向其了解出险情况。

② 话术示例：请问您和被保险人是什么关系？请问驾驶员在哪里？请您详细说一下出险经过，请您说一下驾驶员的联系方式。

③ 备注记录：报案人与被保险人是××关系。

（2）同一报案电话已多次为多份保单报案的情况。

① 操作要点：核实报案人与被保险人关系；核对报案电话，在系统查询是否为需关注电话，如果是则并记录并提示查勘人员。

② 话术示例：请问您与被保险人是什么关系？驾驶员是谁，与被保险人是什么关系？

③ 备注记录：报案号码累计出现过×次。

5）高空坠物

（1）操作要点：询问坠物是何物体；出险地点是否为小区、停车场（是否收费）；提示报案人寻找可能的责任方，并向责任方索赔。

（2）话术示例：请问您的车是被什么物体砸到的？请问您的车停在什么位置，是否收费（如果收费请保留好相关凭证）？请您尽快报警，并寻找相关责任方进行索赔。请您保护好现场，查勘人员将尽快对事故进行查勘，麻烦您配合。

（3）备注记录：坠物为××，出险地点收费（或不收费），已提醒保留相关凭证，已提示报警查找责任方，已提示保护现场。

2. 双方事故

（1）操作要点：询问客户事故是否因变道、超车、未按规定让行、操作不当等原因引发交通事故；询问事故中受损车辆数量及标的车在事故中的具体位置；询问第三方车辆的牌号、车型；提示客户寻找其他事故方。

（2）话术示例：请问事故发生经过是怎样的？请问事故中有几辆车，您的车在第几辆位置？请问其他车辆的牌号、车型是什么？请问事故中有无人员受伤，伤在什么位置，是否已进行救治？请问是否已经报警处理？

（3）备注记录：记录出险描述，出险原因；受损车辆数量，标的车在事故中位置；是否报警处理。

3. 盗抢案件

盗抢案件是指标的发生车辆全车被盗、被抢情况的案件。

（1）操作要点：询问车辆是被抢还是被盗，询问客户事故经过；询问车辆的停放地点是收费还是免费；询问被盗时车钥匙的情况,客户手里有几把钥匙；询问被抢时车上是否还有其他人员；提示客户尽快报警。

（2）话术示例：请您描述一下事故经过,是否车被盗（被抢）？被盗地点是否有人看管车辆？请问您现在手上还留有几把车钥匙？请问车辆被抢时车上有哪些人？请问您的车子是否装载有货物,是否有偿运输？请您尽快打110报警处理。

（3）备注记录：出险描述；有（或无）人看管车辆；客户留存钥匙数量；被抢时车上人员；有（或无）装载货物,是（或不是）有偿运输；已提醒客户报警。

4. 玻璃单独破碎案件

玻璃单独破碎案件是指保险车辆发生前后挡风玻璃、车窗玻璃单独破碎的案件。

（1）操作要点：询问车辆使用的情况,玻璃破碎的原因,有无肇事方。

（2）话术示例：请问是什么原因造成玻璃的破碎,是哪个位置的玻璃破碎？请问是否有其他肇事方？

（3）备注记录：出险描述；损失位置为××；有（或无）其他肇事方。

5. 车身划痕案件

车身划痕案件是指保险车辆发生无明显碰撞痕迹的车身表面单独损伤案件。

（1）操作要点：询问车身划痕发现的时间；询问划痕的具体位置；提示必要时须进行现场查勘或提供相关证明。

（2）话术示例：请问您是什么时候发现车身划痕？请问车身划痕是指车子的哪个位置？请问知道是被什么东西所划伤的吗？

（3）备注记录：发现车辆划痕时间；损失位置是××；已提示客户必要时须进行现场查勘或提供相关证明。

6. 火灾、自燃案件

是指保险车辆由于火灾、自燃发生损失的案件,这里的火灾是指在时间或空间上失去控制的燃烧所造成的灾害。自燃是指符合保险条款规定的由车辆本身起火的燃烧。

（1）操作要点：询问车身起火的原因、起火点；如果车辆是货车应询问是否载货,装载何种货物；提示提供消防证明。

（2）话术示例：请问车辆大概是什么原因起火,从哪个位置开始燃烧？请问车上是否装载有货物,装载的是什么货物？此类事故索赔时需通过消防证明,为了方便赔偿处理,麻烦您报警后取得相关证明？

（3）备注记录：出险描述；起火点是××；车上装载有××；已提示客户提供相关证明。

7. 水淹、涉水案件

（1）操作要点：询问车辆涉水的具体情形；询问目前水位到车身的哪个位置；告知客户不要起动车辆,等待救援。

（2）话术示例：请问是什么原因导致车辆被淹？请问目前水淹到车身的哪个位置？请您不要起动车辆,等待救援车救援。

（3）备注记录：出险描述；水位在××；已提示客户相关处理措施。

8. 自然灾害案件

指车辆因自然灾害发生损失的案件。这里的自然灾害一般包括暴风、龙卷风、雷击、雹灾、暴雨、洪水、海啸、地陷、冰陷、崖崩、雪崩、泥石流、滑坡、载运车辆的渡船遭受自然灾害等。

（1）操作要点：询问具体灾害类型；询问车辆损失情况。

（2）话术示例：请问是什么原因导致此次事故？请问车辆的损失情况如何？必要时查勘员查勘现场需要您提供事故的证明，麻烦您配合。

（3）备注记录：出险描述；车辆××损失；已提示客户必要时需提供相关证明；车辆现在××。

9. 三者逃逸案件

（1）操作要点：询问具体经过，客户能想起的相关信息；提示客户尽快报警并提供相关证明。

（2）话术示例：请问您的车是什么地方发生损失？请问您什么时候发现车辆损失的？当时是否目击证人；请您尽快报警并提供事故证明。

（3）备注记录：出险描述；目击证人的联系信息；已提示客户报警并提供事故证明。

10. 车上货物受损案件

（1）操作要点：询问车辆装载的具体货物，装载时间，运输路线；提示客户保留装载清单、运单等货物相关凭证。

（2）话术示例：请问您车上运载的是什么货物，什么时候装载，打算从哪里运到哪里的？请问事故发生时车上有多少人？请您保留装载清单、运单等货物相关凭证。

（3）备注记录：车上货物为××，运载时间为××，从××运往××；车上×人；已提示保留相关货运凭证。

11. 三者物损案件

指事故导致第三者财物发生损失，需要赔偿的案件。

（1）操作要点：询问车辆碰撞的具体物体，大概损坏情况；提示客户尽快报警；告知客户配合查勘或复勘现场。

（2）话术示例：请问您的车辆撞到什么物体，物体损坏程度如何？请问您的车辆哪些部位受损？请您尽快报警处理。

（3）备注记录：三者物损有××；已提示客户报警处理。

知识要点5　调度派工的类型

调度派工是报案受理结束后，保险公司安排查勘人员对人伤情况及车辆、财产损失情况等进行现场查勘、损失确定和案件跟踪的过程。调度派工根据派工对象的不同可以分为不同的类型。调度人员在派工时需根据案件类型进行正确派工。

1. 按调查级别分类

可分为一级调度与二级调度，如图 2-1-3 所示。

1）一级调度

一级调度为调度人员将案件直接派工给本公司查勘人员处理。大部分保险公司的查勘工作都是由自己的查勘人员进行处理。

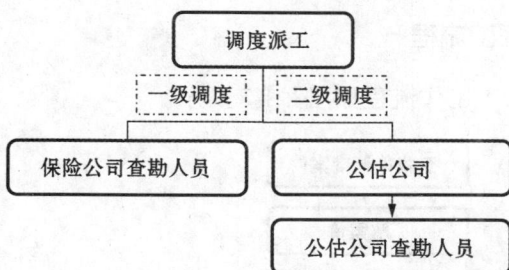

图 2-1-3   一级调度与二级调度

2）二级调度

有一部分保险公司将查勘定损的工作委托给公估公司进行处理。二级调度就是调度人员将案件派给委托的公估公司，由公估公司再次派工给其查勘人员处理。

2. 按损失的类型分类

不同损失类型的案件需要不同专业背景的查勘人员进行处理，调度人员应根据案件损失情况进行派工。人伤查勘与车物查勘有较明显区别，车损与物损可以由同一查勘员处理，如图 2-1-4 所示。

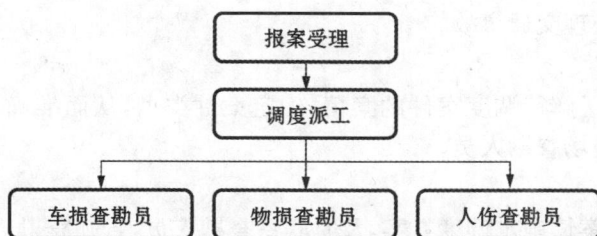

图 2-1-4   按损失类型分类

1）车损查勘员

车损查勘员仅对车损进行查勘。

2）物损查勘员

物损查勘员仅对事故相关的财产损失进行查勘。

3）人伤查勘员

人伤查勘员对事故造成的人员伤亡情况进行查勘跟踪。

3. 按查勘地点分类

1）定点定损点

为了快速处理交通事故，各地建立了较多快速处理服务中心，保险公司在快速服务中心内安排驻点查勘定损人员。当保险事故符合快速处理要求时，保险公司的报案受理人员推荐保险车辆到离事故地点最近的快速处理中心进行查勘定损，调度人员需将案件调度给定点定损点的查勘人员。

2）一般查勘人员查勘

如果案件需要现场查勘，或者案件不符合快速处理要求，调度人员将案件调度给现场查勘人员或定损人员。

笔记

知识要点 6　调度派工流程

调度人员进行调度派工工作流程如图 2-1-5 所示。

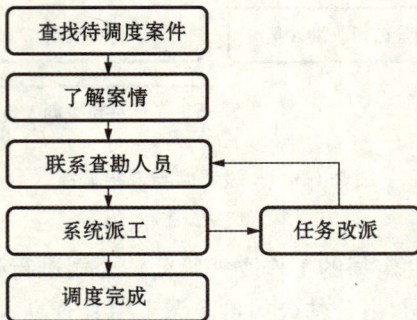

```
查找待调度案件
    ↓
了解案情
    ↓
联系查勘人员 ←──────┐
    ↓             │
系统派工 ──────→ 任务改派
    ↓
调度完成
```

图 2-1-5　调度派工流程

1. 查找待调度案件

案件调度对失效性的要求很高，一般在报案受理后几分钟就应该派工，所以调度人员应当不停地刷新待调度案件，发现有新的待调度案件应该及时调度，以确保查勘人员能在第一时间联系客户，正确处理交通事故。

2. 了解案情

调度人员应快速了解待调度案件的案情，确定案件类型，从而准确调度，并发现案件的风险点，以便于转告现场查勘人员。

3. 联系查勘人员

调度人员应根据案情确定调度方案，及时联系查勘人员，告知查勘人员案件的基本情况及案件风险点，让其及时处理。

4. 系统派工

调度人员联系查勘人员后应在理赔系统内派工，把案件派工到查勘人员的查勘平台，以便于查勘人员及时处理案件。

5. 任务改派

调度之后，如果由于客观原因导致该查勘员无法进行查勘的，调度人员应及时安排其他查勘人员进行查勘，同时在系统内进行任务改派。

知识要点 7　调度派工工作要点

1. 衡量案件的缓急和难易

调度派工应遵循"就近、就急"原则，合理分配和调动查勘资源，保证案件查勘的及时性。调度在派工前首先应明确出险地点的方位，尽量安排距离出险现场较近的查勘人员赶赴现场。对于不要求查勘现场的案件，可告知查勘人员引导客户到离出险地点最近的定损点定损。另外，调度还应当根据自己所掌握的各种信息对案件的紧急程度加以衡量，对于比较紧急的案件应优先安排查勘人员进行处理。

2. 准确传递信息

调度人员进行派工时，必须将事故发生的时间、地点、出险原因、出险司机的姓名、联系方式、标的车型、车牌号、保单信息等案件基本要素准确地告知接受派工的查勘人员,对于查勘人员有疑问或容易引起误会的地方应及时进行说明和解释。

3. 明确提示疑点

在向查勘人员派工时,调度人员还应当将接报案人员或调度派工人员在与案件当事人进行沟通过程中所发现的疑点或值得注意的事项明确告知查勘人员,提醒其注意,提前做好应对准备。

4. 优化配置和合理利用资源

调度人员应当在综合考虑各个查勘人员工作量的基础上进行派工,充分发挥团队的作用,避免工作分配失衡,造成工作量严重不均,导致部分查勘人员的工作量和压力过大,影响工作质量。通过与接报案人员及案件当事人的沟通,调度人员应当对案件的性质和处理的难易程度进行初步判断,尽量将案件委派给合适的人来处理。

四、任务实施

任务步骤 1 拟定任务实施计划

对于客户的报案,接报案人应当及时有效地进行处理。对于报案受理的案件,保险公司调度人员应迅速安排查勘人员进行查勘定损,报案受理与调度工作可按图 2-1-6 所示流程进行。

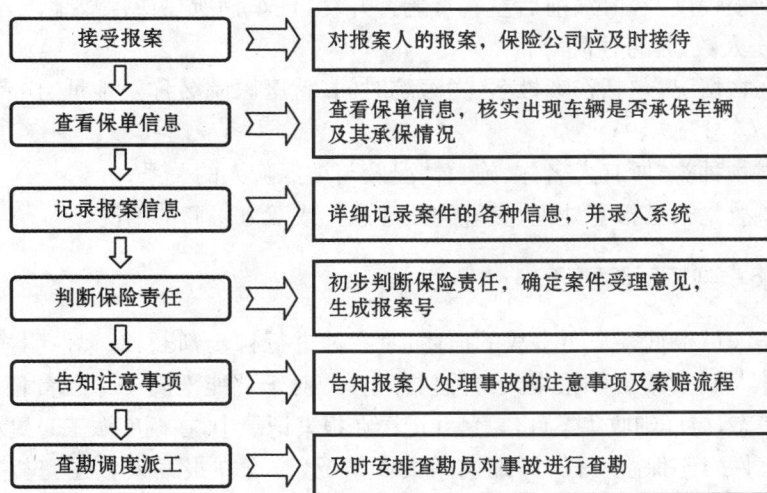

图 2-1-6 报案受理与调度派工任务实施流程

任务步骤 2 接受报案

对于客户通过拨打服务热线进行报案,电话接报人员应及时接受报案,不能让客户久等。接报案人员在接客户的报案时应使用保险公司标准化用语:"您好! 这里是××保险理赔中心,我是××号接待员,请问有什么我可以帮助您的?"

对于上门报案的客户,保险公司必须保证有人进行接待。

接报案人员必须专业、热情地为客户提供服务,耐心解答客户的疑问。

任务步骤 3　查核保单抄件

(1) 查看保单抄件,核实承保情况。

在接受报案时,需核实出险车辆的承保情况。接报案人员在系统中核对或查抄保单,核对出险车辆的厂牌型号、车牌号、发动机号或车架号,确认出险车辆是否承保标的。查看出险时间是否在保单有效期限内,保费是否到账。并初步确认承保范围,即受损项目是否在承保险种责任范围内。

(2) 解释不予受理原因。

如果案件属于不受理情况(非本公司客户、保单过期、保费未到账等),接报案人员应耐心解释原因。

任务步骤 4　记录报案信息

属于可以受理的案件,接报案人员应详细询问案件的相关信息,并作记录。主要的记录信息有:

(1) 报案人姓名及其与被保险人关系(代理、司机、朋友、亲属)、联系电话等;

(2) 保险单号、被保险人名称、出险车辆的车牌号、厂牌车型;

(3) 出险时间、地点、原因及经过,驾驶员姓名、联系方式等;

(4) 车辆受损程度及部位(前后左右),能否开动,现车辆所在或停放地点,施救情况;是否有人伤及受伤人数,是否住院等;

(5) 人员伤亡情况,包括伤者姓名、送医院时间、就医医院名称及地址、伤者与被保险人的关系(第三者/车上人员);

(6) 受损财物种类、所有人名称、施救情况及与被保险人的关系;

(7) 本次事故是否已报警处理,交警的处理意见或双方协商的情况。

任务步骤 5　判断保险责任

(1) 接报案人员根据客户对事故的描述,对案件进行初步判断,对案件明显不属于保单责任的案情接案员可直接告知报案人,并进行解释。对于可能不属于保险责任的情况,接报案人员应不予表态,应详细收集案件信息,并记录在报案记录中,在调度派工时提示查勘人员。

(2) 如果案件属于保险责任,详细询问案件情况,注意在报案人叙述完相关内容后,对案件的要点进行重述,并与报案人确认,避免遗漏案件的信息,特别对于风险点要详细记录。

(3) 根据案件的损失情况,选择案件的类型,给出案件受理意见,录入理赔系统确认后生成报案号。

任务步骤 6　告知注意事项

在被保险人叙述完案件情况后,接报案人员应向被保险人进行一些必要告知,主要包括:

(1) 提醒报案人需要采取防止损失扩大的必要和适当的应急措施;

（2）向报案人说明我司理赔的一些规定、定损时必要的证件，如交通事故认定书、驾驶证、行驶证等；

（3）告知客户以下情况必须保护现场并立即报警：发生人员伤亡事故的；机动车无号牌；事故有争议的；不能自行移动车辆的；碰撞建筑物、公共设施或其他设施的。同时要求客户在索赔时需提供交警部门事故认定书；

（4）人伤案件和盗抢案件应要求报案人留下当事司机的姓名和电话及一个固定电话号码以便联系；

（5）对于《道交法》规定的不需交警出现的情景，指导客户与对方达成记载肇事时间、地点、双方姓名、电话、赔偿责任划分、车号、驾证号、保单号、碰撞部位等内容的书面赔偿协议；

（6）通话结束，告知客户查勘人员会尽快进行处理，如："您别着急，我们的理赔人员将在××分钟内和您联系，请稍等！"

任务步骤 7 查勘调度派工

派工工作由调度员完成，调度派工岗位职责必须及时派工（查勘、定损、救援、委托代勘等），督促查勘人员及时与客户联系并赶赴现场查勘或定损，合理调配查勘人员、车辆和辅助人，保证案件处理的时效。调度派工工作可按图 2-1-7 所示进行。

图 2-1-7 查勘调度派工工作步骤

1. 接收待调度案件

调度人员需进行调度的案件，一般有两种：一是通过刷新待调度页面，对于新受理的案件进行派工，二是对查勘或定损人员申请改派的案件进行派工。

2. 获取案件信息

（1）登录保险公司系统或查阅保单、报案抄单取得案件信息（出险时间、地点、原因、标的车和第三者车损失情况、责任情况、事故处理部门、过往出险记录等）。

（2）对敏感案件（如出险时间临近保险期限的起止日期）做好记录，以备派工时提醒查勘员并将异常情况通知保险公司重案和理赔负责人。

3. 联系查勘人员派工

（1）根据案件类型（现场、非现场）及查勘员区域分布进行电话派工处理：非现场案件直接派工给查勘员，提供案件相关信息和联络方式；对受损轻微、责任明确的现场案件可直接派工给查勘员处理。

（2）对查勘或定损人员的改派申请，核实确须改派的，进行改派处理。

4. 系统派工

在联系查勘人员，派发出查勘任务之后，调度员应把该案件派工到理赔系统中查勘人员的工号内，以便于查勘人员对案件进行处理。

五、任务评价

按照表 2-1-1 对任务 2.1 完成情况进行评价。

表 2-1-1　交通事故责任认定任务考核标准

考核项目	评分标准	分　数	学生自评	小组互评	教师评价	小　计
团队合作	团队和谐 有分工合作 组员积极参与	10				
任务方案	正确、合理	10				
操作过程	能正确处理客户报案 能通过保单信息核实标的 能准确记录案件信息 能初步判断保险责任 能告知客户有关事项 能进行查勘调度派工 沟通符合电话礼仪规范	70				
任务完成情况	圆满完成	10				
教师签写		年　　月　　日		总　分		

六、学习拓展

选择题

王先生在某保险公司购买一份保险,2011 年 6 月 5 日晚上 10:00 左右,王先生驾驶车辆回家途中,与另一辆轿车发生碰撞,之后王先生向保险公司报案。试回答下列问题。

(1) 接报案人员接到报案电话后首先应当( )。

A. 明确保险标的　　B. 判断保险责任　　　C. 告知注意事项　　D. 迅速派工

(2) 如接报案人员查抄保单后,得知车辆投保险种有车辆损失险、第三者损失险、盗抢险、玻璃单独破碎险、和不计免赔特约险。保险有效期为 2011 年 2 月 5 日零时至 2012 年 2 月 4 日二十四时。接报案人员应记录的风险是( )。

A. 出现时间异常　　B. 出险地点异常　　　C. 报案人身份　　　D. 无现场

(3) 接报案人员应记录的信息包括( )。(可多选)

A. 出险车辆信息　　　　　　　　　　B. 报案人信息

C. 出险时间、地点、经过及驾驶员　　D. 交警处理情况

(4) 以下信息中哪一项,接报案人员无需告知报案人?( )

A. 现场保护措施　　　　　　　　　　B. 保险公司索赔流程

C. 可能的赔偿金额　　　　　　　　　D. 报警处理有关规定

(5) 调度人员在进行查勘调度派工时,需告知哪些信息( )。

A. 出险时间、地点、原因及驾驶员　　B. 车辆信息

C. 案件风险点　　　　　　　　　　　D. 被保险人职业

任务 2.2　交通事故责任认定

一、学习目标

通过本任务的学习,你应当:

1. 知道发生交通事故的应对措施;
2. 知道公安机关处理交通事故的程序;
3. 能够确定交通事故处理方法;
4. 能够认定简单的道路交通事故责任。

二、任务情景

情景描述	保险公司接到报案,报案人称 15 分钟前,其驾驶一辆丰田的轿车下班回家途中,由于路上车辆较为拥挤,行驶到市区的一个十字路口时,与另外一辆大众小轿车发生碰撞,两辆车均有损坏,无人受伤,两辆车均在事故现场,尚未报警处理。保险公司派出查勘员小王进行处理。小王应如何开展工作
任务目标	1. 指引客户现场的应对措施 2. 确定交通事故的处理方法 3. 认定简单交通事故的责任 4. 制作交通事故简易处理协议书

三、相关知识

知识要点 1　交通事故概念

1. 交通事故界定

我国《中华人民共和国道路交通安全法》(下称《道路交通安全法》)第一百一十九条对交通事故作出了界定。"交通事故"是指车辆在道路上因过错或者意外造成的人身伤亡或者财产损失的事件。

2. 其他与事故有关的概念

《道路交通安全法》对于交通事故有关的几个名词作出了解释。

(1) 道路。是指公路、城市道路和虽在单位管辖范围但允许社会机动车通行的地方,包括广场、公共停车场等用于公众通行的场所。

(2) 车辆。是指机动车和非机动车。

(3) 机动车。是指以动力装置驱动或者牵引,上道路行驶的供人员乘用或者用于运送物品以及进行工程专项作业的轮式车辆。

(4) 非机动车。是指以人力或者畜力驱动,上道路行驶的交通工具,以及虽有动力装置驱动但设计最高时速、空车质量、外形尺寸符合有关国家标准的残疾人机动轮椅车、电动自行车等交通工具。

3. 不属于交通事故的情形

发生在道路上的有些并非交通事故,并不是所有的交通意外都属于交通事故。下列情况之一不列入道路交通事故统计范围:

1) 不在公众通行的道路上发生的事故

(1) 厂矿、油田、农场、林场自建的专用道路。

(2) 农村耕道、机关、学校、单位大院以及住宅区楼群之间的道路上发生的事故。

(3) 渡口、车站、机场、货场内。

2) 在道路上举行军事演习、体育竞赛、施工作业路段中发生的事故

3) 军车、武装警察发生未涉及地方车辆或人员的交通事故

4) 在铁道口与火车相撞和道路渡口发生的事故

5) 蓄意驾车行凶杀人的案件和自杀案件,精神病患者自己碰撞车辆发生的事故

6) 车辆尚未开动发生的人员挤、摔伤亡事故

7) 因地震、台风、山洪、雷击造成的事故等

知识要点 2   交通事故的成因

影响道路交通事故的主要有人、车和道路环境因素。交通事故是在特定的交通环境影响下,由于人、车、路、环境诸要素配合失调偶然发生的。因此,分析交通事故成因最主要的是分析人、车、路、环境对交通事故形成的影响。影响交通事故发生的因素有多个,彼此之间有相互的联系,构成一个多因素系统。如图 2-2-1 所示,表示由人、车、路、环境等因素构成的动态道路交通系统。

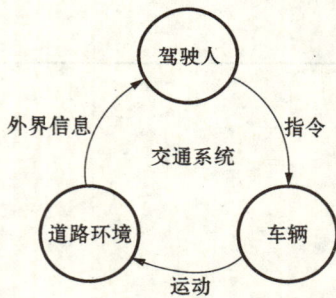

图 2-2-1   道路交通系统

在这个系统中,车辆驾驶人从外界道路交通环境中接收信息,各种信息进入驾驶人的大脑,经过处理形成动作指令,指令通过驾驶人的行为,使汽车在道路上进行相应的运动,运动中的汽车的状态与道路环境的变化又作为新的信息反馈给驾驶人,如此的循环反复,完成整个行驶过程。因此,人、车、道路环境是交通系统的三个要素。

1. 人的因素

人,主要包括道路上的行人和车辆驾驶员,他们是道路交通动态要素中的主体。所以,离开人的交通行为,是不可能造成交通事故的。1998 年中国道路交通事故统计数据显示,驾驶员因素在事故总数、死亡人数及受伤人数中所占比例分别为 84.25%、73.03% 和 81.62%,大于其他各因素之和。这种情况并不是中国道路交通事故所特有的。其他国家地区也有相类似的情况,就国外而言,驾驶员因素在道路交通事故中所占的比例也是大于其他因素。表 2-2-1 所示是部分国家的情况。

表 2-2-1   部分国家道路交通事故中驾驶员因素所占比例

国　家	驾驶员因素(%)	国　家	驾驶员因素(%)
美国	65	瑞典	51.1

续　表

国　家	驾驶员因素（%）	国　家	驾驶员因素（%）
英国	67	南美洲	65.7
西班牙	63	日本	40.6
俄罗斯	52.7	德国	61
法国	65.5	意大利	50

据公安部统计数据显示，2004年全国发生的道路交通事故中，机动车驾驶人违法行为是交通事故的主要原因。其中超速行驶、占道行驶、无证驾驶、酒后驾驶、违法超车、疲劳驾驶等原因造成的人员死亡比较突出。统计数据同时表明，超速行驶、客货运输、无证低龄驾驶、夜间行驶成为马路四大"杀手"。所以在分析交通事故成因时，驾驶员的因素是一个重要方面，需要着重分析驾驶员的状态和行为在一单具体交通事故形成中起到何种作用。

2．车辆因素

车辆是现代道路交通的主要运行工具。车辆技术性能的好坏，是影响道路交通安全的重要因素。由于车辆技术性能不良引起的交通事故比例并不大，但这类事故一旦发生，其后果一般都是比较严重的，这类事故的起因通常是由于制动失灵、机件失灵和车辆装载超高、超宽、超载及货物绑扎不牢固所致。另外，车辆行驶过程中，各种机件承受着反复交变载荷，当载荷超过一定数量时就可能突然发生疲劳而酿成交通事故。除此之外，一些单位维修制度不完善、不落实，车辆检验方法落后，致使一些车辆常常因带病行驶而肇事，这也是车辆本身造成事故的原因。

中国道路上引发交通事故的车辆故障主要有制动失效、制动不良、爆胎、灯光失效及转向失效等。在分析交通事故成因时，需要着重分析车辆是否处于异常状态，及这种异常状态在一单具体交通事故形成中起到何种作用。

3．道路环境因素

道路交通的安全取决于交通过程中人、车、道路环境之间是否保持协调，因此，除了前两个因素以外，道路环境因素和道路本身的技术等级、设施条件及交通环境作为构成道路交通的基本要素，它们对交通安全的影响是不容忽视的，在某些情况下，它们可能成为导致交通事故发生的主要原因。

1）道路因素

道路本身的因素主要有：

（1）道路的坡度、弯度。

（2）道路路面状况（影响路面和车轮之间的附着性，即摩擦系数）。如雨天积水路面比较容易发生交通事故。

（3）道路类型。有统计数据表明，高速道路的事故率比普通道路低。

（4）道路交叉口。国外统计资料表明，平面交叉口的交通事故约占全部事故的50%。

2）交通环境因素

（1）在交通量很小时，车辆的行驶主要取决于车辆本身的性能。这个阶段的交通肇事往往是由于高速行驶、冒险行车、汽车的运行与道路条件不相适应所致。随着交通量的不断增加,交通条件逐渐成为影响安全行车的主要因素,由于车辆的相互干扰、互成障碍,超车不当,避让不及,常导致交通肇事。

(2)车速太快或太慢均易肇事,而顺应交通流的一般速度则是最安全的。当然,从整个交通流来说,在交通量一定的情况下,交通流的平均速度越低,交通事故率也越低;反之,则交通事故率高。

(3)交通信息特征与交通事故汽车是在错综复杂的环境中行驶的,行车过程中,驾驶员总是通过自己的视觉、听觉、触觉等,从不断变化着的交通环境中获得信息,并通过对它们的识别、分析、判断和选择,做出相应的反应。

知识要点3 交通事故的类型

根据人身伤亡和财产损失的程度和数额分:轻微事故、一般事故、重大事故和特大事故。

(1)轻微交通事故的认定标准:凡一次事故造成轻伤1～2人,或直接经济损失折款非机动车不超过200元,机动车不超过1000元的事故。

(2)一般交通事故的认定标准:凡一次事故造成重伤1～2人或者轻伤3人以上,或直接经济损失折款30 000元以下的事故。

(3)重大交通事故的认定标准:凡一次事故造成死亡1～2人或重伤3～10人,或直接经济损失折款30 000元至60 000元的事故。

(4)特大交通事故的认定标准:凡一次事故造成死亡3人或3人以上,或重伤11人及11人以上,或死亡1人同时重伤8人及8人以上,或死亡2人同时重伤5人及5人以上,或直接经济损失折款60 000元以上的事故。

✎ **知识链接**

交通事故中损害类的界定

1. 死亡仍以事故发生后7天内死亡为限;

2. 重伤,按司法部、最高人民法院、最高人民检察院、公安部发布的《人体重伤鉴定标准》执行。

3. 轻伤,按最高人民法院、最高人民检察院、公安部、司法部发布的《人体轻伤鉴定标准(试行)》执行。

3. 财产损失,是指道路交通事故造成的车辆、财产直接损失折款,不含现场抢救(险)、人身伤亡善后处理的费用,也不含停工、停产、停业等所造成的财产间接损失。

4. 在事故处理中,死亡不以事故发生后7天内死亡的为限;重伤、轻伤同样按上述标准确定。

知识要点4 交通事故的应对

如果驾驶人在驾驶车辆过程中发生交通事故应当如何应对呢?我国《道路交通安全法》做了规定。

《道路交通安全法》第70条规定:

　　"在道路上发生交通事故,车辆驾驶人应当立即停车,保护现场;造成人身伤亡的,车辆驾驶人应当立即抢救受伤人员,并迅速报告执勤的交通警察或者公安机关交通管理部门。因抢救受伤人员变动现场的,应当标明位置。乘车人、过往车辆驾驶人、过往行人应当予以协助。"

　　"在道路上发生交通事故,未造成人身伤亡,当事人对事实及成因无争议的,可以即行撤离现场,恢复交通,自行协商处理损害赔偿事宜;不即行撤离现场的,应当迅速报告执勤的交通警察或者公安机关交通管理部门。"

　　"在道路上发生交通事故,仅造成轻微财产损失,并且基本事实清楚的,当事人应当先撤离现场再进行协商处理。"

　　具体来说,当发生交通事故时,交通事故当事人应采取的措施如图 2-2-2 所示。

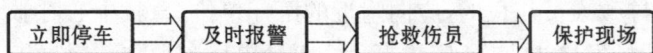

图 2-2-2　交通事故的应对

　　1. 立即停车

　　当交通事故发生后,车辆驾驶员应马上制动停车,停车后按规定拉紧手制动,切断电源,开启危险报警闪光灯,如夜间还需开示宽灯、尾灯。并在车后按规定设置危险警告标志。需要注意的是,事故发生后,驾驶员切不可将车辆缓慢地靠向道路一边或向前缓慢停车,或者倒车再停,因为此类行为将会破坏事故现场,使得事故责任无法认定以及事故损失进一步扩大;更不可驾车逃逸,这是违法行为,可以构成犯罪。

　　2. 及时报案

　　1) 可以立即撤离现场的情况

　　为保证道路交通的畅通,对于下面两种情况应撤离现场,恢复交通。

　　(1) 未造成人身伤亡的交通事故,当事人对事实及成因无争议的。

　　(2) 交通事故仅造成轻微财产损失,并且基本事实清楚的。

　　对于上面两种情况,车辆可以移动的,当事人应当在确保安全的原则下对现场拍照或者标划事故车辆现场位置后,立即撤离现场,将车辆移至不妨碍交通的地点,再进行协商。

　　当事人自行协商达成协议的,填写道路交通事故损害赔偿协议书,并共同签名。损害赔偿协议书内容包括事故发生的时间、地点、天气、当事人姓名、机动车驾驶证号、联系方式、机动车种类和号牌、保险凭证号、事故形态、碰撞部位、赔偿责任等内容。

　　2) 需要报警的情况

　　道路交通事故有下列情形之一的,当事人应当保护现场并立即报警:

　　(1) 造成人员死亡、受伤的;

　　(2) 发生财产损失事故,当事人对事实或者成因有争议的,以及虽然对事实或者成因无争议,但协商损害赔偿未达成协议的;

　　(3) 机动车无号牌、无检验合格标志、无保险标志的;

　　(4) 载运爆炸物品、易燃易爆化学物品以及毒害性、放射性、腐蚀性、传染病病源体等危险物品车辆的;

　　(5) 碰撞建筑物、公共设施或者其他设施的;

（6）驾驶人无有效机动车驾驶证的；

（7）驾驶人有饮酒、服用国家管制的精神药品或者麻醉药品嫌疑的；

（8）当事人不能自行移动车辆的。

发生财产损失事故，并具有上面第二项至第五项情形之一，车辆可以移动的，当事人可以在报警后，在确保安全的原则下对现场拍照或者标划停车位置，将车辆移至不妨碍交通的地点等候处理。

3）报警方式

（1）事故当事人向就近执勤的交通警察报告。

（2）拨打电话 122 交通事故报警电话或 110 报警电话。

（3）委托过往车辆、行人向附近的公安机关或执勤民警报案。

如果交通事故导致人员伤亡的，应向附近的医疗单位、急救中心呼救、求救（医疗急救求助电话：120）。如现场发生火灾，还应拨打 119 火警电话向消防部门报告。

3．抢救伤员

在公路上发生道路交通事故的，驾驶人必须在确保安全的原则下，立即组织车上人员疏散到路外安全地点，避免再次发生事故。驾驶人已因道路交通事故死亡或者受伤无法行动的，车上其他人员应当自行组织疏散。

对于交通事故导致人员伤亡时，事故当时人不能干等交警的到来，应及时抢救伤员。当确认受伤者的伤情后，能采取紧急抢救措施的应尽最大努力抢救，设法送附近医院抢救治疗。除未受伤或虽有轻伤本人拒绝去医院诊断外，一般可以拦搭过往车辆或通知急救部门、医院派救护车前来抢救。在抢救伤员时应注意保护现场，如果涉及挪动受害人或事故车辆的，应当标好原位置，如果受害者已经死亡的，则不应当移动，而要保护现场，等待交警来处理。

4．保护现场

交通事故现场是反映交通事故前后过程的空间场所，存在大量的事故痕迹和物证，是交警勘验现场、分析原因、认定事故责任和处理事故的关键。因此在事故发生后应保护现场的原始状态，包括其中的车辆、人员、牲畜、和遗留的痕迹、散落物不能随意挪动位置。为抢救伤者，应在其原始位置做好标记，不得故意破坏、伪造现场。当事人在警察到来之前，可用绳索等设置警戒线，保护好现场。

另外，应做好防火防爆措施。当事人首先应关掉车辆的发动机，消除火警隐患。现场禁止吸烟。如是载有危险物品车辆发生事故，除将此情况报警方及消防人员外，还要做好防范措施。

知识要点 5　交通事故的法律责任

1．交通事故的民事责任

1）民事责任

指民事主体在民事活动中，因实施了民事违法行为，根据民法所承担的对其不利的民事法律后果或者基于法律特别规定而应承担的民事法律责任。民事责任包括：违约责任和侵权责任两种。

承担民事责任的主要方式有：停止侵害，排除妨碍，消除危险，返还财产，恢复原状，修理，重作，更换，赔偿损失，支付违约金，消除影响，恢复名誉，赔礼道歉。

2）交通事故中的民事责任

我国《民法通则》中规定："公民、法人由于过错侵害国家的、集体的财产，侵害他人财产、人身的应当承担民事责任。没有过错，但法律规定应当承担民事责任的，应当承担民事责任。"

从赔偿的性质上来说，交通事故的民事责任属于侵权责任，侵权责任是指民事主体因实施侵权行为而应承担的民事法律后果。侵权责任即任何人不因为自己的错误（过错）行为而侵害了他人的合法权益，否则即能构成侵权行为，要对受害方承担责任。《道路交通安全法》第七十六条规定：

"机动车发生交通事故造成人身伤亡、财产损失的，由保险公司在机动车第三者责任强制保险责任限额范围内予以赔偿；不足的部分，按照下列规定承担赔偿责任：

（1）机动车之间发生交通事故的，由有过错的一方承担赔偿责任；双方都有过错的，按照各自过错的比例分担责任。

（2）机动车与非机动车驾驶人、行人之间发生交通事故，非机动车驾驶人、行人没有过错的，由机动车一方承担赔偿责任；有证据证明非机动车驾驶人、行人有过错的，根据过错程度适当减轻机动车一方的赔偿责任；机动车一方没有过错的，承担不超过百分之十的赔偿责任。交通事故的损失是由非机动车驾驶人、行人故意碰撞机动车造成的，机动车一方不承担赔偿责任。"因此交通事故中的侵权责任主要是损害赔偿责任。

3）损害赔偿的归责原则

所谓归责原则就是在侵权的行为发生时，应该依据什么样的规则来判断当事人的是否承担责任，即其承担责任的基础是什么。在民法中，侵权损害赔偿中归责原则有：

（1）过错责任原则。过错责任原则指只有行为人有过错责任时才承担赔偿责任。

（2）无过错责任原则。无过错责任原则指即使行为人没有过错，也要依法承担赔偿责任。

（3）公平责任原则。公平责任原则是指当事人双方均无错，但按法律不能适用其他归责原则确定责任或者适用其他归责原则会产生不公平后果的情况下，由人民法院根据公平的理念，在考虑受害人的损失，双方当事人的经济情况及其他相关情况的基础上，判令加害人对受害人的人身财产损失予以适当补偿。

4）道路交通事故损害补偿的归责原则

（1）机动车与非机动车驾驶人、行人之间发生交通事故，适用无过错责任原则。《中华人民共和国道路交通安全法》第七十六条规定："机动车与非机动车驾驶人、行人之间发生交通事故，非机动车驾驶人、行人没有过错的，由机动车一方承担赔偿责任；有证据证明非机动车驾驶人、行人有过错的，根据过错程度适当减轻机动车一方的赔偿责任；机动车一方没有过错的，承担不超过百分之十的赔偿责任。

交通事故的损失是由非机动车驾驶人、行人故意碰撞机动车造成的，机动车一方不承担赔偿责任。"

根据本规定，对于机动车与非机动车驾驶人、行人之间发生交通事故，先推定由机动车一方承担赔偿责任，即适用无过错责任原则，也就是说损害赔偿责任的成立不以机动车一方有过错为条件,机动车一方不能通过证明自身无过错而获得免责。但无过错责任原则并不排除过失相抵原则的适用,行人和非机动车如存在重大过失的,可根据过失相抵原则,减轻机动车保有者的赔偿责任,但必须明确的是减轻,而不是免除。

机动车辆一方在无过错的情况下,除非是非机动车驾驶人、行人故意碰撞机动车造成交通事故的情形,否则机动车行为人仍应当承担不超过百分之十的赔偿责任。

(2) 机动车之间发生交通事故,适用过错责任原则。《道路交通安全法》第七十六条规定:"机动车之间发生交通事故的,由有过错的一方承担赔偿责任;双方都有过错的,按照各自过错的比例分担责任。"

如果在双方均无过错的情况下,损失是因为交通事故中双方当事人造成的,则可以根据公平责任原则予以赔偿。

(3) 非机动车与非机动车之间或非机动车与行人之间发生交通事故,适用过错原则。

2. 交通事故的行政责任

交通事故的行政责任既包括行政主体在执行职务过程中违反行政法义务而引起的法律责任,也包括行政相对人违反行政法义务所引起的法律责任,前者的行政责任一般称为行政处分,后者的行政责任一般称为行政处罚。

《道路交通安全法》第八十八条规定:"对道路交通安全违法行为的处罚种类包括:警告、罚款、暂扣或者吊销机动车驾驶证、拘留。"

3. 交通事故的刑事责任

1) 刑事责任

刑事责任,是依据国家刑事法律规定,对犯罪分子依照刑事法律的规定追究的法律责任。是行为人实施刑事法律禁止的行为所必须承担的法律后果。负刑事责任意味着应受刑罚处罚。根据《刑法》规定,刑罚分为主刑和附加刑。主刑是对犯罪分子适用的主要刑罚方法,只能独立适用,不能附加适用,对犯罪分子只能判一种主刑。主刑分为管制、拘役、有期徒刑、无期徒刑和死刑。附加刑分为罚金、剥夺政治权利、没收财产。对犯罪的外国人,也可以独立或者附加适用驱除出境。

交通肇事罪是交通事故中最常见的一种犯罪。

2) 交通肇事罪

交通肇事罪,是指违反交通管理法规,因而发生重大事故,致人重伤、死亡或者使公私财产遭受重大损失的行为。本罪的构成有四个方面:

(1) 客体要件。本罪侵犯的客体,是交通运输的安全。交通运输,是指与一定的交通工具和交通设备相联系的铁路、公路、水上及空中交通运输,这类交通运输的特点是与广大人民群众的生命财产安全紧密相连,一旦发生事故,就会危害到不特定多数人的生命安全。

(2) 客观要件。本罪客观方面表现为在交通运输活动中违反交通运输管理法规,因而发生重大事故,致人重伤、死亡或者使公私财产遭受重大损失的行为。由此可见,本罪的客观方面是由以下四个相互不可分割的因素组成的:

① 必须有违反交通运输管理法规的行为。在交通运输中实施了违反交通运输管理法规的行为,这是交通事故的原因,也是承担处罚的法律基础。

② 必须发生重大事故,致人重伤、死亡或者使公私财产遭受重大损失的严重后果。这

是构成交通肇事罪的必要条件之一。行为人虽然违反了交通运输管理法规,但未造成上述法定严重后果的,不构成本罪。

③ 严重后果必须由违章行为引起,两者之间存在因果关系。

④ 违反规章制度,致人重伤、死亡或者使公私财产遭受重大损失的行为,必须发生在整个交通运输活动过程中。从空间上说,必须发生在铁路、公路、城镇道路、和空中航道上;从时间上说,必须发生在正在进行的交通运输活动中。

（3）主体要件。本罪的主体为一般主体。即凡年满16周岁、具有刑事责任能力的自然人均可构成。主体不能理解为在上述交通运输部门工作的一切人员,也不能理解为仅指火车、汽车、电车、船只、航空器等交通工具的驾驶人员,而应理解为一切直接从事交通运输业务和保证交通运输的人员以及非交通运输人员。

（4）主观要件本罪主观方面表现为过失,包括疏忽大意的过失和过于自信的过失。这种过失是指行为人对自己的违章行为可能造成的严重后果的心理态度而言。

知识要点6　交通事故的主管与管辖

1. 道路交通事故的主管

《道路交通安全法》第五条规定:"国务院公安部门负责全国道路交通安全管理工作。县级以上地方各级人民政府公安机关交通管理部门负责本行政区域内的道路交通安全管理工作。县级以上各级人民政府交通、建设管理部门依据各自职责,负责有关的道路交通工作。"即道路交通事故的主管部门是公安机关交通管理部门。并非所有级别的公安机关交通管理部门都有管理权限,法律规定只有县级以上公安机关交通管理部门才有资格对交通事故进行认定,而且必须是具有一定资格的交警才可以处理。

2. 道路交通事故处理的管辖

所谓交通事故的管辖是指公安机关交通管理部门在受理道路交通事故上的分工和权限。关于道路交通事故的管辖,《交通事故处理程序规定》做了明确的规定:

"道路交通事故由发生地的县级公安机关交通管理部门管辖。未设立县级公安机关交通管理部门的,由设区市公安机关交通管理部门管辖。上级公安机关交通管理部门在必要的时候,可以处理下级公安机关交通管理部门管辖的道路交通事故,或者指定下级公安机关交通管理部门限时将案件移送其他下级公安机关交通管理部门处理。案件管辖发生转移的,处理时限从移送案件之日起计算。"

"道路交通事故发生在两个以上管辖区域的,由事故起始点所在地公安机关交通管理部门管辖。对管辖权有争议的,由共同的上一级公安机关交通管理部门指定管辖。指定管辖前,最先发现或者最先接到报警的公安机关交通管理部门应当先行救助受伤人员,进行现场前期处理。"

"军队、武警部队人员、车辆发生道路交通事故的,按照本规定处理。需要对现役军人给予行政处罚或者追究刑事责任的,移送军队、武警部队有关部门。"

因此,公安机关交通管理部门处理交通事故的管辖有下面几种:

1）地域管辖

县级公安机关交通管理部门负责处理管辖区域内发生的交通事故。涉外交通事故处理的管辖由省级公安机关交通管理部门规定。

2）指定管辖

指定管辖是上级公安机关交通管理部门对某一道路交通事故案件，以行政命令的方式确定由下级公安机关交通管理部门处理。

省、自治区、直辖市人民政府公安机关车辆管理部门指定设区的市人民政府公安机关交通管理部门或者相当于同级的公安机关交通管理部门承担高速公路、城市快速路的道路交通安全管理工作，管辖该道路的县级或者县级以上公安机关交通管理部门负责处理所管辖道路内发生的交通事故。

对管辖权发生争议的，报请共同的上级公安机关交通管理部门指定管辖，上级公安机关交通管理部门应当在 24 小时内作出决定，并通知各方。但交通事故发生地管辖不明的，最先发现或者最先接到报案的公安机关交通管理部门应当先行救助受伤人员，进行现场前期处理。管辖确定后，由有管辖权的公安机关交通管理部门处理。

3）移送管辖

上级公安机关交通管理部门在必要的时候，可以处理下级公安机关交通管理部门管辖的交通事故，或者指定下级公安机关交通管理部门限时将案件移送其他下级公安机关交通管理部门处理。下级公安机关交通管理部门认为案情复杂、影响重大或者涉及公安机关人员、车辆的交通事故，可以申请移送上一级公安机关交通管理部门处理；上一级公安机关交通管理部门应当在接到申请后 24 小时内，作出移送或者由原公安机关交通管理部门继续处理的决定。案件管辖发生转移的，处理时限从移送案件之日起开始。

知识要点 7　交通事故的处理程序

1. 交通事故的处理方法

当道路交通事故发生后，根据交通事故的实际情况，事故当事人及交警可选择合适的处理方法。如图 2-2-3 所示。

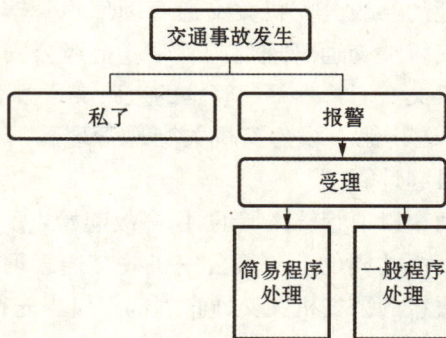

图 2-2-3　交通事故处理方法

1）私了

在下面两种道路交通事故中，当事人应当先撤离现场，再协商处理损害赔偿事宜。

（1）未造成人身伤亡，当事人对事实及成因无争议的（不即行撤离现场的，应当迅速报告执勤的交通警察或者公安机关交通管理部门）。

（2）仅造成轻微财产损失，并且基本事实清楚的交通事故。

当事人自行协商达成协议的，填写道路交通事故损害赔偿协议书，并共同签名。损害赔偿协议书内容包括事故发生的时间、地点、天气、当事人姓名、机动车驾驶证号、联系方式、机动车种类和号牌、保险凭证号、事故形态、碰撞部位、赔偿责任等内容。

2）报警

只要不符合自行撤离现场进行私了条件的，当事人应当及时报警处理。

3）受理

公安机关及其交通管理部门接到道路交通事故报警，应当记录下列内容：

（1）报警方式、报警时间、报警人姓名、联系方式，电话报警的，还应当记录报警电话；

（2）发生道路交通事故的时间、地点；

（3）人员伤亡情况；

（4）车辆类型、车辆牌号，是否载有危险物品、危险物品的种类等；

（5）涉嫌交通肇事逃逸的，还应当询问并记录肇事车辆的车型、颜色、特征及其逃逸方向、逃逸驾驶人的体貌特征等有关情况。

报警人不报姓名的，应当记录在案。报警人不愿意公开姓名的，应当为其保密。

4）出警

公安机关交通管理部门机动报案后，应当根据交通事故的类型，损害情况等及时出警。对于适用简易处理程序的交通事故，可以派一名交通警察处理。对于适用一般程序处理的交通事故，应当派两名或者两名以上交通警察处理。

2. 交通事故处理的简易程序

1）适用简易程序的条件

公安机关交通管理部门对于下列情形可以按照简易程序处理。

（1）发生道路交通事故，仅造成财产损失事故，无论当事人对事实或者成因有无争议只要不立即撤离现场，以及虽然对事实或者成因无争议，但撤离现场后，协商损害赔偿未达成协议的。

（2）发生道路交通事故，仅造成人员轻微伤害，当事人对事实及成因无争议，但是对赔偿有争议的。

2）简易处理程序的流程

简易处理程序的流程如图 2-2-4 所示。

3. 交通事故处理的一般程序

交通事故处理一般程序的流程如图 2-2-5 所示。

1）划定警戒区域，组织抢救伤者

交通警察到达事故现场后应进行下面的工作。

（1）划定警戒区域，在安全距离位置放置发光或者反光锥筒和警告标志，确定专人负责现场交通指挥和疏导，维护良好道路通行秩序。因道路交通事故导致交通中断或者现场处置、勘查需要采取封闭道路等交通管制措施的，还应当在事故现场来车方向提前组织分流，放置绕行提示标志，避免发生交通堵塞。

笔记

```
            交通事故发生
        ┌──────────┴──────────┐
   不撤离现场而警报        撤离现场未达成协议而警报
        │                      │
    现场调查          当事人提供交通事故的文字记录
        │                      │
    撤离现场              交警进行记录
        │                      │
记录交通事故有关情况      当事人在记录书上签名
        │                      │
 当事人在记录书上签名        认定责任
        │                      │
    认定责任            制作事故责任认定书
        │
 制作事故责任认定书
```

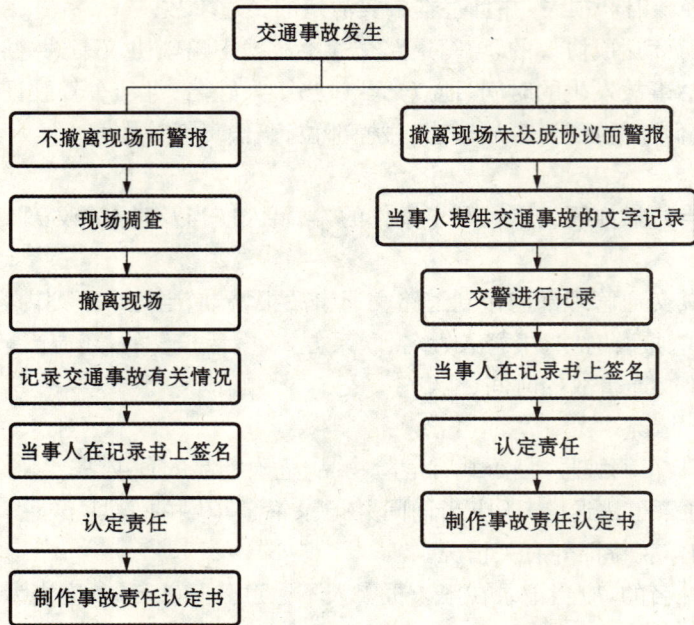

图 2-2-4　交通事故简易处理程序

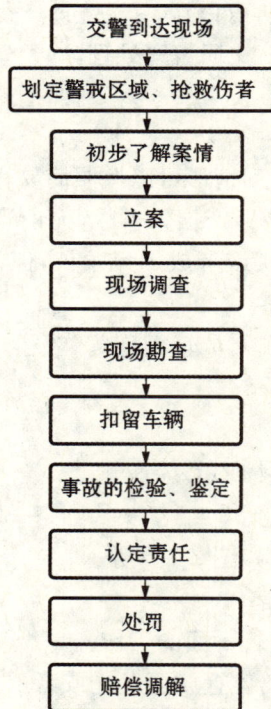

```
   交警到达现场
 划定警戒区域、抢救伤者
   初步了解案情
     立案
   现场调查
   现场勘查
   扣留车辆
 事故的检验、鉴定
   认定责任
     处罚
   赔偿调解
```

图 2-2-5　交通事故处理的一般程序

（2）组织抢救受伤人员。

（3）指挥勘查、救护等车辆停放在便于抢救和勘查的位置，开启警灯，夜间还应当开启危险报警闪光灯和示廓灯。

2）初步了解案情

交通警察在现场，向报案人初步了解事故的发生时间、过程、现场受伤人员、受损财产的情况。判断接下来的处理程序。

3）立案

立案是交通事故处理的前提。公安机关交通管理部门对于造成人员死亡、重伤、轻伤的；造成人员轻微受伤，但当事人对事实或成因有争议的；造成财产损失，但当事人对事实及成因有争议不立即撤离现场或自行撤离现场后未达成赔偿协议的，应填写《交通事故立案登记表》。

4）现场调查

交通警察在立案后，应当对事故现场进行调查，主要做好下列工作：

（1）调查事故现场，查明事故车辆的安全技术及装载情况、当事人的基本情况、道路情况及其空间关系和事故发生时的天气情况；

（2）固定、提取或者保全现场证据材料；

（3）查找当事人、证人并进行询问，同时进行询问笔录；

5）现场勘查

交通警察应当勘查道路交通事故现场，按照有关法规和标准的规定，拍摄现场照片，绘制现场图，提取痕迹、物证，制作现场勘查笔录。发生一次死亡三人以上道路交通事故的，应当进行现场摄像。

现场图、现场勘查笔录应当由参加勘查的交通警察、当事人或者见证人签名。当事人、见证人拒绝签名或者无法签名以及无见证人的，应当记录在案。

对于可能因时间、地点、气象等原因导致灭失的痕迹或者证据，交通警察应当及时固定、提取或者保全。

对于有饮酒或者服用国家管制的精神药品、麻醉药品嫌疑的车辆驾驶人，公安机关交通管理部门应当按照《道路交通安全违法行为处理程序规定》及时抽血或者提取尿样，送交有检验资格的机构进行检验；车辆驾驶人当场死亡的，应当及时抽血检验。

6）扣留车辆

公安机关交通管理部门因收集证据的需要，可以扣留事故车辆及机动车行驶证，并开具行政强制措施凭证。扣留的车辆及机动车行驶证应当妥善保管。

公安机关交通管理部门不得扣留事故车辆所载货物。对所载货物在核实重量、体积及货物损失后，通知机动车驾驶人或者货物所有人自行处理。无法通知当事人或者当事人不自行处理的，按照《公安机关办理行政案件程序规定》的有关规定办理。

因收集证据的需要，公安机关交通管理部门可以扣押与事故有关的物品，并开具扣押物品清单一式两份，一份交给被扣押物品的持有人，一份附卷。扣押的物品应当妥善保管。

扣押期限不得超过三十日，案情重大、复杂的，经本级公安机关负责人或者上一级公安机关交通管理部门负责人批准可以延长三十日；法律、法规另有规定的除外。

7）检验、鉴定

如果交通事故需要进行检验、鉴定的,公安机关交通管理部门应当自事故现场调查结束之日起三日内委托具备资格的鉴定机构进行检验、鉴定。尸体检验应当在死亡之日起三日内委托。

对现场调查结束之日起三日后需要检验、鉴定的,应当报经上一级公安机关交通管理部门批准。对精神病的鉴定,应当由省级人民政府指定的医院进行。

公安机关交通管理部门应当与检验、鉴定机构约定检验、鉴定完成的期限,约定的期限不得超过二十日。超过二十日的,应当报经上一级公安机关交通管理部门批准,但最长不得超过六十日。

卫生行政主管部门许可的医疗机构具有执业资格的医生为道路交通事故受伤人员出具的诊断证明,公安机关交通管理部门可以作为认定人身伤害程度的依据。

8）认定责任

所谓交通事故责任就是公安机关在查明交通事故情况后,依据道路交通管理法律、法规、和部门规章,对当事人的违章行为与事故之间的因果关系以及违章行为在交通事故中所起的作用作出的结论。

公安机关交通管理部门应当根据交通事故现场勘验、检查、调查情况和有关的检验、鉴定结论,认定交通事故责任,及时制作交通事故认定书,作为处理交通事故的证据。

公安机关交通管理部门应当根据当事人的行为对发生道路交通事故所起的作用以及过错的严重程度,确定当事人的责任。

9）处罚

公安机关交通管理部门应当在作出道路交通事故认定之日起五日内,对当事人的道路交通安全违法行为依法作出处罚。

10）赔偿调解

当事人对道路交通事故损害赔偿有争议,各方当事人一致请求公安机关交通管理部门调解的,应当在收到道路交通事故认定书或者上一级公安机关交通管理部门维持原道路交通事故认定的复核结论之日起十日内,向公安机关交通管理部门提出书面申请。

公安机关交通管理部门应当按照合法、公正、自愿、及时的原则,并采取公开方式进行道路交通事故损害赔偿调解。调解时允许旁听,但是当事人要求不予公开的除外。

公安机关交通管理部门应当与当事人约定调解的时间、地点,并于调解时间三日前通知当事人。口头通知的,应当记入调解记录。调解参加人因故不能按期参加调解的,应当在预定调解时间一日前通知承办的交通警察,请求变更调解时间。

参加损害赔偿调解的人员包括:

（1）道路交通事故当事人及其代理人;

（2）道路交通事故车辆所有人或者管理人;

（3）公安机关交通管理部门认为有必要参加的其他人员。

委托代理人应当出具由委托人签名或者盖章的授权委托书。授权委托书应当载明委托事项和权限。参加调解时当事人一方不得超过三人。

笔记

四、任务实施

任务步骤 1　拟定任务实施计划

根据报案人提供的信息,保险公司交通事故查勘人员应准确判断事故情况,对于可以自行协商处理的交通事故,查勘人员应参与交通事故责任的认定,可按照图 2-2-6 所示的流程进行。

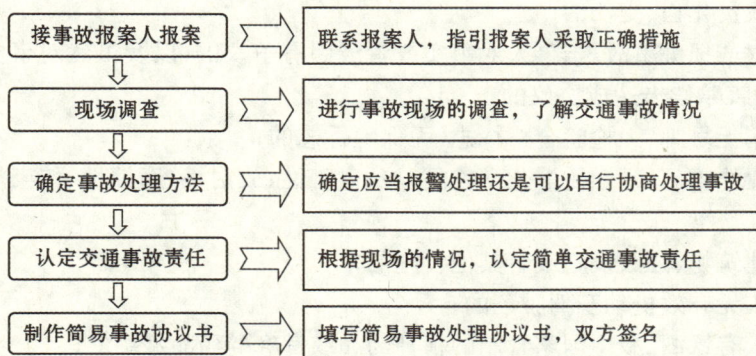

接事故报案人报案 ⟹ 联系报案人,指引报案人采取正确措施

现场调查 ⟹ 进行事故现场的调查,了解交通事故情况

确定事故处理方法 ⟹ 确定应当报警处理还是可以自行协商处理事故

认定交通事故责任 ⟹ 根据现场的情况,认定简单交通事故责任

制作简易事故协议书 ⟹ 填写简易事故处理协议书,双方签名

图 2-2-6　交通事故责任认定任务实施流程

任务步骤 2　接事报案人报案

由于多数驾驶人对交通事故的处理规定并不是很清楚,在发生交通事故后,可能采取的措施是向他人求助、向公安机关或保险公司报案。保险公司在接到当时人的报案后,应迅速派查勘人员进行处理。查勘人员在接到查勘任务后应尽快与报案人取得联系,查勘人员主要进行以下工作。

(1)联系报案人,了解交通事故的情况,重点要了解事故类型,是机动车与机动车碰撞,还是机动车与非机动或行人碰撞,事故地点,有无人受伤,有无财产损失,损失是否严重。当事人是否撤离现场、是否已经报警处理。

(2)根据报案人的描述对事故的性质、严重程度作出初步的判断,提醒当事人应当采取的措施,需要报警的情况而尚未报警的,应提醒报案人报警处理。

(3)提醒事故当事人保护好现场,在交通事故发生后,特别是比较严重的交通事故,出险的当事人经常会出现情绪紧张、不知所措的情形,这时需要查勘人员,指引当事人采取适当措施,及时施救、保护现场和防止发生二次事故等。

任务步骤 3　现场调查

在到达现场后,向报案人或驾驶人详细地了解出险的时间、地点、原因、出险的过程、出险时车上人员等情况。核实事故是否造成人员伤害、如事故造成财产损失,估计损失程度。如有人员受伤应抢救伤员,保护现场。查勘人员进行现场详细调查,主要有下面事项:

(1)通过驾驶人叙述、现场事故的痕迹、现场目击者的叙述还原交通事故发生的时间、

地点、经过,判断事故的原因;

（2）核实相关单证、核实车辆情况、核实出险当事人的情况;

（3）核实事故造成的损失情况。

任务步骤4　确定交通事故的处理方法

根据调查的情况,判断是否应当报警处理。如果交通事故有以下情形之一的,需要报警处理:

（1）造成人员死亡、受伤的;

（2）发生财产损失事故,当事人对事实或者成因有争议的,以及虽然对事实或者成因无争议,但协商损害赔偿未达成协议的;

（3）机动车无号牌、无检验合格标志、无保险标志的;

（4）载运爆炸物品、易燃易爆化学物品以及毒害性、放射性、腐蚀性、传染病病源体等危险物品车辆的;

（5）碰撞建筑物、公共设施或者其他设施的;

（6）驾驶人无有效机动车驾驶证的;

（7）驾驶人有饮酒、服用国家管制的精神药品或者麻醉药品嫌疑的;

（8）当事人不能自行移动车辆的。

如果交通事故仅发生财产损失事故,当事人对事实或者成因无争议的,可以自行协商处理。

任务步骤5　认定交通事故责任

1. 道路交通事故责任的构成要件

道路交通事故责任的构成要件如图2-2-7所示。

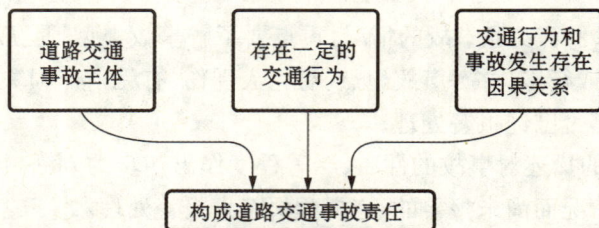

图2-2-7　道路交通事故责任构成要件

1）道路交通事故责任的主体

只要有交通活动能力,能够在道路上行走、驾车、乘车,就应当承担交通事故责任,不受年龄、智力的限制。需要注意的是交通事故责任不是指当事人应当承担的法律责任。法律责任的主体受到年龄、智力等因素的限制,所以承担交通事故责任的人,不一定要承担法律责任。

2）存在一定的交通行为

交通行为可能是违法行为,也可能是意外事故。而违法行为可能是事故中某一方的当事人的行为,也可能是事故中双方当事人的行为。

3) 交通行为和事故发生存在因果关系

违章行为或意外事故与损害之间必须存在因果关系。这是认定交通事故责任的关键,如果不存在这种因果关系,即使行为人的行为属于严重的违法行为,也不构成道路交通事故责任。

2. 责任认定的原则

1) 依法定责原则

道路交通管理部门在认定责任时,必须以法律为依据,依法定责。

2) 因果关系原则

责任认定中必须分析事故中因果关系,即作为事故原因的违章行为或意外事故与所造成的事故之间的因果关系,应分析出与事故发生有直接的、内在的、必然的、主要的违法行为。

3. 交通事故责任的类型

根据当事人的行为对发生道路交通事故所起的作用以及过错的严重程度,确定当事人的责任。交通事故责任类型如图 2-2-8 所示。

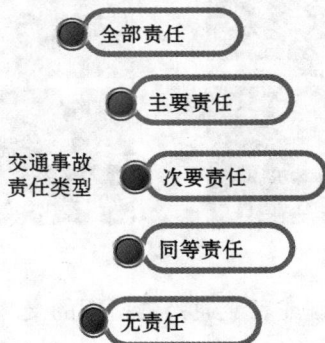

图 2-2-8 道路交通事故责类型

1) 负全部责任的情形

(1) 完全是一方当事人的过错行为而导致的交通事故。

(2) 当事人逃逸而导致无法认定交通事故责任的。

(3) 当事人故意破坏现场、伪造现场、毁灭证据行为导致无法认定交通事故责任的。

(4) 当事人一方有条件报案而未报案,或未及时报案导致交通事故责任无法认定的。

2) 负主要责任或次要责任的情形

(1) 双方当事人的违法行为共同造成交通事故的,违法行为在交通事故中作用大的一方负主要责任,另一方负次要责任。

(2) 机动车与非机动车、行人发生的交通事故,若当事人双方均有条件报案而均未报案,导致无法认定事故责任的,机动车一方负主要责任,非机动车、行人一方负次要责任。

(3) 由三方以上当事人的违法行为造成的交通事故,按各自违法行为在交通事故中的作用大小划分责任。

3）负同等责任的情形

（1）当事人双方的违法行为在交通事故中的作用相当的，双方负同等责任。

（2）机动车之间发生的交通事故，若双方均有条件报案而均未报案或未及时报案导致无法认定事故责任的，双方应负同等责任。

4）无责任的主要情形

（1）交通事故由一方当事人的违法行为所导致的，另一方无责任。

（2）一方当事人故意造成交通事故的，另一方无责任。

（3）非机动车、行人与静止的机动车发生事故的，机动车一方无责任。

（4）双方均无导致交通事故的过错，属于交通意外的，双方均无责任。

4. 常见的交通事故的责任认定

下面列举了36种交通事故快速处理的情形，其中以下图片所示33种交通事故可以由当事人自行处理。

（1）追撞前车尾部的，如图2-2-9所示，为A车全责。

（2）变更车道时，未让正在该车道内行驶的车先行的，如图2-2-10所示，为A车全责。

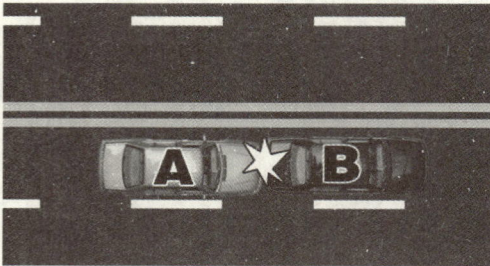

图2-2-9　追尾前车

图2-2-10　变道违规

（3）通过没有交通信号灯控制或者交通警察指挥的交叉路口时，未让交通标志、交通标线规定优先通行的一方先行的，如图2-2-11所示，为A车全责。

（4）通过没有交通信号灯控制或者交通警察指挥的交叉路口时，在交通标志、标线未规定优先通行的路口，未让右方道路的来车先行的，如图2-2-12所示，为A车全责。

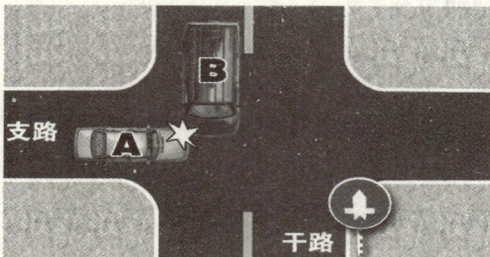

图2-2-11　未让优先通行车辆

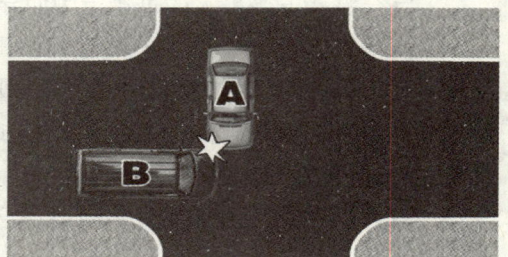

图2-2-12　未让右方来车

（5）通过没有交通信号灯控制或者交通警察指挥的交叉路口，遇相对方向来车，左转弯车未让直行车先行的，如图2-2-13所示，为A车全责。

（6）通过没有交通信号灯控制或者交通警察指挥的交叉路口时，相对方向行驶的右转弯车未让左转弯车的,如图 2-2-14 所示,为 A 车全责。

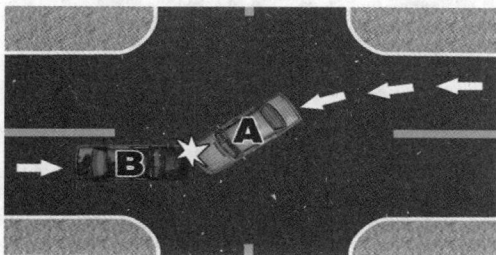

图 2-2-13 左转未让直行车辆

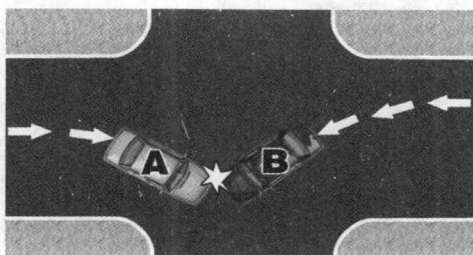

图 2-2-14 右转未让左转车辆

(7) 绿灯亮时,转弯车未让被放行的直行车先行的,如图 2-2-15 所示,为 A 车全责。

(8) 红灯亮时,右转弯车未让被放行的车先行的,如图 2-2-16 所示,为 A 车全责。

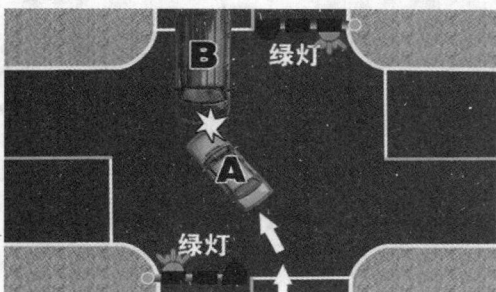

图 2-2-15 转弯未让被放行直行车辆

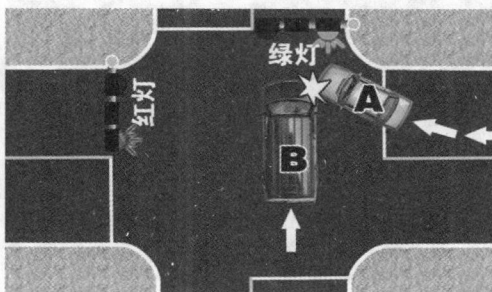

图 2-2-16 右转未让被放行车辆

(9) 在没有中心隔离设施或者没有中心线的道路上会车时,有障碍的一方未让无障碍的一方先行的如图 2-2-17 所示;但有障碍的一方已驶入障碍路段,无障碍一方未驶入时,无障碍一方未让有障碍的一方先行的,如图 2-2-18 所示,均为 A 车全责。

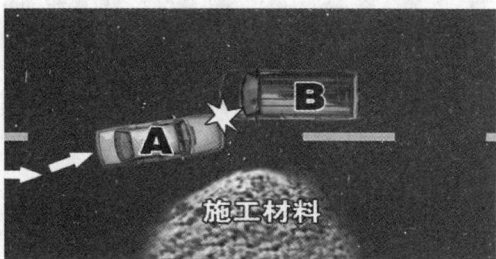

图 2-2-17 有障碍未让无障碍车辆

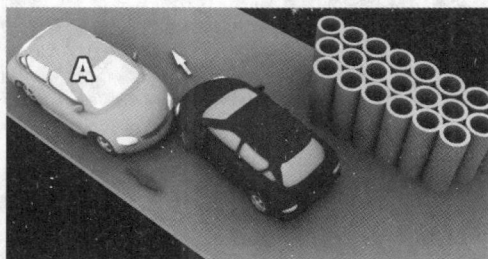

图 2-2-18 未让已驶入障碍路段车辆

(10) 在没有中心隔离设施或者没有中心线的道路上会车时,下坡车未让上坡车先行的;但下坡车已行至中途而上坡车未上坡时,上坡车未让下坡车先行的,如图 2-2-19 所示,均为 A 车全责。

(11) 开关车门造成交通事故的,如图 2-2-20 所示,为 A 车全责。

(12) 在没有中心隔离设施或者没有中心线的狭窄山路上会车时,靠山体的一方未让不靠山体的一方先行的,如图 2-2-21 所示,为 A 车全责。

(13) 进入环行路口的车未让已在路口内的车先行,如图 2-2-22 所示,为 A 车全责。

A车下坡

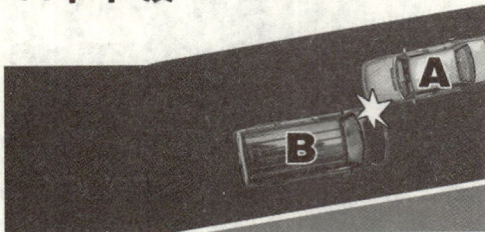

图 2-2-19　下坡未让上坡车辆

图 2-2-20　开关车门肇事

图 2-2-21　靠山体未让不靠山体车辆

图 2-2-22　进入环行路口未让已在路口内车辆

（14）逆向行驶的，如图 2-2-23 所示，为 A 车全责。

（15）超越前方正在左转弯车的，如图 2-2-24 所示，为 A 车全责。

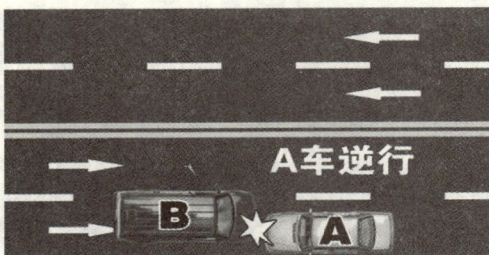

图 2-2-23　逆向行驶

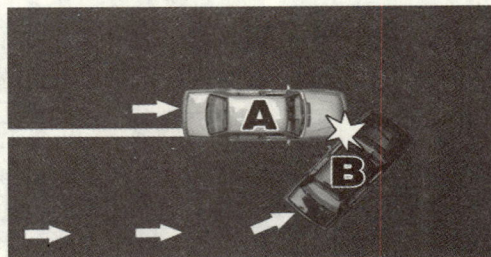

图 2-2-24　超越前方正在左转弯车辆

（16）超越前方正在掉头车的，如图 2-2-25 所示，为 A 车全责。

（17）超越前方正在超车的车的，如图 2-2-26 所示，为 A 车全责。

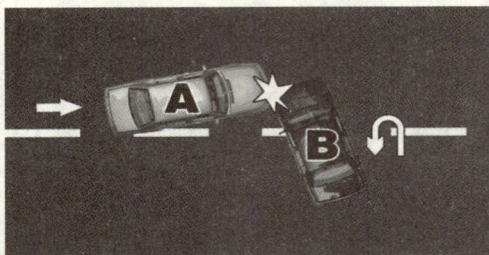

图 2-2-25　超越前方正在掉头车辆

图 2-2-26　超越前方正在超车的车辆

（18）与对面来车有会车可能时超车的，如图 2-2-27 所示，为 A 车全责。

（19）行经交叉路口、窄桥、弯道、陡坡、隧道时超车的，如图 2-2-28 所示，为 A 车全责。

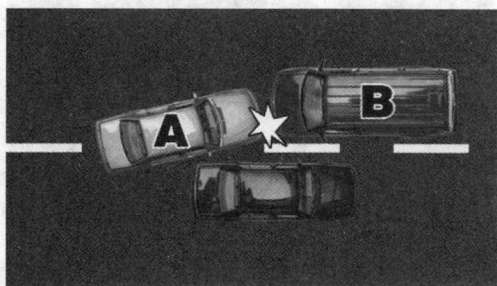

图 2-2-27　与对面来车有会车可能时超车

图 2-2-28　交叉路口超车

（20）在没有中心线或者同一方向只有一条机动车道的道路上，从前车右侧超越的，如图 2-2-29 所示，为 A 车全责。

（21）在没有禁止掉头标志、标线的地方掉头时，未让正常行驶车先行的，如图 2-2-30 所示，为 A 车全责。

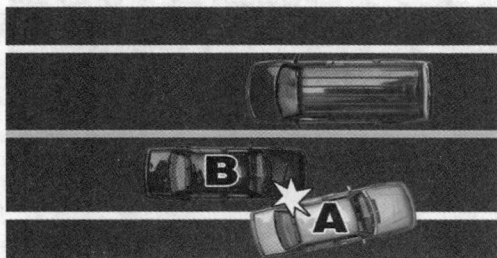

图 2-2-29　从前车右侧超车

图 2-2-30　掉头时未让正常行驶车先行

（22）在有禁止掉头标志、标线的地方以及在人行横道、桥梁、陡坡、隧道掉头的，如图 2-2-31 所示，为 A 车全责。

（23）倒车时发生碰撞的，如图 2-2-32 所示，为 A 车全责。

图 2-2-31　禁止掉头路段掉头

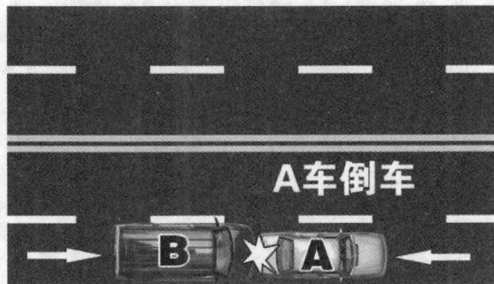

图 2-2-32　倒车碰撞他车

（24）溜车时发生碰撞的，如图 2-2-33 所示，为 A 车全责。

（25）违反规定在专用车道内行驶的，如图 2-2-34 所示，为 A 车全责。

图 2-2-33　溜车碰撞他车

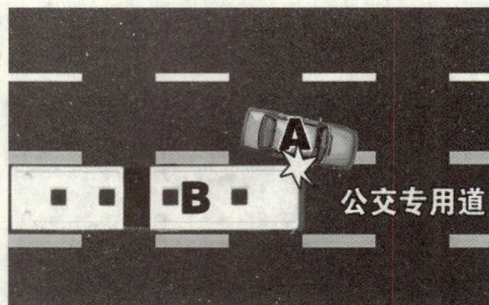

图 2-2-34　专用车道内行驶

（26）未按照交通警察指挥通行的，如图 2-2-35 所示，为 A 车全责。

（27）驶入禁行线的，如图 2-2-36 所示，为 A 车全责。

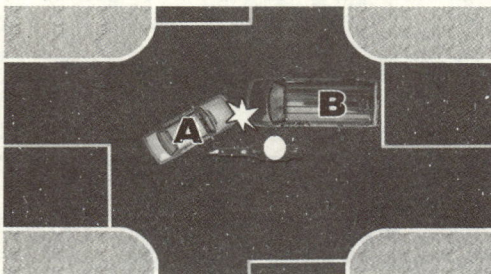

图 2-2-35　未按照交通警察指挥通行

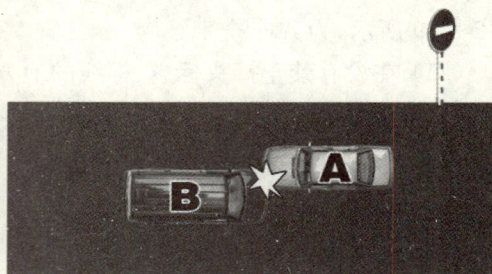

图 2-2-36　驶入禁行线

（28）红灯亮时，继续通行的，如图 2-2-37 所示，为 A 车全责。

（29）在机动车道上违法停车的，如图 2-2-38 所示，为 A 车全责。

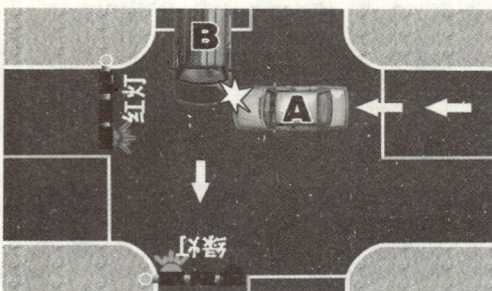

图 2-2-37　闯红灯

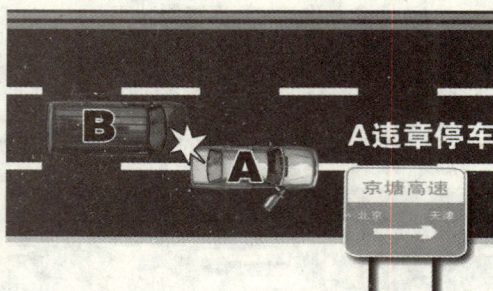

图 2-2-38　违规停车

（30）违反装载规定，致使货物超长、超宽、超高部分造成交通事故的，如图 2-2-39 所示，为 A 车全责。

（31）装载的货物在遗洒、飘散过程中导致交通事故的，如图 2-2-40 所示，为 A 车全责。

（32）违反导向标志指示行驶的，如图 2-2-41 所示，为 A 车全责。

（33）未按导向车道指示方向行驶的，如图 2-2-42 所示，为 A 车全责。

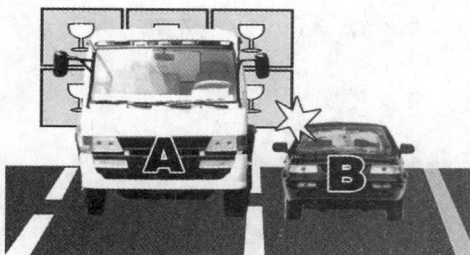

图 2-2-39　违反装载规定肇事

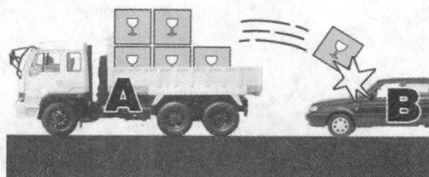

图 2-2-40　货物在遗洒、飘散肇事

图 2-2-41　违反导向标志行驶

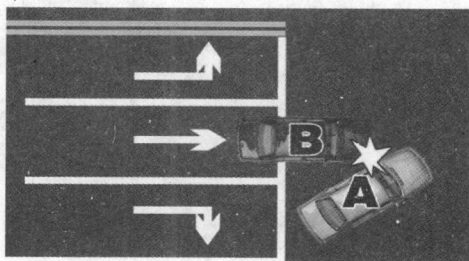

图 2-2-42　未按导向车道指示方向行驶

任务步骤 6　制作交通事故责任认定书

1. 道路交通事故责任认定书

公安机关交通管理部门应当自现场调查之日起十日内制作道路交通事故认定书。交通肇事逃逸案件在查获交通肇事车辆和驾驶人后十日内制作道路交通事故认定书。对需要进行检验、鉴定的,应当在检验、鉴定结论确定之日起五日内制作道路交通事故认定书。交通责任事故认定书如图 2-2-43 所示。

道路交通事故认定书应当载明以下内容:

(1) 道路交通事故当事人、车辆、道路和交通环境等基本情况。

(2) 道路交通事故发生经过。

(3) 道路交通事故证据及事故形成原因的分析。

(4) 当事人导致道路交通事故的过错及责任或者意外原因。

(5) 作出道路交通事故认定的公安机关交通管理部门名称和日期。

道路交通事故认定书应当由办案民警签名或者盖章,加盖公安机关交通管理部门道路交通事故处理专用章,分别送达当事人,并告知当事人向公安机关交通管理部门申请复核、调解和直接向人民法院提起民事诉讼的权利、期限。

2. 简易事故处理协议书

我国《道路交通事故处理程序规定》中第十三条、十四条规定,机动车与机动车、机动车与非机动车发生财产损失事故,当事人对事实及成因无争议的,可以自行协商处理损害赔偿事宜。

当事人自行协商达成协议的,填写道路交通事故损害赔偿协议书,并共同签名。损害赔偿协议书内容包括事故发生的时间、地点、天气、当事人姓名、机动车驾驶证号、联系方式、机动车种类和号牌、保险凭证号、事故形态、碰撞部位、赔偿责任等内容,如表 2-2-2 所示。

图 2-2-43   交通事故责任认定书

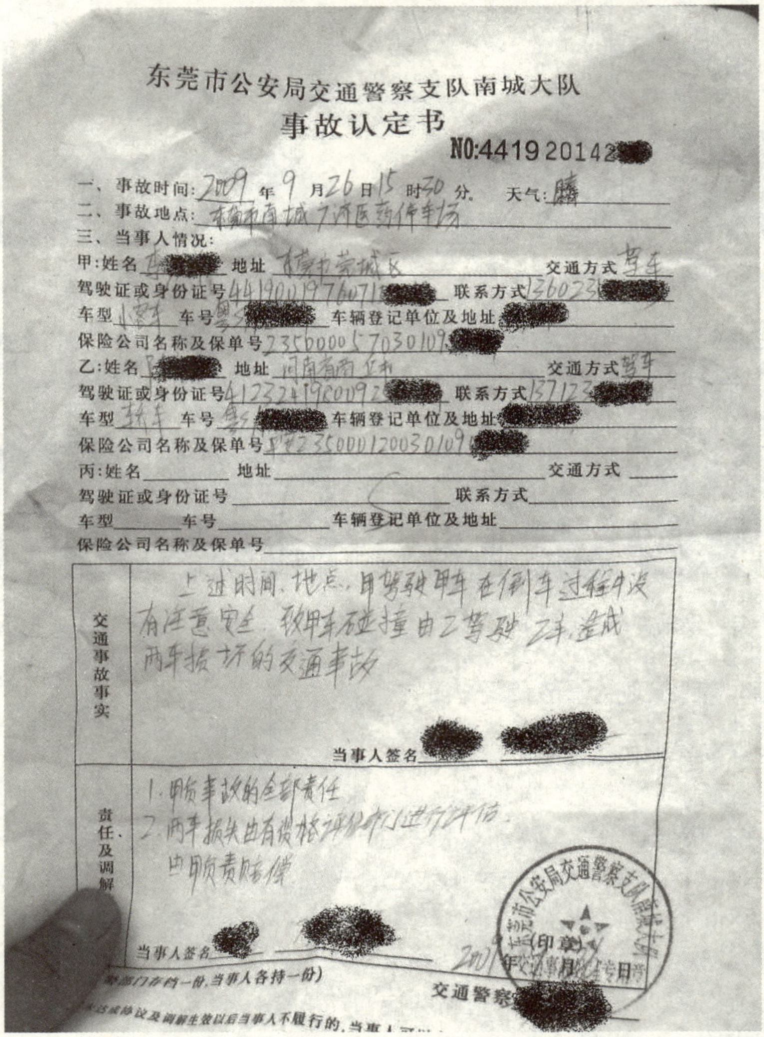

表 2-2-2   简易事故处理协议书

简易事故处理协议书

一、事故时间：_____年_____月_____日_____时_____分。天气：_____

二、出险地点：_____

三、当事人情况：

	当事人姓名	交通方式	车牌号	联系方式	驾驶证或身份证号	承保公司及保单号
甲						
乙						
丙						

续 表

四、简要案情及责任认定：

于上述时间、地点_____驾驶_____（车牌）车辆自_____向_____方向行驶至_____时,因_____与_____发生碰撞,碰撞部位:_____。本次事故造成_____损失。经保险公司查勘人员现场勘定,此次事故甲方当事人应负事故_____责任,乙方当事人应负事故_____责任。

交通事故致_____受伤(损坏),受伤人员(物损所有人)认为自己伤情(损失)轻微,且各方当事人对交通事故事实和成因无争议,同意现场协商处理。

五、调解结果：

根据当事各方同意达成如下协议：

□、由_____方负责修复_____车辆,车辆可自行选择维修单位维修,但修理前必须会同保险公司查勘人员进行检验,确定修理项目、方式和费用,否则,保险公司有权重新核定。

□、由_____方同意一次性赔偿_____方(姓名或单位)_____人民币_____元作为此次事故人伤(物损)赔偿,履行情况_____(附收款收据)。

以上内容经当事人签字后视为现场已达成协议,不得再就此事故追究各方任何法律责任或后期增加费用。如当事人一方拒签,本协议无效,请报交警部门处理。

甲：_____ 乙：_____ 查勘员签名：_____
___年___月___日   ___年___月___日   ___年___月___日

五、任务评价

按照表2-2-3对任务2.2完成情况进行评价。

表2-2-3　交通事故责任认定任务考核标准

考核项目	评分标准	分数	学生自评	小组互评	教师评价	小计
团队合作	团队和谐 有分工合作 组员积极参与	10				
任务方案	正确、合理	10				
操作过程	能制定事故责任认定计划 能指引当事人处理现场 能进行现场调查 能确定事故处理方法 能认定交通事故责任 能制作事故责任认定书 能正确使用工具	70				
任务完成情况	圆满完成	10				
教师签写		年　月　日	总　分			

笔 记

六、学习拓展

选择题

李某于 2011 年 9 月 5 日 23 时左右在市区行驶时被一辆小轿车撞成重伤,肇事司机驾车逃逸,李某被经过的第三者送往医院治疗,花去医疗费 55 000 元。李某要求公安机关交通管理部门出具交通事故责任认定书。而公安机关交通管理部门认为,肇事车辆尚未查获,建议李某暂时不要要求公安机关出具交通事故责任认定书,但李某坚持要出具交通事故责任认定书。试回答下列问题。

(1)交警应当按照_____程序处理该起交通事故。

A. 私了　　　　　　B. 简易　　　　　　C. 普通　　　　　　D. B 或 C

(2)该起交通事故中所出具的认定书属于_____。

A. 调解书　　　　B. 交通事故认定书　C. 事故认定书　　　D. 调解终结书

(3)对于尚未查获的交通肇事逃逸案件,交警_____出具认定书。

A. 可以暂不　　　　B. 必须　　　　　　C. 应当　　　　　　D. 不应当

(4)李某要求出具认定书时,公安机关交通管理部门_____在接到李某的书面申请后的内制定认定书。

A. 应当、5 日　　B. 应当、10 日　　　C. 不应当、5 日　　D. 不应当、10 日

(5)本案中、若无证具证明李某有过错、则李某应当承担_____责任。

任务2.3　交通事故的现场查勘

一、学习目标

通过本任务的学习,你应当:

1. 知道交通事故现场查勘的工作内容;
2. 知道交通事故现场的查勘程序;
3. 能够对交通事故现场进行查勘;
4. 能够判断交通事故是否属于保险责任;

二、任务情景

情景描述	查勘工作人员在工作时,接到紧急任务:在大概 10 来分钟前,在广东省广州市的市区内某街道十字路口,发生一单交通事故,两车相撞,导致双方车辆受损,人员受伤,其他情况不明。现需对此交通事故进行处理
任务目标	1. 交通事故的进行现场查勘 2. 收集现场各方面的证据 3. 判断交通事故的保险责任 4. 指导出险的保险客户进行索赔

三、相关知识

知识要点 1　交通事故类型

交通事现场的类型可分为:车与物之间碰撞现场,车与车之间碰撞现场,车与人之间碰撞现场和单方事故现场四种,单方事故即不涉及第三方赔偿的事故如图 2-3-1 至图 2-3-4 所示。

图 2-3-1　车撞物事故

图 2-3-2　车撞车事故

图 2-3-3　车撞人事故

图 2-3-4　单方事故

这四种类型的交通事故所造成损失不一样,在查勘时现场处理的重点也有所不同,在车撞物的事故中,涉及到第三方的财产损失,查勘时需注意损失财物的信息;在车撞人的事故中,第三者受伤,则需要收集受伤人员的信息;而在车撞车事故和单方事故中,一般多造成车辆损伤,则需核实受损车辆信息。

知识要点 2　现场查勘工作内容

在交通事故的现场查勘中主要工作内容如图 2-3-5 所示。

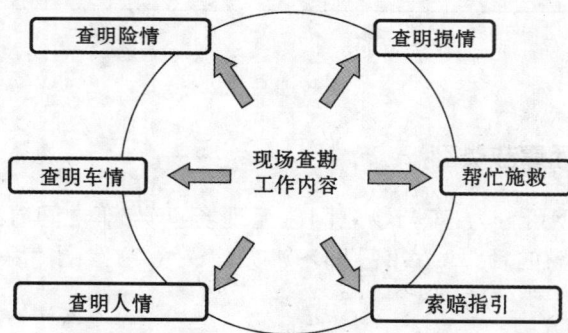

图 2-3-5　现场查勘工作内容

1. **查明险情**

在交通事故的查勘中查勘人员必须弄清事故发生的时间、地点、真实原因、经过。

2. **查明车情**

查勘人员必须查明出险车辆的车型、牌照、车辆车架号、车辆行驶证、车辆使用性质、第三者车情况等信息。

3. **查明人情**

查勘人员必须弄清出险车辆的驾驶人情况(是否有驾驶证、准驾车型、驾龄)、第三者人员情况。

4. **查明损情**

核实事故中车辆损失情况;人员伤亡情况,包括本车上人员和第三者车人员;财物损失情况。

5.帮忙施救

对于险情未控制的交通事故现场,查勘人员应当协助确定施救方案,采取合理施救措施,以防损失进一步扩大。

6.索赔指引

现场查勘人员应确定事故性质及责任划分,对于属于保险责任的交通事故应当指引被保险人后续索赔工作。

知识要点3 交通事故现场类型

根据出险现场的实际情况;一般可以分为:

1.原始现场

原始现场完整地保留着事故发生后的状态,可较好地为事故原因的分析与责任鉴定提供依据,是最理想的现场。

2.变动现场

变动现场指由于自然或人为原因,致使出险现场的原始状态发生改变的事故现场。

造成现场原始状态发生改变的原因分析:

1)正常原因

(1)保护不善:如被过往车辆、行人破坏等。

(2)自然因素:如风吹、雨淋、日晒、下雪等。

(3)疏通交通阻塞:主要干道、繁华地段地点发生的事故需疏通交通。

(4)因任务需要而驶离现场:消防、救护、警备、工程救险车、首长、外宾、使节乘坐车等。

(5)其他正常原因:当事人没有发觉。

2)伪造原因

指当事人为逃避责任、毁灭证据或嫁祸于人,有意或唆使他人改变现场遗留物原始状态或故意布置的现场。

3)逃逸原因

指当事人为逃避责任而驾车逃逸,导致事故现场变动。

3.恢复现场

指基于事故分析或复查案件的需要,为再现出险现场的面貌,根据现场调查记录资料重新布置恢复的现场。

知识要点4 交通事故的现场摄影

在了解事故的情况之后,需对事故现场进行摄影,对事故发生地点以及有关事物,用照相的方法,按照现场查勘的要求,把现场的种种情况,如道路环境、痕迹、物证、碰撞现场物与物之间的位置和关系,迅速、真实无误地记录下来。

1.摄影原则

先原始、后变动;先重点、后一般;先容易、后困难;先易消失与被破坏的,后不易消失与被破坏的。

2. 摄影方法

1）相向拍摄法

相向拍摄法是从相向的两个角度向中心逐渐推进拍摄，从远景到事故碰撞处有层次的拍摄，所选的角度应能够较好地反映事故的全貌，如图 2-3-6 所示。

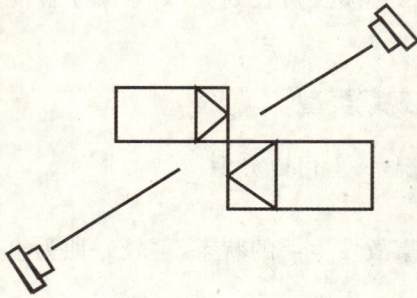

图 2-3-6　相向拍摄法

2）十字交叉法

十字交叉拍摄法是从四个方向由两条交叉线逐渐向事故发生的中心推进拍摄，从远景到事故碰撞处有层次的拍摄，这种方法比相向拍摄法多了两个方向，拍照的数量较多，能够较好地反映事故现场的全貌，如图 2-3-7 所示。

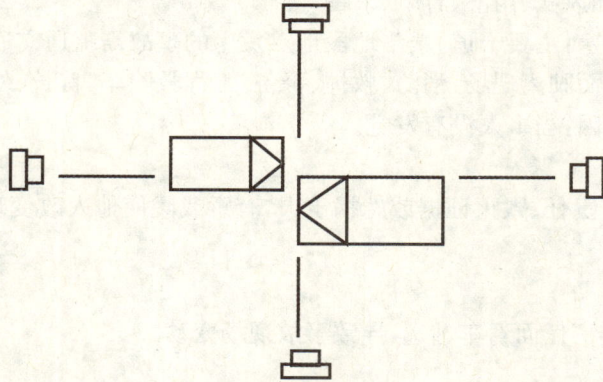

图 2-3-7　十字交叉拍摄法

3）连续拍摄

连续拍摄法是在现场面积较大的情况下，一张照片难以反映事故现场的全貌，可以采用连续拍摄的方法，有序地拍摄照片，然后由一组图片拼接成完整的现场图片。连续拍摄法有回转连续拍摄和平行连续拍摄两种，如图 2-3-8 所示。

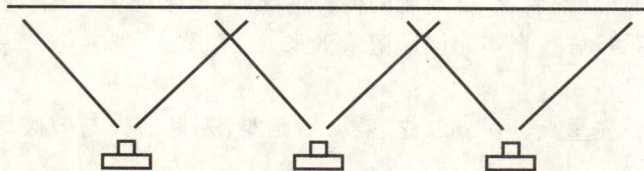

图 2-3-8　平行连续拍摄法

笔记

4）比例拍摄

比例拍摄法即将有刻度的尺子或者其他参照物放在需拍摄的物体旁边进行拍摄,通过参照物的比较,来反映拍摄物体的大小与尺寸。此方法常用于拍摄痕迹、物证、碎片等微小物体的时候,如图 2-3-9 所示。

图 2-3-9　比例拍摄法

3. 查勘照片拍摄具体要求

1）日期

拍摄的查勘相片必须有日期和时间,时间必须调整为和实际时间一致。查勘相机无法调整出日期时,必须采取同时拍摄有其他具有时间记录的证据,比如当日报纸。

2）布局

照片所要反映的重点信息应集中在相片"黄金区域"内,如图 2-3-10 所示。

×本示例损失部位在这里,快要偏出蓝框了,反映不够直观、醒目

人们最先关注的地方往往是照片的中心区域

图 2-3-10　查勘图片布局

在突出反映重点信息的同时,相片布局应尽量反映出"受损部位在整体中的位置"等信息,以便审核者更好地解读。如图 2-3-11 即为不正确的布局。

3）焦距

对焦时要注意:相机要持稳,保持镜头稳定,因不同光线条件下,相机成像所需的曝光时间会有所延长,故按下快门后,仍要保持镜头稳定 1~2 秒时间根据不同拍摄距离的需要,正确选用和关闭"微距"功能。

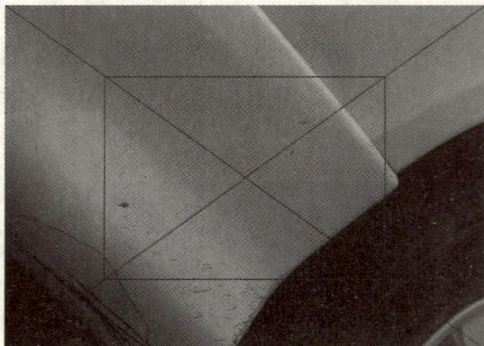

×错

错误1：损伤划痕拍在了相片最边缘位置
错误2：距离过近，无法反映受损部位
在整体的位置
错误3：拍摄时相机采用了"斜位"
成像不符合人体日常视觉角度。

图 2-3-11　不正确的布局

4）拍摄顺序

查勘照片必须有顺序地进行，特别是数量较多的情况下，一组有顺序、有层次的照片使人看起来一目了然。查勘拍摄顺序应遵循由远及近；先外后内；先整体后局部；先局部后细节的原则。另外，照片拍摄的先后次序和所反映的信息之间的层次关系是直接对应的。

知识要点5　交通事故询问笔录

查勘人员在现场查勘时，为了弄清事故的真实情况，特别是在疑问案件中，取得交通事故的相关证据，有时需要对事故的当事人或第三者进行询问。在进行现场询问时，需要根据事故的具体情况向被询问人提出跟事故相关的各种问题，并进行记录。交通事故现场询问笔录如表 2-3-1 所示。

表 2-3-1　机动车辆保险交通事故现场询问笔录

询问时间：	
询问地点：	
询问人：	记录人：
被询问人：　　性别：　　年龄：　　联系电话：	
被询问人工作单位及职业：	
被询问人现住址：	
■您好！我是中国平安财产保险公司东莞分公司的工作人员,现就车牌_____于_____ (时间)_____(地方)发生的事故向你了解情况,望您能够配合。 答：	
■请问:请介绍一下您的个人情况? 答：	
■请问:请详细叙述一下交通事故的经过?(单方事故); 答：	
■请问:您是否车辆的所有人? 如不是,您与车主是什么关系? 当时车辆的所有人是否同意您驾驶标的车? 车主的联系电话是多少? 答：	

续表

■请问:发生本次交通事故时,车上还有什么人(姓名、电话)? 他们跟您是什么关系? 坐在车上那个座位?

答:

■请问:发生本次交通事故前,您/你们从哪里出发,将到哪里? 有无证明人(姓名、电话)

答:

■请问:本次事故的报案人是谁(姓名、电话)? 与您是什么关系? 驾驶人是谁(姓名、电话)? 驾驶人有无驾驶证?

答:

■请问:事故发生后您是怎样处理的? 是否有报交警处理? 如有,是由谁在什么时间报的案? 交警怎么处理的?

答:

■请问:人伤情况:是否有人在事故中受伤(姓名、电话)? 有否送医院? 在哪家医院?

答:

■请问:此次交通事故及车辆损坏情况车主是否知情? 如不知情您为何不通知车主?

答:

■请问:您还有其他什么情况需要补充的?

答:

■请问:以上陈述此次交通事故的相关情况是否全部实情? 如有隐瞒和欺诈的情况您将会负相关的法律责任,您是否清楚?

答:

重要提示:以上记录本人已经看过,与本人所述相符,情况属实。

被询问人(签名、手印):　　　　记录人(签名)

年　月　日　　　　年　月　日

知识要点6　交通事故中当事人的责任认定

事故当事人在事故中所负的责任比例是保险赔付的重要依据,保险公司所赔付的事故损失金额仅限于保险当事人所应付的赔偿责任。所以在查勘中必须确定事故当事人在事故当中所负的责任比例。交通事故责任认定有两种情况:

1. 由公安部门交通管理部门进行认定

《道路交通事故处理程序规定》中规定,道路交通事故的责任认定根据当事人的行为对发生道路交通事故所起的作用以及过错的严重程度可分为:全部责任、主要责任、同等责任和无责任四种情况。每种情况当事人所应付的赔偿责任各不相同。公安机关交通管理部门认定责任之后需出具《交通事故责任认定书》,保险公司根据责任认定书认定的责任,承担相应的赔偿责任。

2. 当事人自行协商确定责任划分

我国《道路交通事故处理程序规定》中第十三条、十四条规定,机动车与机动车、机动车与非机动车发生财产损失事故,当事人对事实及成因无争议的,可以自行协商处理损害赔偿事宜。

笔记

当事人自行协商达成协议的,填写道路交通事故损害赔偿协议书,并共同签名。在保险公司查勘现场后,提供责任认定的意见,参与签订三方的赔偿协议书,经过双方当事人签名确定。保险公司按照协商的责任类型,承担相应的赔偿责任。简易事故处理协议书的填写如图 2-3-12 所示。

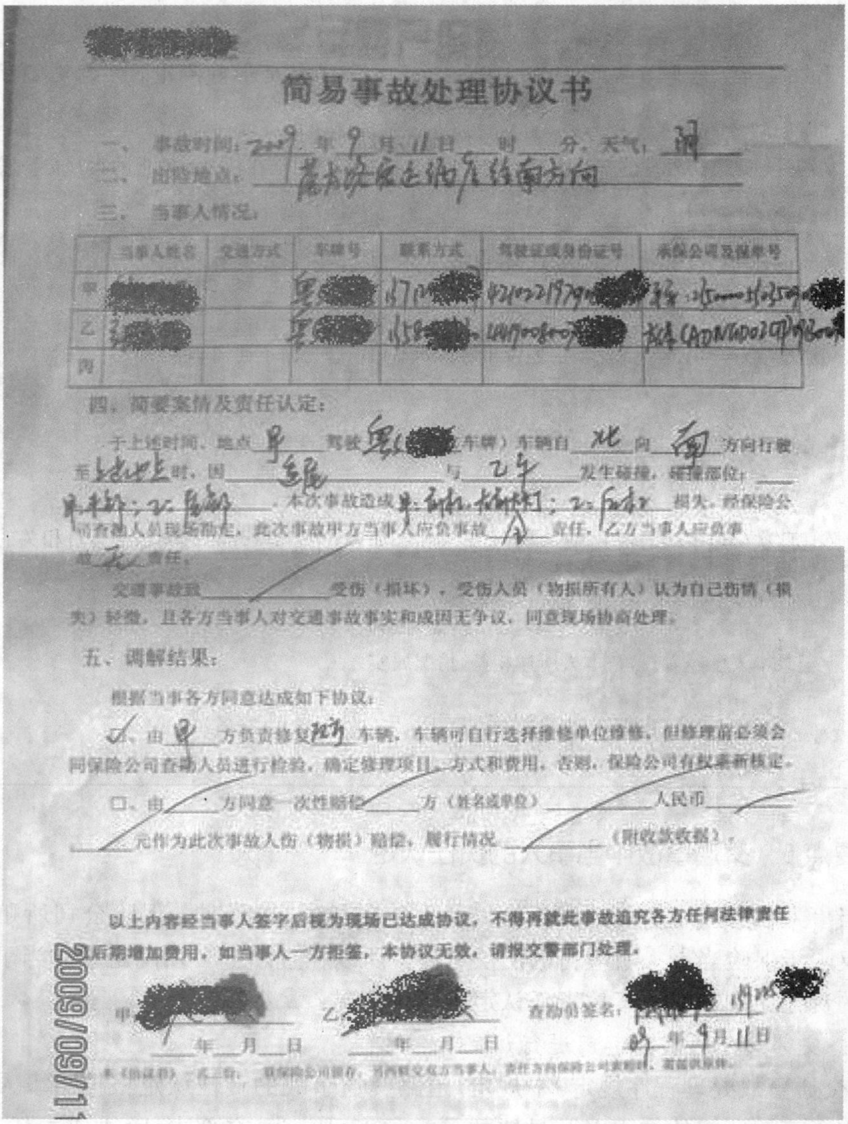

图 2-3-12　简易事故处理协议书

知识要点 7　交通事故现场查勘工作程序

交通事故现场的查勘工作的实施主要有以下步骤:

(1) 接受查勘工作任务,联系出险人员;

(2) 准备查勘工具;

（3）到达现场，了解现场情况；

（4）收集现场证据；

（5）进行现场摄影；

（6）丈量现场；

（7）绘制现场图；

（8）确定保险责任；

（9）填写有关单证，指导事故当事人进行后续工作；

（10）完成查勘报告；

四、任务实施

任务步骤 1　拟定任务实施计划

查勘人员接到查勘任务后进行交通事故现场查勘工作，可按照下面的流程进行（图 2-3-13）。

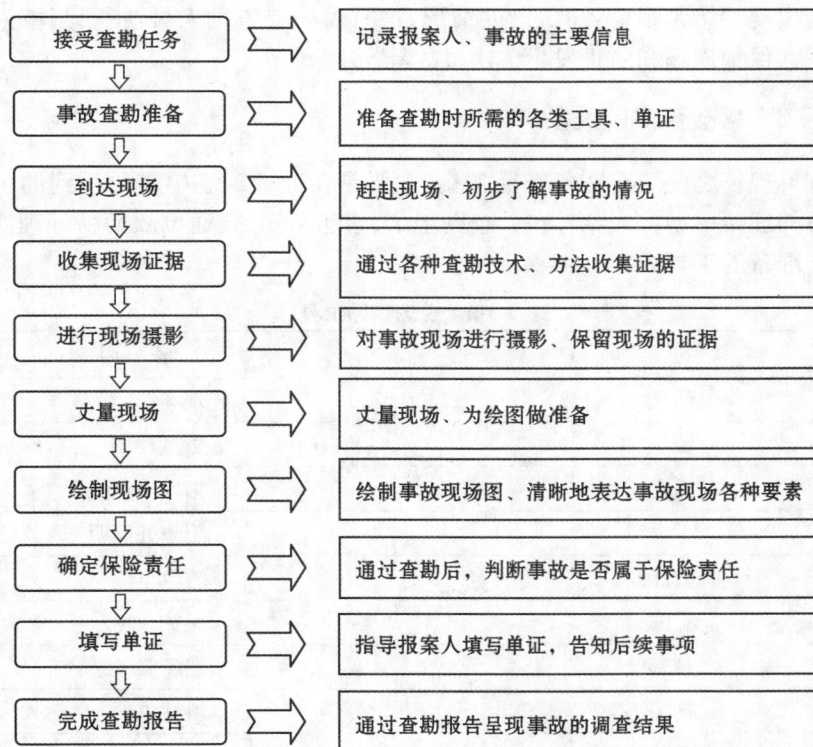

接受查勘任务	⟹	记录报案人、事故的主要信息
事故查勘准备	⟹	准备查勘时所需的各类工具、单证
到达现场	⟹	赶赴现场、初步了解事故的情况
收集现场证据	⟹	通过各种查勘技术、方法收集证据
进行现场摄影	⟹	对事故现场进行摄影、保留现场的证据
丈量现场	⟹	丈量现场、为绘图做准备
绘制现场图	⟹	绘制事故现场图、清晰地表达事故现场各种要素
确定保险责任	⟹	通过查勘后，判断事故是否属于保险责任
填写单证	⟹	指导报案人填写单证，告知后续事项
完成查勘报告	⟹	通过查勘报告呈现事故的调查结果

图 2-3-13　现场查勘任务实施流程

任务步骤 2　接受查勘工作任务

接受任务是查勘工作的开始，接受任务时必须做到：

（1）初步取得事故的大概信息，包括出险时间、出险地点、出险原因、车险车辆的车牌号码、报案人的姓名、报案人联系方式等，如图 2-3-14 所示。

图 2-3-14　接受任务记录的信息

（2）及时与报案人取得联系，通过电话与出险报案人直接沟通，进一步了解事故的情况，提醒当事人应当采取的措施。在交通事故发生后，特别是比较严重的交通事故，出险的当事人经常会出现情绪紧张、不知所措的情形，这时候需要查勘人员，指引当事人采取适当措施，及时施救、保护现场和防止发生二次事故等。

任务步骤 3　事故查勘前准备

在赶赴查勘现场之前需要准备查勘工具，主要是在处理现场中需要用到的一些工具和需要客户填写的理赔单据（索赔申请书、查勘记录、索赔须知、交通事故简易处理协议书等）。现场查勘需要准备的工具，如表 2-3-2 所示。

表 2-3-2　现场查勘工具

序号	工　具	作　用
1	相机	现场拍照
2	拉尺	丈量现场
3	印泥	拓印
4	手电筒	阴暗处照明
3	过江龙	施救车辆
4	三脚架	保护现场
5	录音笔	现场服务录音
6	签字笔	填写单据
7	理赔单据	现场填写

任务步骤 4　到达现场、了解事故情况

在到达现场之后应当尽快了解事故的情况，多数的事故现场往往比较杂乱，查勘人需冷静沉着、有条不紊地实施工作。

1. 确认报案人、驾驶人身份

现场找到报案人、驾驶人，通过查看身份证、驾驶证等方法，核实身份。有些情况下，驾

驶人与被保险人、报案人与被保险人并非同一人,需注意记录。

2. 确认出险车辆是否为保单所承保的车辆

在事故现场,查勘工作人员可通过核对标的车的车辆识别代码(VIN 码)与保单上的车辆识别代码(VIN 码)是否一致来确认标的车,如图 2-3-15 所示。

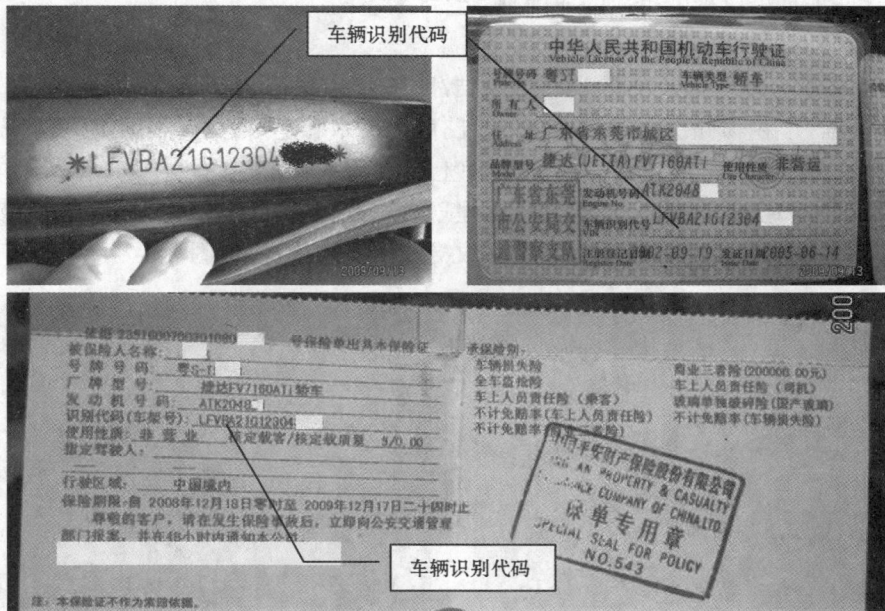

图 2-3-15　确认保险车辆的车辆识别代码

3. 向报案人或司机详细地了解出险的时间、地点、原因、出险的过程、出险时车上人员等情况

✎ 知识链接

什么是车辆识别代码

车辆识别代号编码 VIN(Vehcle Identifcation Number)由一组字母和阿拉伯数字组成,共 17 位,又称 17 位识别代号编码。它是识别一辆汽车不可缺少的工具。

VIN 的每位代码代表着汽车的某一方面信息参数。按照识别代号编码顺序,从 VIN 中可以识别出该车的生产国家、制造公司或生产厂家、车的类型、品牌名称、车型系列、车身型式、发动机型号、车型年款(属哪年生产的年款型车)、安全防护装置型号、检验数字。装配工厂名称和出厂顺序号码等。

17 位代号编码经过排列组合可以使车型生产在 30 年之内不会发生重号现象,就像我们的身份证号码一样,不会产生重号错认,故又称为"汽车身份证"。因为现在生产的汽车车型采用年限在逐渐缩短,一般 8~12 年就淘汰,不再生产,所以 17 位识别代号编码已足够应用。

车辆识别代号编码一般可以在汽车前风挡玻璃左下角或右下角、发动机仓与驾驶舱隔板、副驾驶座椅下、叶子板内骨架、车大梁、前减震器座等位置找到。

笔记

任务步骤5　收集现场证据

现场的各种证据是分析交通事故过程和原因以及判断交通事故责任最为客观的依据。收集现场各种证据是现场查勘工作的核心内容，我们可以通过各种查勘技术、方法收集证据。通过这些证据可以推断事故的成因、确定保险责任。

事故现场的证据一般有：

（1）现场道路，地形地貌的勘察。路面结冰、积水和泥泞状况，路面的质量、弯曲度、坡度，路面地井盖、堆积物和占用路面施工以及路两侧树木和建筑物等，如图 2-3-16 所示。

（2）现场路面上的痕迹，物证。勘察路面上留下的肇事车辆的机件，玻璃碎片，油漆片，伤亡人员穿戴物和携带物；制动拖印和轮胎挫划痕迹，这是判断车辆在肇事过程中双方接触点的位置及车辆行驶路线，速度和驾驶员采取措施情况的依据，如图 2-3-17 所示。

图 2-3-16　现场道路全景

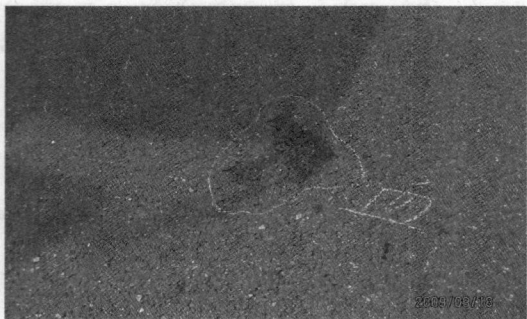

图 2-3-17　事故残留痕迹

（3）对肇事车辆和伤亡人员身体的现场位置，如图 2-3-18 所示。

（4）现场碰撞物如车辆、人畜、外界物体等的碰撞部位的形状，面积，受损程度，从这些细节可推断出碰撞的受力大小、速度、方向等，如图 2-3-19 所示。

图 2-3-18　碰撞物位置

图 2-3-19　车辆碰撞部位

（5）现场第三方人证，应详细询问其对发生事故前后所见的情况并记录，询问笔录即如表 2-3-1 所示。

✎ 知识链接

事故现场查勘技巧

一、"看"

1. 见到出险人后,先自我介绍,并出示工作证。确认报案人的身份,如果非被保险人本人驾驶车辆的,必须与被保险人取得联系。协助客户进行施救。

2. 察看事故地点的大环境,留意是否真的存在发生事故的可能。

3. 观察事故当事人的情态与举止,有无可疑之处。特别对于非被保险人驾驶标的车的情形。

4. 对于现场将会很快变动或现场痕迹容易灭失的,及时进行拍照取证。

二、"问"

1. 向事故当事人了解事故发生的详细时间、地点、原因及经过,留意有无可疑的地方。如果与报案记录不一致或自相矛盾,则让事故当事人在出险通知书上更详细地写明事故原因和详细经过。

2. 对标的车出险前的使用情况了解也很必要,比如标的车往来的方向或停放的情况,维修保养情况。

3. 留意现场第三者对事故经过的描述,与保险车辆当事人的陈述相互印证。

4. 向事故处理部门了解事故成因、事故责任认定情况。

5. 复勘现场的各种迹象,注意向事故发生地点周围的目击者或群众了解事故发生的情况,详细了解事故成因。

三、"查"

根据查勘地点的不同,分别讲述正常案件的查勘、重大或疑难案件的查勘以及人伤查勘。这个环节的重点内容如下:

1. 查实保险事故的各要素,包括出险时间、出险地点、出险经过、出险原因和涉及人员等;

2. 核实事故真实性和确定事故近因,并取得充分证据;

3. 查勘事故人伤,了解抢救或医疗费用;

4. 确定事故责任及免赔情况。

任务步骤6 进行现场摄影

1. 现场的拍照可按以下步骤进行拍摄

现场概貌→车架号→整车照→事故痕迹→损失项目明细→三证(驾驶证、行驶证、保险卡或保险单)→事故证明(凭证,责任认定书)。

2. 常见查勘照片拍摄步骤与要点

1) 整车照

整车照是每案必需的特定类型照片,不可或缺,能直接反映车辆个体的细节特征,是识别车辆个体的重要信息途径,比如:车尾的型号字标、轮眉及大包围等改装件、交强险标志等。

整车照拍摄基本方法:镜头中心线与车身侧平面成 45 度角,镜头高度以略微俯视为宜,如图 2-3-20 所示。

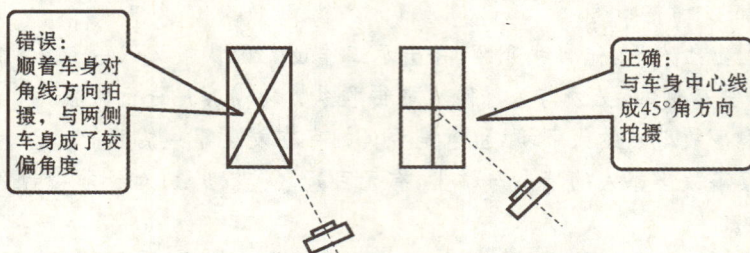

图 2-3-20　整车照的拍摄

整车照拍摄要求:车牌、全车外观、损失部位能够同时在照片中得到最大限度的展示。并从整体到局部层次分明,如图 2-3-21 所示。

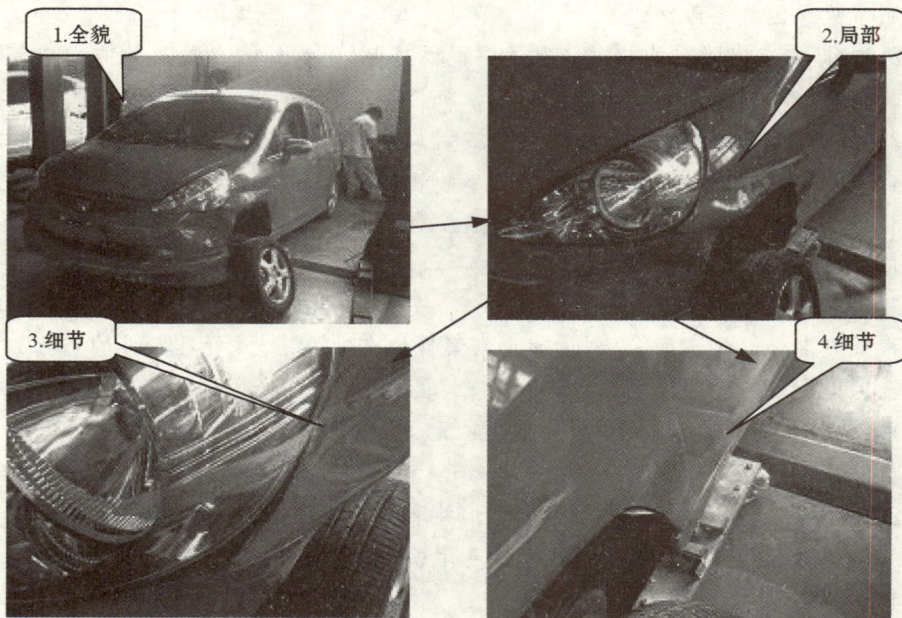

图 2-3-21　整车照片的拍摄顺序

2) 两车碰撞事故现场图片拍摄

（1）先拍摄下整体场景；

（2）记录双方车辆的行驶路线；

（3）再拍摄交通标志、路面标线；

（4）中距离拍摄两车碰撞痕迹；

（5）再记录两车基本损失外貌以及损失部分细节。

图 2-3-22 即为相向拍摄法拍摄的两车相撞图片。

图 2-3-22　车与车相撞现场照

任务步骤7　丈量现场

在对车辆进行拍摄之后,需对事故现场进行丈量,以确定碰撞现场各事物之间的位置关系,特别是在损失比较重大,现场环境复杂的事故中,正确丈量现场对推断事故的成因、过程有重要的作用。

现场丈量一般包括以下内容:

1. 量方位

丈量现场时先确定方向,可以根据公路走向作为参考方向。如果事故发生点的公路方向直线走向,则考虑公路中线与北向夹角。如果事故发生点的公路方向弯道走向,则应考虑弯道前直线中线与北向夹角和弯道半径。

在丈量时需选固定点为基准点,如里程碑、电线杆等。

2. 定现场

指的是确定整个现场布局,确定事故车、物、人等要素跟现场环境之间的关系,在绘制现场图时现场的定位非常重要。主要定位方法有三点法、垂直法和极坐标法。通常采用垂直法。

3. 量路况

指用以确定路面宽度、路肩宽度。

4. 量车辆位置

确定车辆在事故现场中位置,可丈量轮胎外沿与地面接触中心点到道路边缘的垂直距离来确定。

5. 量制动印痕

对现场有制动痕迹的,一定要着重观察检验,通常丈量制动痕迹的长度,走向。

6. 量接触部位,如碰撞物的高度、碰撞受损的面积等

7. 丈量车、人、物的痕迹

在一些细微事故中,有些步骤可省略。

任务步骤 8 绘制现场图

对现场进行丈量之后,需绘制现场图,一张清晰现场图,能给人以总体的印象,快速地了解事故现场的情况,是判断事故成因、认定事故责任、合理理赔的重要证据。现场图主要包括现场的位置和周围的环境以及现场遗留物、物证的地点、碰撞物体运动的关系、事故的情况等。现场图可以是现场草图,即在现场进行手工绘制,比较粗糙,但草图的内容必须完整、尺寸必须准确、现场事物的关系必须正确,符合现场的情况。

现场图一般以正投影的绘图方法绘制,反映事故发生后,现场一切与事故有关的物体和痕迹的相对位置。

1. 现场图的内容

现场草图如图 2-3-23 所示。

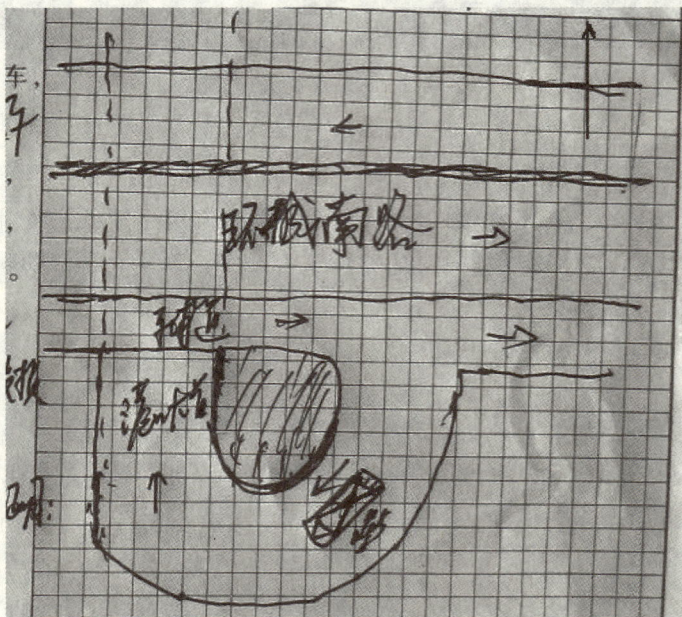

图 2-3-23 现场草图

现场图一般包括以下内容：

（1）事故现场的地点方位，现场的地貌和交通条件；

（2）各种交通要素以及与事故有关的残留痕迹和散落物的位置；

（3）现场各种事物的运动状态，如人、车、畜的运动方向等。

2.现场草图的绘制

现场草图可按照以下步骤进行绘制：

（1）根据事故现场的情况，选择合理的比例进行草图整体构思。

（2）确定道路的走向，以近似的比例画出道路的分界线和中心线，在图的右上方画出指北标志。

（3）用近似的比例画出出险车辆，再以车险车辆为中心向外绘制有关物体图例。

（4）根据现场的具体情况，选择基准点（如：路标、里程碑）为现场的事故车辆、物体、痕迹等定位。

（5）测量标注尺寸。在需要测量的现场中需标上尺寸，但在比较轻微的交通事故查勘中一般都省去尺寸标注。

（6）如果有需要还应绘制立体图、剖面图和局部放大图。以能够真实地反映事故现场情况为准。

（7）核对现场图的各部分图例是否与现场相符、尺寸是否正确。

（8）经核对无误后，相关人员进行签字确认，包括查勘人、绘图人、见证人等。

3.现场草图绘制常见物体图例

图 2-3-24 与图 2-3-25 是现场草图的绘制中常见物体图例。

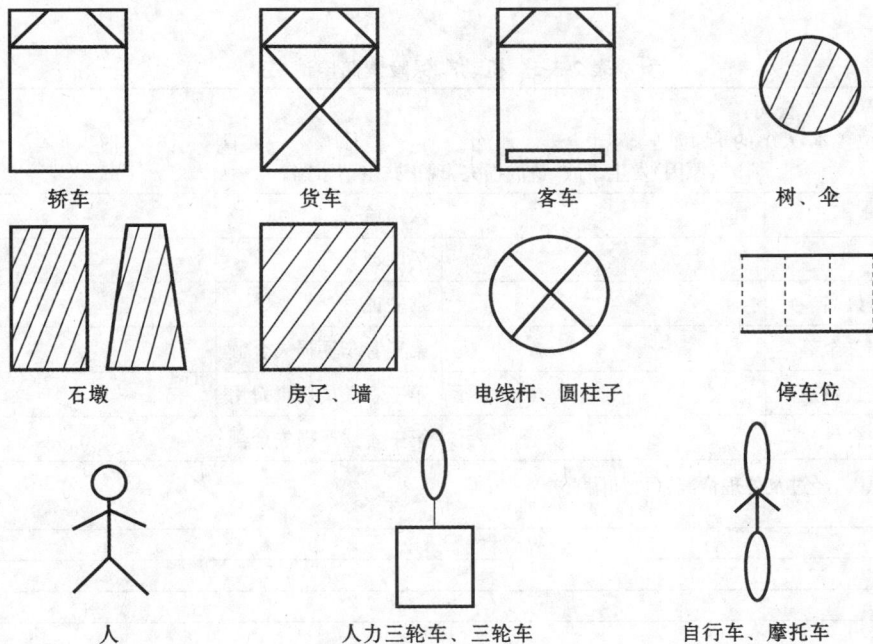

图 2-3-24　现场草图绘制常用图例（一）

图 2-3-25　现场草图绘制常用图例(二)

对于图中没有给出的特殊物体的绘图,可采用象形、意会等方法进行绘图,在图中注入英文代号,然后在辅助图部分加注简要说明。

任务步骤 9　确定保险责任

根据现场查勘的情况,判断事故的原因,事故原因是否在保单承保范围内。主要判断事项有:

(1) 判断事故是否属于真实事故,有无欺诈骗保的可能。

(2) 根据查勘情况弄清事故损失是否属于承保险种的责任范围。

(3) 保险车辆、驾驶人、损失费用等是否有保单规定的责任免除情况。如车辆未年检、驾驶人醉酒等均属于责任免除情况。无论是否属于保险责任,都应向出险人解释清楚,保留相关证据。

保险责任的确定是建立在现场查勘基础上的,且保险责任的认定需依据保单的保险条款进行,故必须熟悉保险条款。

任务步骤 10　填写相关单证、指引出险人进行后续工作处理

在现场的查勘中有些单证必须填写。主要有索赔申请书(表 2-3-3)、赔偿协议书、索赔须知等。

表 2-3-3　机动车保险索赔申请书

公司:		
本单位(本人)的保险车辆于　　　年　　　月　　　日　　　时　　　分许,在　　　地段,因　　　(原因)发生事故,造成损失,现正式申请索赔。		
被保险人	保险单号	
车牌号码	厂牌型号	
出险驾驶员姓名	驾驶证号	
本车车辆损失金额　　　　　　　　元	第三者车辆损失金额	元
本车人员伤亡费用　　　　　　　　元	第三者人员伤亡费用	元
各项施救费合计　　　　　　　　元	第三者财产损失金额	元
事故直接原因、经过及处理情况:(可加附页)		

续　表

笔记

本单位(本人)声明：以上所填写的内容及向贵公司提交的索赔材料真实、准确，若有任何虚假和隐瞒，愿承担相应的法律责任。 　　　　　　　　　　　　　　　　　被保险人签章： 　　　　　　　　　　　　　　　　　日期： 重要提示：无被保险人本人或本单位签章(字)的索赔申请书无法律效应，保险公司可以不接受索赔申请。		
被保险人信息： 提交本申请书方式：□到保险公司 □传真　□现场交保险公司人员(　　) 提交时间： 被保险人全称： 地址： 邮编： 联系人： 电话： E-mail：	第三者信息： 车牌号码： 厂牌型号： 投保保险公司： 第三者全称： 地址： 邮编： 联系人： 电话： E-mail：	保险公司受理声明： 1. 本公司已收到本索赔申请书和其他索赔材料(详见《机动车保险索赔材料交接单》)。 2. 本公司同意受理本案。但同时声明：同意受理不等同于确认本案的保险责任和损失金额。本案保险责任和损失金额以本公司核定结果为准。 3. 请被保险人留下联系方式，等候我公司的协助调查、定损和领取赔款通知。 保险公司签章： 受理人： 日期：

索赔申请书是被保险人向保险公司索赔的依据，由被保险人填写并签名(见图 2-3-26)。

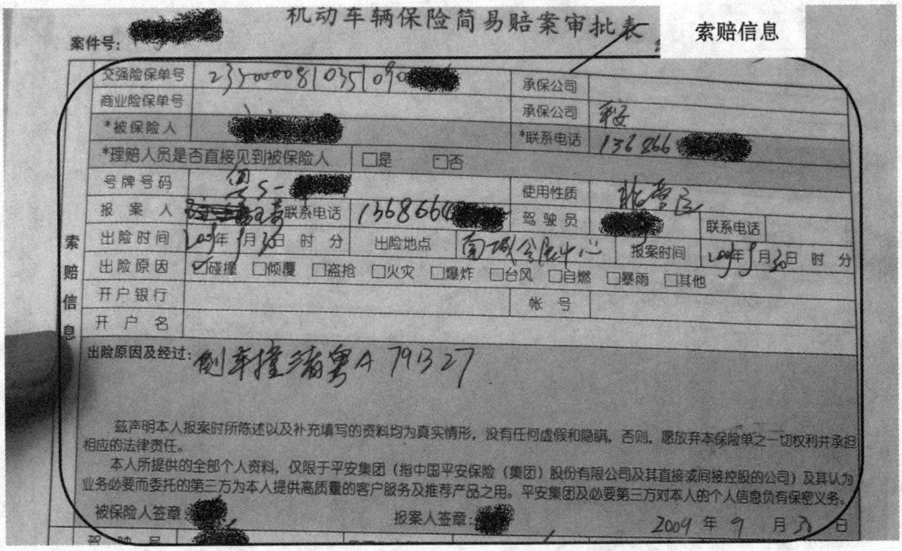

图 2-3-26　索赔申请书的填写

　　赔偿协议是事故相关人(保险公司、被保险人、第三者等)之间达成的赔偿协议。

　　索赔须知是保险人向被保险人告知的有关索赔的事项，在查勘结束时，须向被保险人详细解释，指引被保人进行后续工作处理。

任务步骤 11　完成查勘报告

查勘报告的填写要求有：

(1) 手写查勘报告填写均要求清楚、详细、规范。签名必须清楚易认。

笔记

（2）查勘报告中查勘意见的书写，必须简明扼要地反映出保险事故的要素及查勘结论。各要素即何时、何地、何人、何物、何故及怎么样等各项内容。为清楚表述，可以分点书写：

① 查勘的时间、地点，是否现场查勘；

② 经查勘了解的事故经过简要描述；

③ 事故主要损失情况；

④ 现场勘查结果、事故是否属实、责任划分情况及证件审验情况；

⑤ 查勘结论及其他情况说明。

图 2-3-27 所示为某公司的查勘报告。

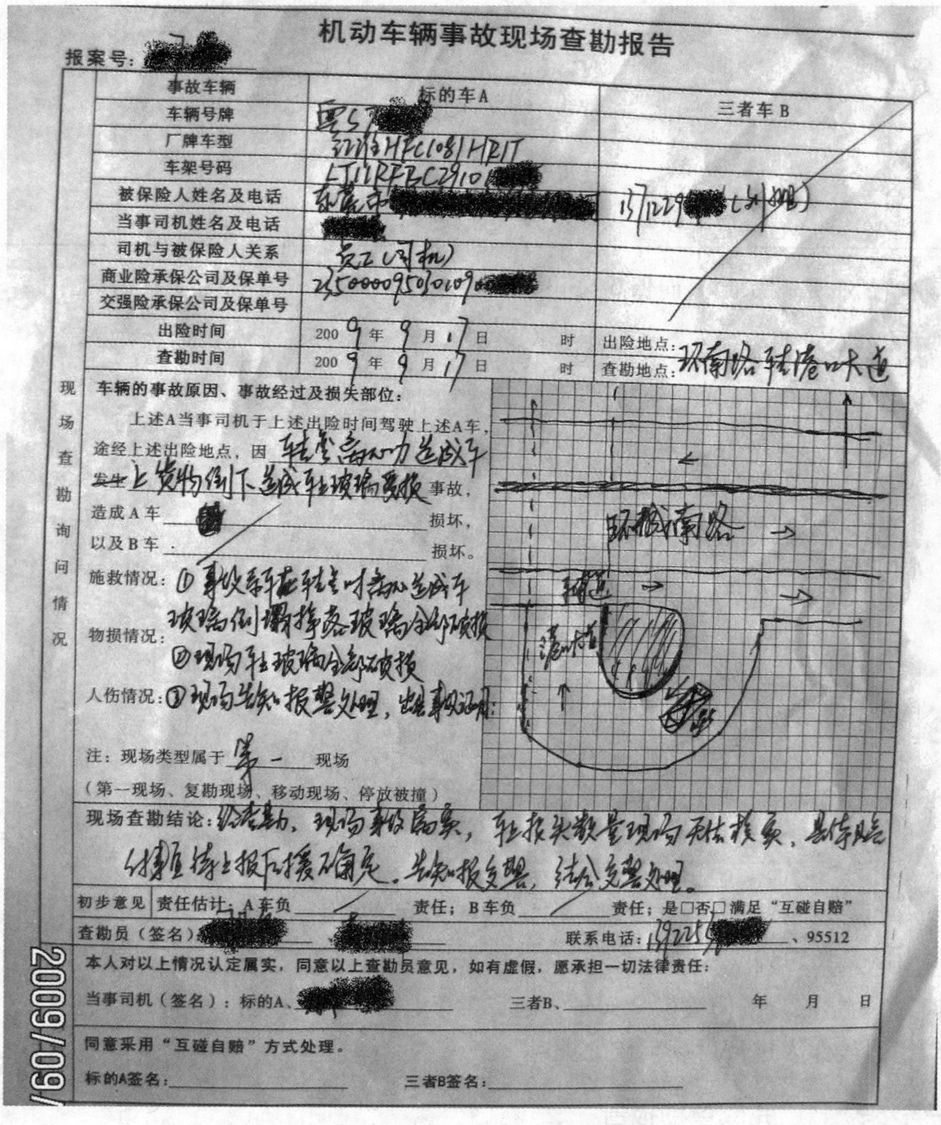

图 2-3-27　查勘报告

✏ 小技巧

查勘意见的书写

　　2008 年 1 月 1 日凌晨 1 点时分，张三驾驶标的车粤 A12345 在广州天河体育中心南门前路段行使时，变更车道时不小心碰撞同向直行的三者车粤 BBQ123，造成双方车辆严重受损。双方现场报交警处理，并向保险公司报案。交警判定标的车负全部责任。查勘员到达现场查勘。

　　本案查勘意见可书写如下：

　　1. 2008 年 1 月 1 日凌晨 1:15 接派工，1:30 到达现场查勘；（描述何时，何地）

　　2. 经了解，张三驾驶标的车变道时不慎与同向直行三者车粤 BBQ123 发生碰撞，造成双方事故，交警到现场处理；（描述何人，何物，何故）

　　3. 事故造成标的左前车头受损，三者车右后侧严重受损，事故中无人受伤；（描述损失）

　　4. 经查勘，现场痕迹吻合，两车碰撞高度一致，事故属实；标的车负全部责任，有交警证明；标的车证件齐全、有效；（描述真实性怎么样，责任怎么样）

　　5. 本次事故损失属保险责任，建议立案受理。（描述结论）

五、任务评价

　　按照表 2-3-4 对任务 2.3 完成情况进行评价。

表 2-3-4　事故现场查勘任务考核标准

考核项目	评分标准	分　数	学生自评	小组互评	教师评价	小　计
团队合作	团队和谐 有分工合作 组员积极参与	10				
任务方案	正确、合理	10				
操作过程	能正确记录案件信息 照片拍摄规范 审批申请书填写正确 查勘结论正确 查勘报告撰写规范	60				
任务完成情况	圆满完成	10				
安全作业	工具使用规范、现场规范	10				
总　分		100				
教师签写		年　　月　　日	总　分			

笔记　**六、学习拓展**

简答题

（1）现场查勘收集证据的方法有哪些？

（2）在现场查勘中与出险人员沟通时应注意什么？

（3）现场查勘中，如果遇到出险人员不配合应怎么办？

任务 2.4 确定事故车辆损失

一、学习目标

通过本任务的学习,你应当:

1. 知道是事故车辆定损的流程;
2. 能够确定事故车辆的损失项目;
3. 能够确定事故车辆的换修方案;
4. 能够确定事故车辆的损失费用。

二、任务情景

情景描述	查勘工作人员接到工作任务:两辆车相碰撞发生交通事故,两车均有损伤,已经过查勘人员的现场查勘,现在已到修理点,需对其进行定损
任务目标	1. 能区分定损界限 2. 合理确定车辆部件换修方案 3. 确定事故车辆维修费用 4. 确定换件费用 5. 确定车辆损失费用

三、相关知识

知识要点 1 交通事故中损失的项目

在交通事中一般的损失有以下几类:

1. 车辆损失

指发生事故的车辆由于碰撞等原因所遭到的损失。在交通事故中这是最常见的损失。

2. 人员伤亡

在交通事故中由于人员的伤亡所遭受的经济损失。

3. 其他财产损失

除去车辆损失和人员伤亡外其他财物的损失。

4. 施救费用

指发生保险事故时,被保险人为防止或者减少被保险机动车的损失所支付的必要的、合理的施救费用。

知识要点 2 交通事故损失确定方式

在交通事故中车辆的定损主要有以下方式

1. 协商定损

协商定损指由保险人,被保险人及第三方(如车辆承修单位)相互协商确定车辆损失费用的方式,大多数事故车辆的定损采用此种方式。

2. 公估定损

公估定损指委托第三方公估机构确定保险事故损失的方式。

保险公估人,即依照法律规定设立,受保险公司、投保人或被保险人委托办理保险标的的查勘、鉴定、估损以及赔款的理算,并向委托人收取酬金的公司。公估人的主要职能是按照委托人的委托要求,对保险标的进行检验、鉴定和理算,并出具保险公估报告,其地位绝对中立,不代表任何一方的利益,使保险赔付趋于公平、合理,有利于调停保险当事人之间关于保险理赔方面的矛盾。

3. 专家定损

专家定损指对于一些比较难以确定价值的财产损失可以委托专家确定保险事故损失。

4. 投标定损

投标定损指有相关的承修单位投标,对遭受损失的事故车辆进行维修来确定保险事故损失的定损方式。

知识要点 3   保险公司定损工作流程

保险公司对定损工作有规范的流程,车辆的定损工作一般可按照图 2-4-1 所示工作流程进行。

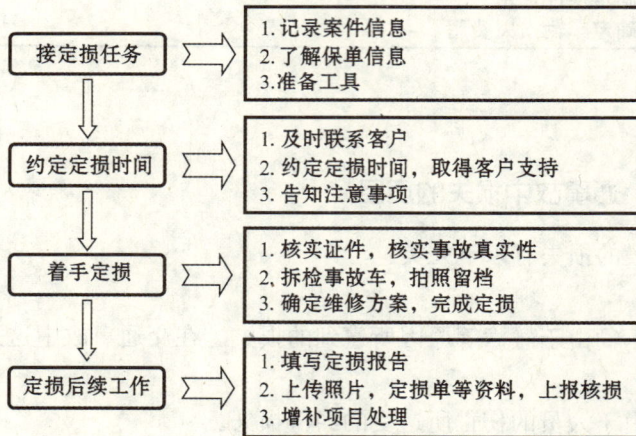

图 2-4-1   定损工作流程

对于一些简单事故的定损,在查勘完现场后,可以在现场直接定损,无需到修理点再进行定损,这样既可以提高效率,也可以提高工作的质量。

1. 接定损派工任务

在接受定损任务时,所接受的案件一般分已查勘现场的和未查勘现场的两种,对这两种案件都应记录下报案号、车牌号、事故发生地点、客户姓名、联系电话等信息。还应当了解简单事故经过。对于其他人员已查勘过现场的事故,还应了解现场查勘负责人、案件查勘意见等信息。

2. 约定定损时间

接受定损派工后,应及时联系客户,与客户说明情况,告知其应注意的事项,并告知客户在定损之前不要进行修理。并与客户约定时间到定损点进行定损。如果暂时未能马上到达定损点进行定损，应与客户和承修单位耐心解释，取得客户和承修单位的谅解。

3. 对事故车辆进行定损

定损人员到达定损点后，向出险人员了解出险情况，核实证件、碰撞痕迹。如已经过现场查勘，应与现场查勘人员沟通，核实事故损失的真实性。之后就可以对事故车辆进行拆检，拍照留档，与承修单位协商确定维修方案，完成定损。有些事故车辆损失比较严重，短时间内无法一次完成，可对未拆检定损的部件进行贴签标记，待下次再继续定损。

4. 定损后续工作

（1）在完成定损工作后，定损人员还应当对事故填写定损报告，对事故的真实性，是否有扩大损失等事项进行总结，并填写工作日志。

（2）定损工作人员应将定损照片、定损单等证件上传到理赔系统，进入核价核损阶段由相关人员进行审核。损失重大的案件还应按照规定特别上报。

（3）定损后，如在后续维修过程中发现新增损失，修理或客户要求增补配件或工时项目，需核定增补项目是否有必要，以及是否属于本次事故造成的损失。填写增补报告，再上报审批。

知识要点4　车辆定损的原则

定损人员在车辆定损的工作中应遵守以下原则：

（1）修理的范围仅限本次保险事故所造成的损失。主要是要区别本次事故损失和非本次事故损失，正常维护损失与保险事故损失。根据保险损失补偿原则只有本次保险事故所造成的损失才属于赔偿范围；

（2）能修复的部件应坚持修理，不能随意更换；

（3）能够进行局部修复的，不进行整体修理；

（4）能换零件的不换总成件；

（5）定损中应根据当地维修行业工时费用水平准确确定工时费用；

（6）定损中应按照市场情况准确掌握换件价格；

（7）确定车辆的维修方案时，应保证车辆维修后能达到原有的技术性能状态；

（8）在定损工作过程中，应积极主动，掌握定损的主动权。超过权限时应报上级。

知识要点5　车身碰撞损伤鉴定

1. 车辆碰撞损伤鉴定步骤

（1）了解车身结构的类型。

（2）目测碰撞部位，确定碰撞的方向及碰撞力大小，并检查可能造成的损伤，如图2-4-2所示。

（3）确定损伤是否限制在车身范围内，是否还包含功能部件或零配件。

（4）沿碰撞路线系统检查部件的损伤，一直检查到没有任何损伤痕迹的位置。

（5）测量汽车的主要零部件，通过比较维修手册上车身尺寸图表的标定尺寸和实际尺寸来检查车身是否产生变形。

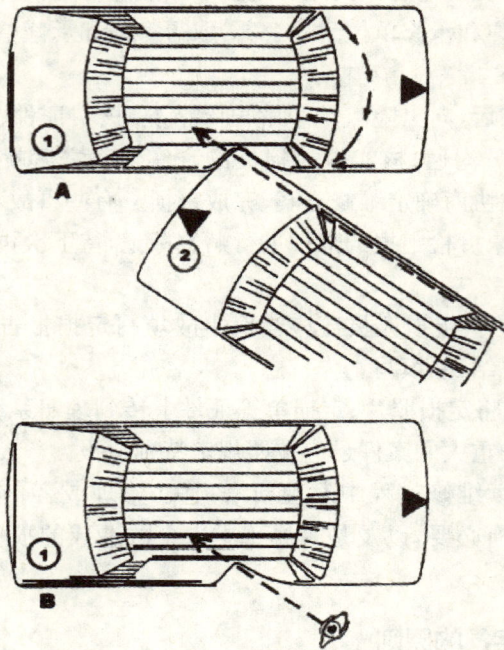

图 2-4-2　车辆的碰撞方向

（6）用适当的工具或仪器检查悬架和整个车身的损伤情况。

2. 碰撞对不同车身结构汽车的影响

汽车车身结构有两种基本类型：承载式车身和非承载式车身。一般轿车多为承载式车身，而大型车辆则多为非承载式车身，如图 2-4-3 所示。通常非承载式车身的修理只需满足形状要求，而承载式车身的修理既要满足形状要求，更要满足车轮定位及主要总成定位的要求。

1）对非承载式车身结构汽车的影响

非承载式车身有独立的车架，在交通事故中，车架的变形对车辆的性能影响较大。需要根据变形的情况确定维修价格。

车架的变形大致分为以下五种，图 2-4-4 所示为车架变形。

（1）左右弯曲；

（2）上下弯曲；

（3）皱折与断裂损伤；

（4）平行四边形变形；

（5）扭曲变形。

2）对承载式车身结构的影响

承载式车身通常被设计成能够很好地吸收碰撞时产生的能量，受到撞击时，车身由于吸收撞击能量而变形，撞击能量通过车身扩散，大部分被车身吸收。

由碰撞引起的承载式车身损伤可以用圆锥形法进行分析。如图 2-4-5 所示。

图 2-4-3　承载式车身变形

图 2-4-4　车架变形

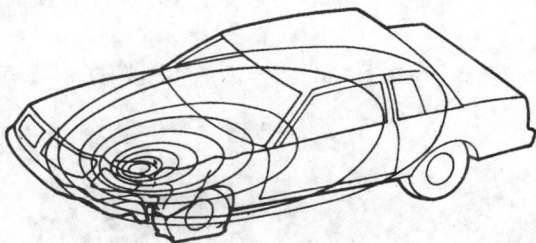
图 2-4-5　车辆碰撞能量扩散

3．目测确定碰撞损伤程度

1）检查钣金件截面变形

碰撞易造成钣金件截面变形处油漆起皮、开裂，应进行检查。

2）检查零部件支架断裂、脱落及遗失

发动机支架、变速箱支架、发动机各附件支架是碰撞应力的吸收处，各支架在设计时均有保护重要零部件免受损伤的功能。在碰撞事故中常有各支架断裂、脱落及遗失的现象出现。

3）检查车身各部位的间隙和配合

立柱变形会造成车门与车门、车门与立柱的间隙不均匀。

4）检查汽车本身的惯性损伤

汽车碰撞时，一些质量较大的部件（如装配在橡胶支座上的发动机及离合器总成）在惯性力作用下会造成固定件（橡胶垫、支架等）及周围部件及钢板的移位、断裂等。

5）检查来自乘员及行李的损伤

由于惯性力作用，乘客和行李在碰撞中会引起车身二次损伤。

知识要点 6　车辆部件的修换标准

在车辆的定损中，确定受损配件的修换是非常重要的一个环节，正确地确定受损配件的修换，拟定恰当的维修方案，在保证车辆维修质量的基础上，尽量保证减少维修费用，是定损人员的重要技能。

1. 车辆受损零部件修换总原则

在定损时，对事故车辆损失的修复坚持"以修为主，能修不换"的总原则，具体如下：

（1）对既不影响使用性能又不影响外观，以简单工艺即可修复的损坏，以修复为主；

（2）以当地二类以上维修厂技术水平无法修复或工艺上无法保证修复后质量的配件应更换；

（3）损坏配件的修复费用接近或超过更换所需费用时应给予更换；

（4）所有损坏件的更换配件规格不得高于损坏件原规格。

2. 车辆各类零部件修换原则

1）钣金件修换原则

车辆中，大部分车身覆盖件、车架、地板等都属于钣金件，如图 2-4-6 所示。交通事故中，车辆发生碰撞，通常汽车损失概率最大的就是钣金件，钣金件的损失主要是变形与撕裂。

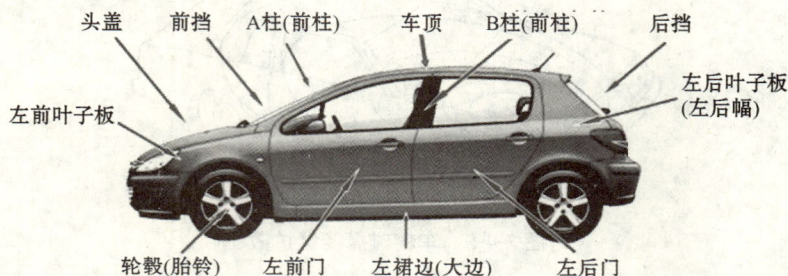

图 2-4-6　车身钣金件

车辆钣金件受损，如果是以一般弯曲变形为主，则可进行修复；如果是折曲变形为主且修复困难，则给予更换。在确定钣金件的损失时，应先区别是弯曲变形或折曲变形。

（1）弯曲变形特点。

① 损伤部位与非损伤部位的过渡平滑、连续。

② 通过拉拔矫正可使它恢复到事故前的形状，不会留下永久性的变形。如图 2-4-7 所示，叶子板属于弯曲变形。

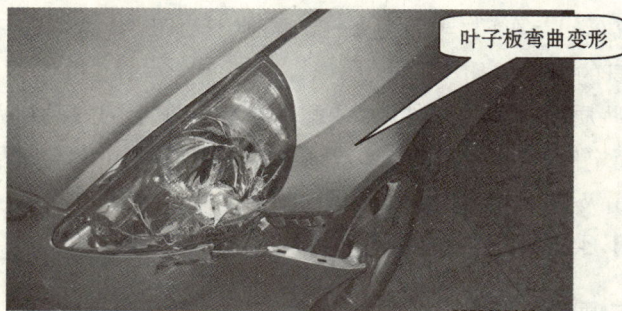

图 2-4-7　车辆钣金件弯曲变形

（2）折曲变形特点。

① 弯曲变形剧烈，曲率半径很小，通常在很短的长度上弯曲 90°以上，如图 2-4-8 所示。

图 2-4-8　车辆钣金件折曲变形

② 修复(矫正)后,零件上仍有明显的裂纹和开裂,或者出现永久变形带,不经高温加热处理不能恢复到事故前的形状。如图 2-4-9 所示。

图 2-4-9　散热器框架变形

(3) 汽车主要钣金件各具体更换标准如下:

① 钣金件(金属构件)变形中度以下(变形面积占配件总面积 30%)、无撕裂、死褶,应修复不能更换,如图 2-4-10 所示。图 2-4-11 所示情形则不宜修复。

② 车架仅前后端中度以下变形,无撕裂或硬死弯,纵梁仅前端变形,无撕裂或硬死弯,应校正不能更换,如图 2-4-12 所示。

③ 车壳(驾驶室壳)只有在达到前部(或后部)及一侧严重变形破损,且前主柱(或后主柱)也严重变形的程度以上时才能更换。如图 2-4-13 所示。

图 2-4-10　发动机盖中度变形

叶子板受损面积较大，且有死褶，可进行更换处理

图 2-4-11　叶子板变形严重

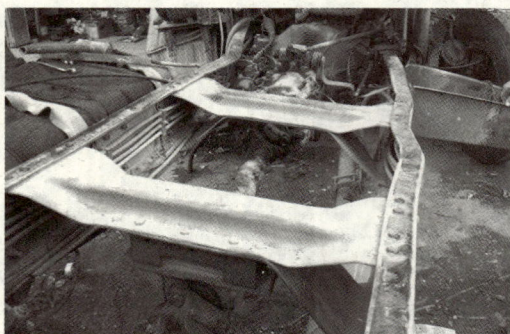

图 2-4-12　车架变形

图 2-4-13　驾驶室严重变形

2）塑料件修换原则

塑料件在汽车上应用得比较多。目前，在汽车上应用的塑料可按其物理化学性能分为热塑性塑料和热固性塑料两种。

热塑性塑料可以进行重复地加热软化，其化学成分不会发生变化，受热后它就变软或熔化，而冷却后即变硬，可用塑料焊机进行焊接。车辆中常见的热塑性塑料件有：保险杠、仪表板、内饰件、内衬板等，如图 2-4-14 所示。

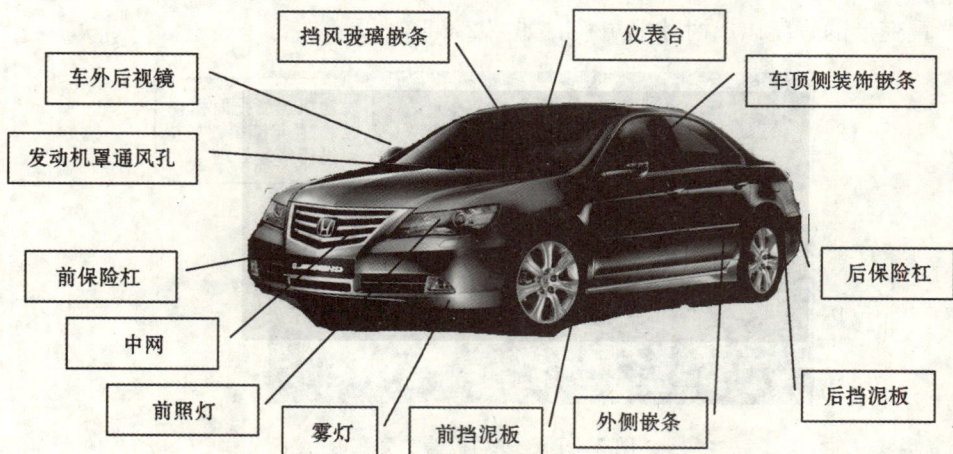

图 2-4-14　车辆热塑性塑料件

笔记

　　热固性塑料在加热和使用催化剂(或紫外光)的条件下发生化学变化,硬化后可以得到永久的形状,即使重复加热或使用催化剂也不会变形。此类塑料不能焊接,只能用黏结剂黏结。常见的热固性塑料件有:车身外板,前照灯外罩等。

　　(1)热塑性塑料件以修复为主,热固性塑料件一般给予更换,如图2-4-15所示。

保险杠属热塑性
材料可进行修复

图 2-4-15　车辆热固性塑料件

　　(2)对于燃油箱及要求严格的安全结构件,必须考虑更换。

　　(3)整体破碎以更换为主,如图2-4-16与图2-4-17所示。

　　(4)基础零件,并且尺寸较大,受损以划痕、撕裂、擦伤或穿孔,应以修理为主,如图2-4-18所示。但撕裂面积较大或多处破裂的可考虑更换,如图2-4-19所示。

图 2-4-16　塑料件整体破碎

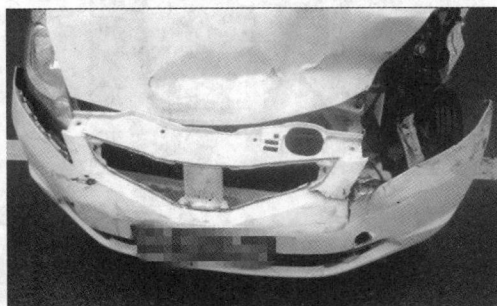

图 2-4-17　保险杠整体破损变形

图 2-4-18　保险杠穿孔

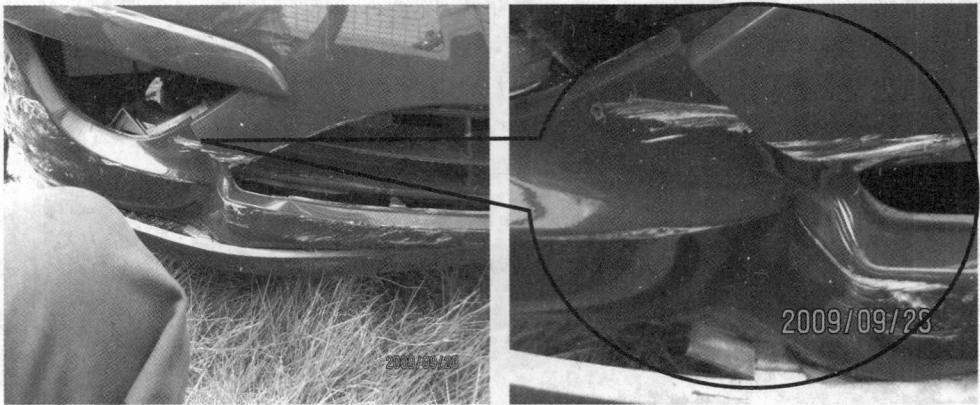

图 2-4-19   保险杠撕裂

（5）应力集中部位，应以更换为主，如图 2-4-20 与图 2-4-21 所示。

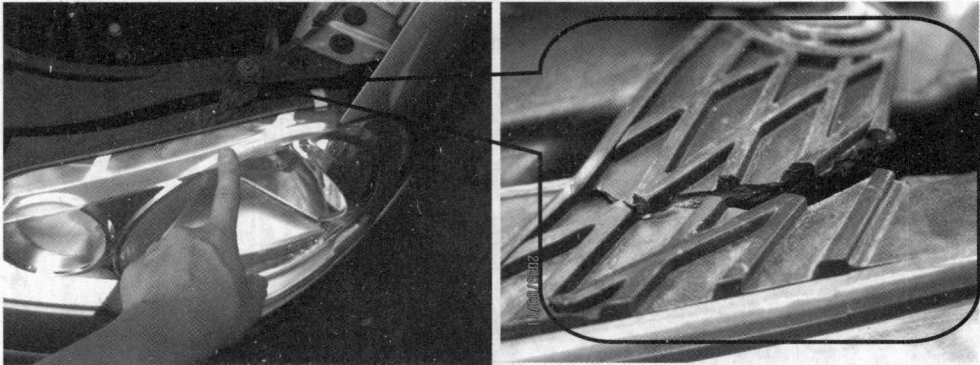

图 2-4-20   车灯塑料支架断裂

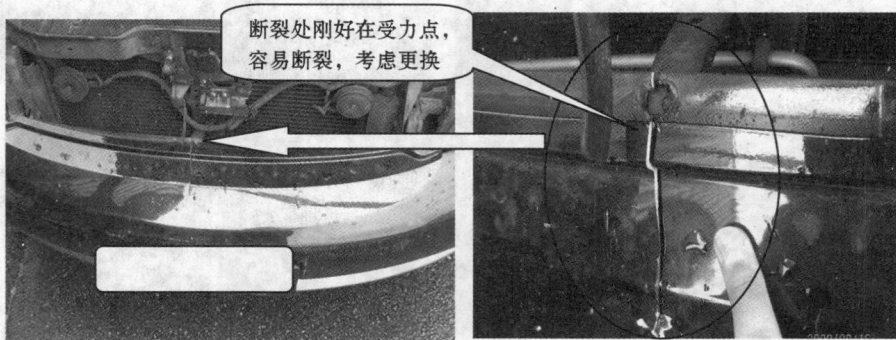

断裂处刚好在受力点，容易断裂，考虑更换

图 2-4-21   保险杠破裂

（6）表面无漆面的、且表面光洁度要求较高的塑料零件，由于修理处会留下明显的痕迹，一般应考虑更换，如图 2-4-22 与图 2-4-23 所示。

（7）如图 2-4-24 所示，车辆后视镜整体断裂的，予以更换。

（8）价值较低、更换方便的零件应以更换为主，如图 2-4-25 所示。

图 2-4-22　灯面刮痕

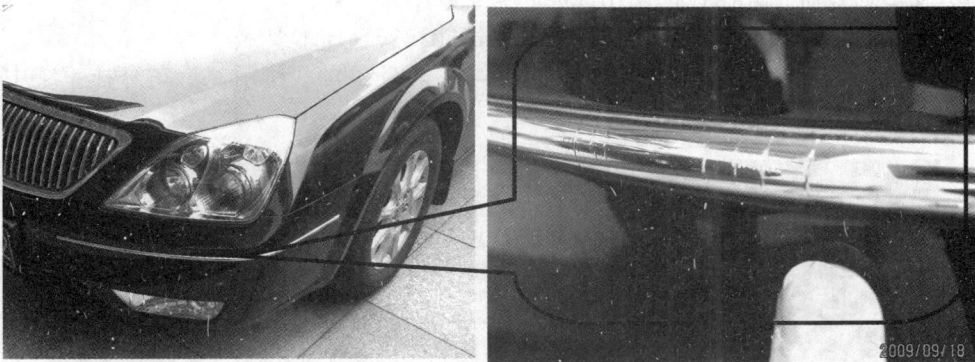

图 2-4-23　饰条刮痕

图 2-4-24　后视镜断裂

图 2-4-25　车辆轮眉破裂

3）机械配件修换原则

机械配件损坏出现下列情况，原则上必须更换：

（1）超过配合尺寸，通过加工也无法达到装配要求；

（2）变形通过矫正无法保证使用性能和安全技术要求；

（3）断裂无法焊接或焊接后无法保证使用性能和安全技术要求；

（4）当汽车悬挂系统受到损伤时，如图 2-4-26 至图 2-4-29 所示。汽车悬挂系统中的任何零件是不允许用校正的方法进行修理的。

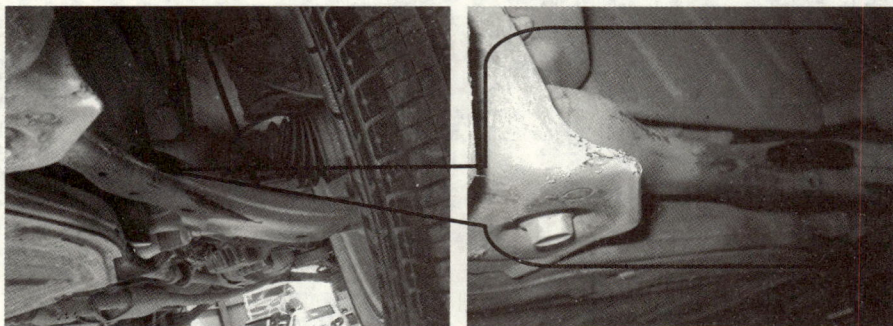

图 2-4-26　车辆下摆臂受损

图 2-4-27　减振器受损

笔 记

图 2-4-28　后桥受损

图 2-4-29　县挂件受损

但当车轮定位不合格时,不能轻易更换,应:

① 判断是否为事故前的车轮定位问题,方法是检查轮胎的磨损是否均匀。

② 再检查车身定位尺寸。

③ 逐一更换悬挂的部件并进行检测,直至确认损伤部件为止。

(5) 汽车铸造基础件受到损伤。

发动机缸体、变速器、主减速器和差速器的壳体往往用球墨铸铁或铝合金铸造,出现裂纹时一般给予更换,如图 2-4-30 与图 2-4-31 所示。受冲击载荷时,常常会造成固定支脚的断裂,一般是进行焊接修理。

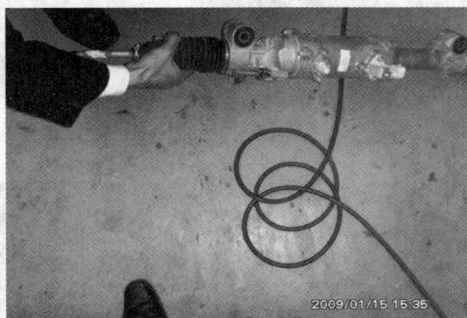

图 2-4-30　方向器裂纹

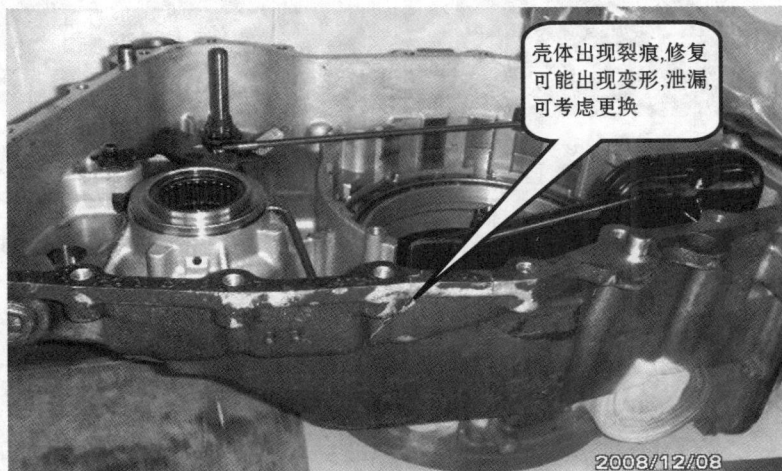

壳体出现裂痕,修复可能出现变形,泄漏,可考虑更换

图 2-4-31　壳体裂纹

当然,焊接过程会造成变形。所以对形状尺寸要求较高的部位附近产生断裂,则考虑更换。

4)电子元件修换原则

(1)除安全气囊电子元件、控制单元外,其他电子元件、控制单元受损必须有明显被撞击痕迹和因碰撞所致变形、损伤、烧蚀才必须更换。

应区分是电器本身损坏,还是保护装置损坏。只有确定了是电器本身损坏,方可更换。

(2)散热器与冷凝器整体变形时,可进行校正,如图 2-4-32 与图 2-4-33 所示。管路只有 1~2 处泄漏时应进行修补。只有 3 处以上泄露或破损严重、折曲变形时才进行更换处理,如图 2-4-34 所示。

图 2-4-32　散热器整体变形

图 2-4-33　冷凝器变形

图 2-4-34　冷凝器破损

5)易耗材料修换原则

易耗材料包括工作液、油脂类润滑材料,橡胶皮带和摩擦片等配件,定损时要严格区分事故直接所致损坏还是自然磨损所致。

6)对可换可不换的配件定损可遵循如下原则

(1)钣金件或有些塑料件完全可以修复,以修复为主,但修理费不能超过零件市场价的 60%。

(2)对技术要求较严的零件,例如影响到该车安全性能的主要零件(方向盘、刹车或某些电路和发动机主要部件),尽量以更换为主,以保证该车正常工作和安全行驶。

（3）对国产汽车的损坏零件，由于价格低廉，故在原则允许的前提下（即修复费用大于或等于新件的 50%），应尽可能地考虑更换。

（4）要考虑当地修理能力和配件采购的难易程度。

3．车辆主要受损零部件更换标准

表 2-4-1 中给出大部分汽车常用零部件（或总成）的更换参考标准。

表 2-4-1　车辆主要受损零部件更换标准

零部件名称		更换参考标准
前、后保险杠		1. 保险杠靠近轮位的吊耳、固定码断裂或断脚的给予更换 2. 如受力位凹陷裂开的给予更换 3. 杠体穿孔且缺损的予以更换 4. 杠体缺损的给予更换
前、后杠内骨架		撞扁在 1/3 以上的（以厚度或长度计算，材料为铝合金），拱形结构，变形达 30° 以上，折曲弯度大于 30° 以上难以修复的或修理工时费用大于更换的，给予更换
前杠支架		扭曲，撞扁在 1/3 以上的，撕裂达 5 厘米以上，折曲弯度大于 30° 以上难以修复的或修理工时费用大于更换的，给予更换
中网、杠体栅格		断脚、撞扁或表面断裂，或影响美观的（电镀件），折曲弯度大于 30° 以上难以修复的或修理工时费用大于更换的，基本给予更换
前、后大灯总成		撞烂、撞穿灯面、灯壳或撞断灯脚两个以上（含两个）给予更换处理。灯面磨损深，抛光难以平整的基本给予更换
角灯		
雾灯		
叶子板灯		
前盖		撞损位置扁烂、撞穿或撞折特别是骨位折曲在 1/3 以上（特别是铰位在前面的，是固定受力位而且是主力的）的头盖，铝盖在周边 10 厘米以上损坏或穿孔可更换
尾盖		撞损位置扁烂、撞穿或撞折特别是骨位折曲在 1/4 以上的尾盖，给予更换，中间凹陷的无论大小不能更换
撑杆	前盖撑杆	撑杆有弯曲现象、撑杆芯有划花痕，撑杆球头脱落，给予更换
	尾盖撑杆	
行李箱地板		缺损的，撞穿直径超过 20 厘米以上，折曲重叠面较大且达三层以上，给予更换
ABS 执行器		线束插头、插座损坏，电路板部位受明显撞击，泵体有明显撞击造成的损坏，基本予以更换
安全气囊电脑		气囊爆出，气囊游丝、计算机、气囊、感应器予以更换
轮辋（包括铝合金）		变形失圆、缺损且动平衡达不到要求的基本予以更换
前、后盖锁		变形的基本予以更换
门锁		明显变形、破裂的基本予以更换
门把手		有明显摩擦痕迹、断裂（含塑料、电镀面）基本予以更换
防撞胶条		有变形、明显摩擦痕迹、断裂（含塑料、电镀面）基本予以更换
玻璃压条		有变形、明显摩擦痕迹、断裂（含塑料、电镀面）基本予以更换
天线		天线杆有变形、断裂基本予以更换
倒车雷达感应器		有损坏的基本予以更换

笔记

零部件名称	更换参考标准
前挡下饰板	金属的有缺损的;塑料的裂开在 5 厘米以下不影响使用和美观的给予修复,缺损的按以上标准给予更换
前挡饰条	前挡胶条和金属饰条:开裂和缺损的给予更换,如奥迪前挡饰条是一次性使用,给予更换
倒车镜	外部缺损和只烂镜片的给予更换半总成,电镜的电控转向器损坏的给予更换总成
龙门架	损坏在 1/3 以上的撞扁、撞曲、撞折和头盖锁位置以及较位损坏的(钢材),或材料为塑料、玻璃钢等非金属的裂开 10 厘米以上的,给予更换
散热网	一般变形,给予修复,网身 3 处以上有穿漏现象或管截面扁在 1/3 以上的,或有折曲、断脚的,端尖变形或裂漏的给予更换
水箱	一般变形(或水道管穿孔细微的,铜制水道管可用铜焊焊补的给予修复,铝制水道管可用亚弧焊给予修补);水道管撞扁、撞烂,断脚或要截断改变水道的(因缩短水道影响水降温时间,容易造成水温高);端头变形或裂漏给予更换
风扇总成(含电动机)	胶扇叶和金属扇叶有缺损、变形的给予更换;电动机:表面完好、轴无变形或轴承无异响及转动正常(必要时可通电试)不予更换
前叶子板	前面撞扁、撞折或骨位折曲超 1/3 以上,穿烂划破超过 10 厘米以上,给予更换,侧面凹陷无论大小都不给予更换,应予修复。修复工时大于换件价格给予更换
前叶子板内骨架	影响避震机座造成前轮定位和前束有问题的给予更换
前纵梁	折曲或撞扁或扭曲 1/3 以上给予更换,有梁嘴的不能换总成
前、后桥	要观看其撞击位置主要在轮位、或纵梁(严重折曲)和前桥上,如货车撞不到该位置不会损坏,小车能看到损坏的或看不到的就要观看其前桥底部的四颗大螺钉有无移位变形,下摆臂固定位变形,如有则给予更换,如无就不能更换
仪表台壳	塑料有爆裂、穿洞、变形给予更换,真皮面尽量给予修复
发动机脚胶	断裂、缺损给予更换
发动机脚胶支架	断裂、缺损给予更换(铝合金,或铸成一体)
避振器	变形、避振机芯明显划痕、明显碰撞痕迹的基本予以更换
下悬挂臂	变形、有明显碰撞痕迹的基本予以更换
转向节	变形、有明显碰撞痕迹的基本予以更换(可以考虑将轴承一同更换)
方向机	变形、有明显碰撞痕迹的基本予以更换,壳体破裂的予以更换
横、直拉杆	变形、有明显碰撞痕迹、或有裂痕的基本予以更换
半轴	变形、有明显碰撞痕迹的基本予以更换
半轴万向节(球笼)	有损坏的基本予以更换
正时盖	缺损或裂开、变形给予更换
发动机油底壳	撞损直径 1/3,深度 3 厘米以上给予更换
气门室盖	缺损、爆裂、变形直径 1/3,深度 3 厘米以上给予更换
气缸盖	螺孔有损伤的,可采用扩孔修复处理,不必更换,但有破损的,予以更换
中缸壳	螺丝位断裂一个的原则上予以修复;裂纹不大于 5 厘米以上,或位置不在油道水道可以修复,否则予以更换;如有缺损、崩烂的给予更换

续 表

零部件名称	更换参考标准
变速箱壳	同中缸壳
变速箱油底壳	撞损、变形,凹陷深度 2 厘米以上给予更换
进、排气歧管	铸铁件变形、缺损给予更换;塑料件有损坏基本予以更换
前排气管 中排气管 后排气管	变形偏离支承点超过 5 厘米的或撞穿及撕裂的原则上给予更换
三元催化器	内、外部破裂,有异响的给予更换
消声器	凹陷深度超过 1 厘米的或撞穿的,有异响的原则上给予更换
前、后立柱 A、B、C 柱	撞穿的,或柱体凹陷变形部分达到柱体 20% 的原则上给予更换
车门壳	缺损的、撞穿直径超过 10 厘米的或弯曲角度超过 1/3 原则上给予更换;窗框部位凹陷变形部分达到框体 20% 的给予更换
车门玻璃升降器总成	胶扣断裂,钢丝散开,齿轮牙缺损,举升支架变形超过 1/4,或电机受损不能运转的原则上给予更换
下裙饰板、车门外饰板、轮眉饰板	缺损、断脚(码)、塑胶的饰板弯曲部分超过板体的 1/3 或撕裂的原则上给予更换
天窗玻璃导轨	变形导致天窗玻璃滑动不畅的原则上给予更换
后叶子板	后面撞扁、撞折严重或骨位折曲超 1/2 以上,折曲重叠面大、且达三层以上,穿烂划破超过 20 厘米以上,给予更换,侧面凹陷无论大小都不给予更换,应给予修复。修复工时大于换件价格给予更换
后叶子板内骨架	缺损的、或弯曲角度超过 1/2 原则上给予更换
后窗台板	饰板裂开、钢材支架变形范围达到 50%,缺损的原则上给予更换,其他情况不建议更换
油箱总成	撞穿,边角凹陷超过 1 厘米的原则上给予更换,塑胶的油箱有超过 1.5 毫米深度的划痕或有褶皱的原则上亦给予更换

知识要点 7 事故车辆的维修费用

1. 车维修工时费普遍的计算公式

工时费＝工时定额×工时单价＋外加工费。

1) 工时定额

工时定额即完成维修所需时间,由以下几个时间组合构成:维修准备时间(包括业务接洽,生产计划、调度,生产场地、工具、配件准备等工作时间);车辆故障诊断时间(含维修前检测、诊断时间);实际施工时间;试验、调试时间;场地清理时间。所以工时定额不仅仅是指事故检测维修的时间。

工时定额主要决定于车型构造、作业项目、工艺设备、工人技术熟练程度及管理等因素,因此不同维修企业之间会稍有差别。我们在确定工时定额时不是指某个特定维修企业完成维修所用的时间,而是指维修市场上普遍的维修时间。在确定工时定额时参照下面几个

原则：

（1）大项目的维修工时费，应注意各项目的兼容性，而不能简单地累加工时；

（2）所有维修工时费均包含辅助材料、利润和税金；

（3）喷漆工时费应包含喷漆所需的材料费，工时定额根据油漆材料可调整，对用珍珠油漆的，可适当上浮；

（4）局部沙板喷漆范围以最小范围喷漆为原则。如以受损部位最接近的接缝、明显棱边为该部位的喷漆范围边界。

2）工时单价

工时单价是指维修厂单位工作时间的维修成本费用、税金和合理利润之和。

（1）工时单价以二类维修厂的价格为基础，一类厂与其他资质维修厂在二类厂价格基础上浮动；

（2）维修厂规模、档次、技术水平以及各地区物价情况对工时单价有直接影响，应考虑具体情况予以确定。

3）外加工费

外加工费是指委托事故车辆维修厂以外的厂家或企业对车辆部分损失维修加工而发生的费用。凡是已含在维修工时定额内的外加工费，本费用中不能再列项。

2. 事故车辆各类维修费用定损原则

1）拆装类工时费核定原则

（1）一般原则：按照拆装的难易程度及工艺的复杂程度核定工时费。

（2）单独拆装单个零件按单件计算人工。

（3）拆装某一零件必须先拆掉其他零件，则需要考虑辅助拆装的工时费。

（4）拆装机械零件和电器零件，需要适当考虑拆装后的调试或测试费用。

（5）拆装覆盖件及装饰件，一般不考虑其他工时费。

（6）检修 ABS，需确认维修方法，一般拆车轮 30 元/轮。

（7）检修线路或电器元件另外计算拆装费。

（8）拆装座椅如含侧气囊，工时费用可适当增加。

（9）拆装方向机工时应按照车型调整。

（10）吊装发动机的，应计算发动机吊装费用。

（11）当更换项目较多时（≥10 项），可以按 30～50 元/项统一计算总拆装费用。

2）钣金类工时费定损原则

（1）一般车型：按损坏程度及损坏面积，并结合修复部位的难易程度来核定修理工费。

（2）特殊车型：价值较高的车型或老旧车型，当外观件、车身骨架及大梁等变形严重时，可以与客户和修理厂协商，修理工时费可按该配件价格的 20％～50％核定。

3）漆工类工时费定损原则

油漆工时费是指油漆材料费、油漆辅料费及油漆人工费之总和。

（1）塑料件亚光饰件、金属漆及变色漆在工费核定时可按 10％～20％比例上浮。

（2）大型客车按单位面积核定工费。

（3）轿车及小型客车按幅（每车 13 幅）核定工时费。

笔记

3．车辆维修工时费的标准

由于不同档次车型的工时费有所不同，在这里我们把常见的车型，按价格分为几个档次，如表 2-4-2 所示。

表 2-4-2   常见车型档次分类

分 类	车型名称
低价值经济型车	适用于普通漆出租车、微型面包车、货车、夏利、吉利、比亚迪、奇瑞 QQ，羚羊，江铃，江淮，羊城，红塔等
15 万以下	捷达、桑塔纳 2000/3000，海马 323，富康，赛欧，飞度，凯越，哈飞，菱帅，富利卡，金杯，菲亚特，千里马，塞弗，奇瑞，五十铃天王系列，奥铃，庆铃等
15 万～30 万	广本雅阁、凯美瑞、日产天籁、奥德赛、宝来、帕萨特、别克君威、马自达 m6，高尔夫，风度Ⅰ、Ⅱ，风神蓝鸟，帕拉丁，三菱吉普(v32)，起亚嘉华，佳美 2.2、2.0，奔驰 W124、W126 等
30 万～50 万	风度Ⅲ代，奥迪 A4、A6，皇冠 3.0，佳美 2.4，GL8，日产奇骏，时韵，丰田霸道，陆地巡洋舰，三菱吉普 V73、V74，宝马 3 系列，富豪 740，绅宝 9-5 等
50 万～100 万	奔驰 W140、C202，宝马 5 系列，富豪 S60、S80、S90，宝马 X5 等
100 万以上	奥迪 A8 系列，奔驰 S 系列，宝马 7 系列等

1）拆装工时费标准

常见拆装工时如表 2-4-3 所示。

表 2-4-3   常见拆装工时

档 次 项 目		15 万以下	15 万～30 万	30 万以上
拆装前、后保险杠		50		
拆装前叶子板		50		
拆装前盖		80		
拆装车门	换总成	80		
	含附件拆装	120		
拆装后叶子板		220		
拆装行李箱盖		50		
更换行李箱后围板		150	上浮 10%～30%	上浮 30%～50%
更换车顶	小型客车	200		
	面包车、吉普车	300		
更换前纵梁		200/条		
拆装龙门架	螺丝连接	30		
	纤维	100		
	焊接	120		
座椅拆装（电动）	前座	50/张	80/张	
	后座	75	120	
全车机械座椅拆装		100		
全车内饰拆装		≤400	≤600	

2）钣金工时费标准

价格为 15～30 万的车辆常见钣金工时费如表 2-4-4 所示。

表 2-4-4　钣金工时费标准(不含拆装)

名　称	损失程度	工时费范围
前后保险杠	轻度	50～80
	中度	80～150
	严重	150～200
前后保险杠内杠	轻度	80～100
	中度	100～120
前叶子板	轻度	50～100
	中度	100～150
	严重	150～200
前纵梁	轻度	300～500
后叶子板	轻度	50～100
	中度	100～200
	严重	200～350
车门	轻度	50～120
	中度	120～180
	严重	180～300
裙边	轻度	50～100
	中度	100～200
	严重	200～300
前后围	轻度	50～100
	中度	100～150
	严重	150～200
元宝梁	轻度	200～300
车顶	轻度	100～150
	中度	150～200
	严重	200～400
发动机盖	轻度	50～150
	中度	150～300
	严重	300～400
行李箱盖	轻度	50～150
	中度	150～300
	严重	300～400
车架校正	轻度	300～500
	中度	500～1 000
	严重	1 000～2 000
大梁校正	轻度	300～500
	中度	500～1 000
	严重	1 000～2 000

备注:

①工时费范围是指车价在 15～30 万左右的事故车相对应零配件的修理工费范围。30 万以上车型修理工时费可适当上浮 20％左右;15 万以下车型修理工时费下浮 20％左右;

②非上表所列零配件,视损坏程度,可参照该零配件价格的 20％～50％核定修理工时费;

③元宝梁、前纵梁、车架、大梁修复须吊装发动机时,可增加发动机吊装费 300～550 元。但每次事故修复中只允许使用一次。

<<<<

笔记

3）电工工时费标准

常见电工工时费如表 2-4-5 所示。

表 2-4-5　电工工时费标准

项目 ＼ 档次		15 万以下（基础值）	15 万～30 万	30 万以上
检修冷气加制冷剂	普通	200		
	环保	250		
电脑解码		200		300～500
仪表台拆装		≤250	300～400	450～550
检修安全气囊 SRS（含写码）		300		
检修 ABS		300		500

备注：

① 双空调的面包车可增加 50 元制冷剂费；

② 当事故涉及 ABS、变速箱电脑、发动机电脑、气囊电脑、音响受损时方可给电脑解码费；电脑解码费与单项解码费不可同时使用。

4）机修工时费标准

常见机修工时费如下，表 2-4-6 所示为换缸工时标准，表 2-4-7 与表 2-4-8 所示位换变速器工时标准。

表 2-4-6　机修工时费标准

项目 ＼ 档次		15 万以下	15～30 万	30～70 万	70 万以上
发动机（换中缸）	4 缸	500	700	800	—
	6 缸	—	1 000	1 500	2 500
	8 缸	—	—	2 500	3 000
	12 缸	—	—	—	4 500

备注：

① 发动机换中缸时，涉及换气门的加 200 元工时费；

② 非电喷发动机的工时费在表中的基础上下调 20%。

表 2-4-7　手动变速器（换中段壳体）

项目 ＼ 档次	15 万以下	15～40 万	40 万以上
手动变速器解体换件	250～350	350～450	450～550

表 2-4-8　自动变速器（换中段壳体）

项目 ＼ 档次	15 万以下	15～40 万	40 万以上
机械	400		—
电子	1 000	1 300	1 800
手自一体	2 000		3 000
无级变速	3 000		4 500

备注：自动变速器的解体工序包括：解体、清洗、检测、解码。

笔记

5）喷漆工工时费标准

常见喷漆工时如表 2-4-9 所示。

表 2-4-9　喷漆工时费标准

部位＼车价	7 万以下	7～12 万	12～15 万	15～30 万	30～50 万	50～80 万	80 万以上
全车	1 500±500	2 300±500	2 800±600	3 300±750	4 500±800	5 500±900	7 000±1 000
前后保	180±80	250±80	350±100	400±100	500±100	600±100	700±200
前叶子板	180±80	220±80	300±100	350±100	450±100	550±100	600±200
机盖	300±80	350±100	450±120	550±130	600±150	700±150	850±180
车顶	300±80	375±100	450±120	550±130	600±150	700±150	850±180
车门	250±80	350±100	400±120	450±130	550±150	650±150	750±150
后叶子板	200±80	250±100	300±120	330±130	380±150	550±180	600±200
后盖	250±80	350±100	400±120	450±130	550±150	650±150	750±150
立柱	30～50	50～100	70～120	100～140	110～150	130～180	150～200
反光镜	50	50～100	50～100	50～120	50～150	50～150	50～200

备注：

① 全车喷漆如为金属漆可增加 10%～15%；

② 综合修理厂原则上不允许上浮，特约维修站（4S 店）可适当上浮，最高不超过上限，资质较差的修理厂应适当下调；

③ 全车外部共分为 13 幅：前、后杠，四个门，前、后盖，四个叶子板，车顶；

④ 两幅喷漆的，按总费用的 95% 计算，三幅喷漆按 90%，四幅喷漆按 85%，五幅喷漆按 80%，六幅喷漆按 75%，七幅及以上按 70% 计算；

⑤ 面包车及商务车侧围可按轿车 2.5 倍车门计算，车顶按轿车 2 倍车顶计算。

4. 不同地区、维修厂工时费的处理

需要特别说明的是，由于地区化差异、修理厂类别不同等因素影响，修理工时费很难有一个统一的标准，甚至有些地方差别很大。这里列出的修理工时费标准仅作为一般情况下（中等发达地区、二类修理厂）的参考。在定损工作时，需做到公平公正，结合当地维修市场的维修工时进行定损。

1）汽车服务站（4S 店）维修工时费的确定

各地服务站（4S 店）的维修工时费，会因地区、经营的品牌不同有所差别，但地区之间差别不大。上面给出的各种工时费参考标准是二类地区二类维修厂的若干维修项目的工时费参考标准。如果在特约服务站维修，工时费在该参考标准的基础上浮动。表中没给出的维修项目工时费，根据实际的修理工时定额和修理难易程度给予确定。

2）普通维修厂维修工时费的确定

（1）上面所列的工时费标准为二类地区的二类维修厂的维修工时费，其他资质维修厂在二类维修厂工时参考标准的基础上浮动。即一类地区一类维修厂工时费在当地二类厂基础上适当上浮 10%～20%，三类以下资质维修厂在二类厂基础上适当下调 10%～20%。

（2）二类地区以外地区的维修工时费在当地二类厂维修工时的基础上浮动。

5. 总维修工时费的确定

工时费必须按照拆装、钣金、机修、电工、油漆五个大项和每个大项的明细项目一一列明工时,然后汇总。工时的核定应严格按照维修项目、当地工时定额、车型系数和维修企业收费类别合理确定。

知识要点8 事故车辆的配件费用

1. 车辆配件价格

根据配件的来源,有以下三类配件价格:厂家指导价、生产厂价格及市场零售价。其中厂家指导价是汽车生产厂家对其特约售后服务规定的配件销售价格。生产厂价格是符合国家及汽车厂家质量标准,合法生产及销售的装车件、配套件价格。市场零售价是指当地大型配件交易市场上销售的原装配件价格。在实际定损工作中,确定汽车配件的价格时应多家询价,确定配件的市场零售价格。厂家指导价一般要比市场零售价高。

2. 确定车辆更换配件费用的方法

一般根据不同的维修场所,用不同的方法确定配件费用。

1) 车辆在一般维修厂维修(以二类厂为准)

如果车辆在一般维修厂维修(以二类厂为准),则:更换配件的配件费＝配件进货价＋配件管理费－受损配件残值。

(1) 配件的进货价是指维修厂以该配件的市场零售价为准。

(2) 配件管理费是指配件在采购过程中发生的采购、装卸、运输、保管、损耗等费用以及维修企业应得利润和出具发票应缴税金的综合性费用。根据汽修市场行情和汽配市场情况确定配件管理费,一、二类综合性修理厂一般为5%～10%,但最高不能超过进货价的15%;4S店、特约维修站的配件标准价格里一般已包含管理费,故无须另外加管理费。

(3) 受损配件的残值参照当地汽修市场行情与被保险人一方共同确定。

扣残原则:残值必须从维修总费用中扣除。对于更换项目中存在可变卖(如金属制品等)或可回收利用(如部分车身贴纸,一般只需更换一部分,剩余部分仍可继续使用)的零件时,需要扣除残值。

扣残的标准:残值的数额可依照更换件的剩余价值(废品回收或可继续使用)来折算。一般标准如下:

① 车价在30万元以上(含30万元)的按更换配件材料费的2%计提;

② 车价在30万元以下的,按更换配件材料费的3%计提;

需要注意的是,对于单件价格超过200元的零配件,尤其是断了固定脚的前照灯、杠体、电子元器件等,一旦确定更换,因其残值很低,但道德风险较大,必须贴好标签,回收残件。

2) 车辆在特约服务站维修

如果车辆在特约服务站维修,则:更换配件的配件费＝厂家指导价－受损配件残值。

3. 材料更换依照保险的基本原理"补偿原则"确定,具体情况按以下

(1) 一般情况下,应更换正厂配件;超过一半使用期的营运车除安全部件外以副厂件更换;

(2) 如损坏件本身不是正厂配件,则以配套零件进行更换;

（3）稀有、老旧、高档车型的配件，更换标准应从严掌握；部分老旧车型，可与客户和修理厂协商，以拆车件进行更换。

知识要点9　车辆定损的操作步骤

到达定损点之后，可按照以下步骤确定车辆的损失费用：

（1）了解事故详情，确认事故性质；

（2）区分定损界限；

（3）损失部位外观拍照；

（4）拆检车辆；

（5）确定损失项目；

（6）与客户或维修厂商定维修方案；

（7）确定损失金额；

（8）超权限时上报保险公司；

（9）定损金额确认后须及时告知客户，如有特殊情况可留询价电话。

四、任务实施

任务步骤1　制定任务实施计划

接到定损任务后，应及时赶赴定损点开展工作，进行车辆的定损，定损工作可按照图2-4-35所示流程进行。

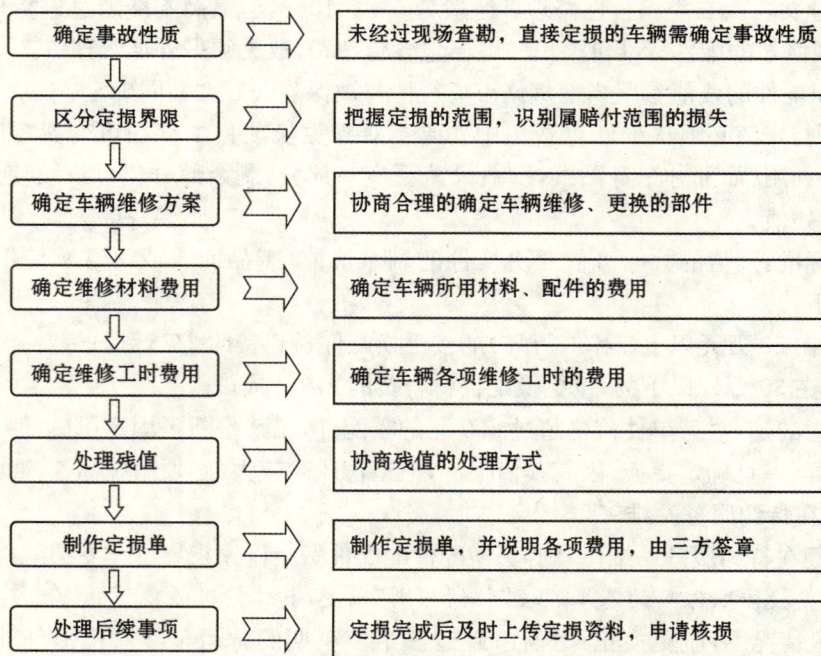

流程	说明
确定事故性质	未经过现场查勘，直接定损的车辆需确定事故性质
区分定损界限	把握定损的范围，识别属赔付范围的损失
确定车辆维修方案	协商合理的确定车辆维修、更换的部件
确定维修材料费用	确定车辆所用材料、配件的费用
确定维修工时费用	确定车辆各项维修工时的费用
处理残值	协商残值的处理方式
制作定损单	制作定损单，并说明各项费用，由三方签章
处理后续事项	定损完成后及时上传定损资料，申请核损

图2-4-35　事故车辆定损任务实施流程

下面以本任务中事故车辆的定损要点为例,确定工作步骤,读者可根据要点说明完成车辆的定损工作。

案情描述:定损人接到定损任务后,赶到定损点,经过调查了解到:标的是一辆银色大迪小客车,碰撞一辆桑塔纳出租小汽车,两车均有损伤。

任务步骤 2　确认事故性质

在到达定损点后,为了弄清事故详情,确认性质。定损人员需进行以下工作,如图 2-4-36 所示。

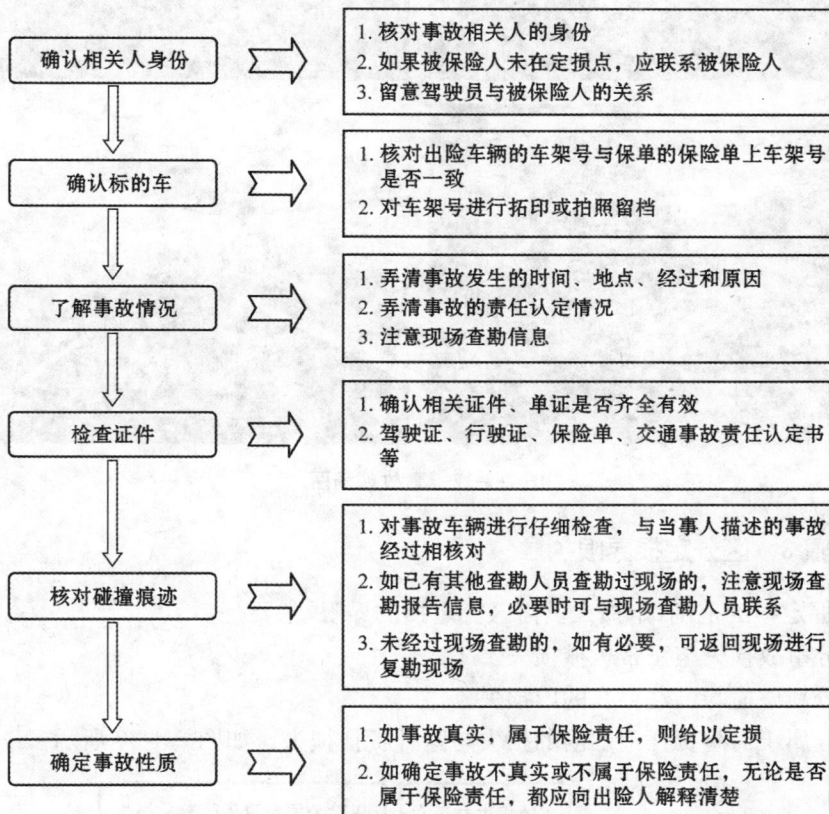

```
┌─────────────┐      ┌──────────────────────────────────────────┐
│ 确认相关人身份 │  ⇒  │ 1. 核对事故相关人的身份                      │
└─────────────┘      │ 2. 如果被保险人未在定损点,应联系被保险人     │
       │             │ 3. 留意驾驶员与被保险人的关系                │
       ↓             └──────────────────────────────────────────┘
┌─────────────┐      ┌──────────────────────────────────────────┐
│  确认标的车   │  ⇒  │ 1. 核对出险车辆的车架号与保单的保险单上车架号 │
└─────────────┘      │    是否一致                                 │
       │             │ 2. 对车架号进行拓印或拍照留档                │
       ↓             └──────────────────────────────────────────┘
┌─────────────┐      ┌──────────────────────────────────────────┐
│ 了解事故情况  │  ⇒  │ 1. 弄清事故发生的时间、地点、经过和原因       │
└─────────────┘      │ 2. 弄清事故的责任认定情况                    │
       │             │ 3. 注意现场查勘信息                         │
       ↓             └──────────────────────────────────────────┘
┌─────────────┐      ┌──────────────────────────────────────────┐
│  检查证件     │  ⇒  │ 1. 确认相关证件、单证是否齐全有效            │
└─────────────┘      │ 2. 驾驶证、行驶证、保险单、交通事故责任认定书 │
       │             │    等                                       │
       ↓             └──────────────────────────────────────────┘
┌─────────────┐      ┌──────────────────────────────────────────┐
│ 核对碰撞痕迹  │  ⇒  │ 1. 对事故车辆进行仔细检查,与当事人描述的事故 │
└─────────────┘      │    经过相核对                               │
       │             │ 2. 如已有其他查勘人员查勘过现场的,注意现场查 │
       │             │    勘报告信息,必要时可与现场查勘人员联系     │
       │             │ 3. 未经过现场查勘的,如有必要,可返回现场进行 │
       ↓             │    复勘现场                                 │
┌─────────────┐      └──────────────────────────────────────────┐
│ 确定事故性质  │  ⇒  │ 1. 如事故真实,属于保险责任,则给以定损       │
└─────────────┘      │ 2. 如确定事故不真实或不属于保险责任,无论是否 │
                     │    属于保险责任,都应向出险人解释清楚         │
                     └──────────────────────────────────────────┘
```

图 2-4-36　确定事故性质流程图

本任务中事故经过查勘人员的现场查勘,事故现场图片如图 2-4-37 所示。

为了确定事故性质,应详细查看现场查勘人员的查勘意见,如有必要可以跟现场查勘人员联系。并向被保险人了解情况。

本案件确定事故性质处理要点:

(1) 经向被保险人了解,保险车辆在行驶时不慎与对方车辆相碰撞。

(2) 通过核对事故车 VIN 码,确认为保单标的车。

(3) 查看现场查勘意见为"事故真实",核对车辆的碰撞痕迹,符合被保险人描述情况。事故性质真实。

（4）单证齐全有效。

（5）标的车负全部责任。

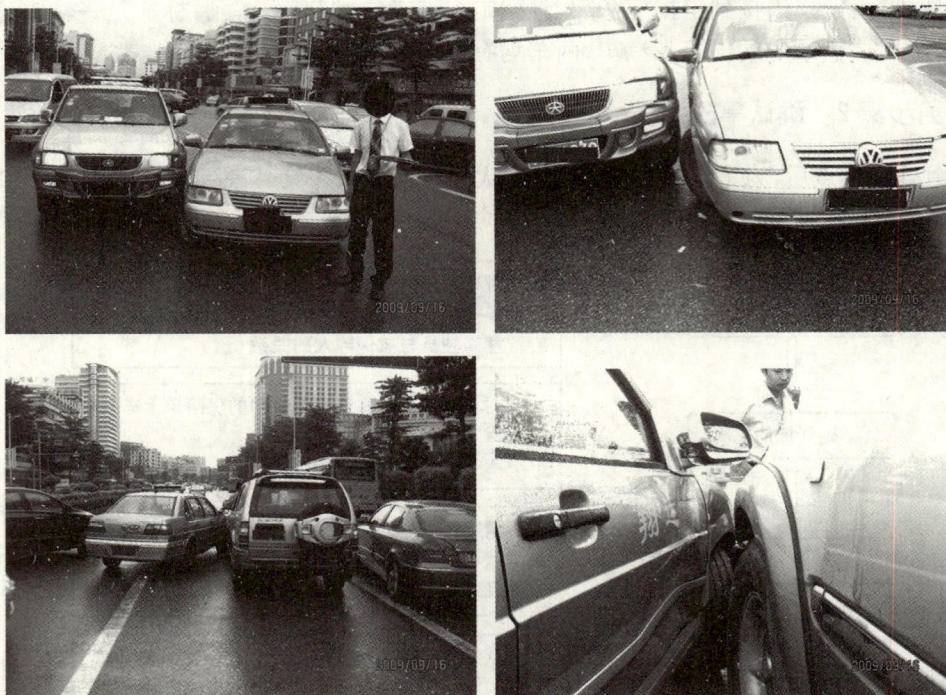

图 2-4-37　事故现场图

任务步骤 3　区分定损界限

为了把握定损的范围，定损人员需区分定损的界限，主要是：

（1）区分事故损失与正常机械损失。

（2）区分新碰撞与已经存在的旧损失。

（3）区分属于保险责任范围内的损失与除外责任损失。如图 2-4-38 所示。

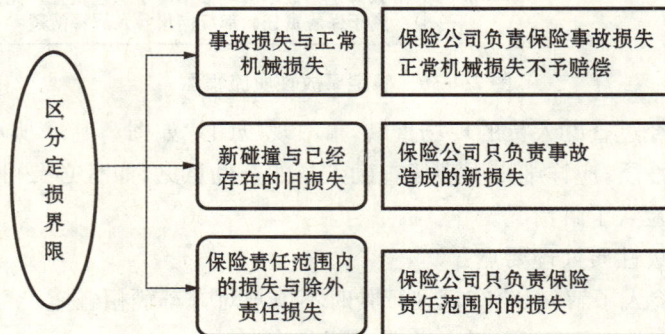

图 2-4-38　定损界限

本案件区分定损界限要点：

　　本案件经过查勘,事故造成两车损伤。该事故定损的界限如下:
　　标的车损伤部位:前保险杠、左前照灯、左前叶子板灯、引擎盖、左前叶子板。如图 2-4-39 至图 2-4-41 所示。

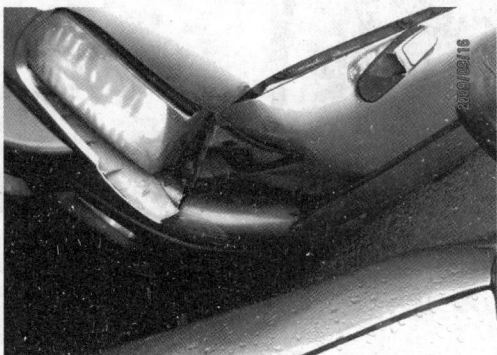

图 2-4-39　标的车损伤部位(一)

图 2-4-40　标的车损伤部位(二)

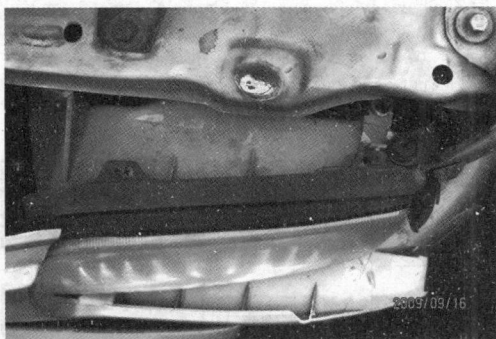

图 2-4-41　标的车损伤部位(三)

　　三者车损伤部位:右前门、右前叶子板灯、右前车门、右前门防擦条、右后视镜。如图 2-4-42 至图 2-4-44 所示。

图 2-4-42　三者车损伤部位(一)

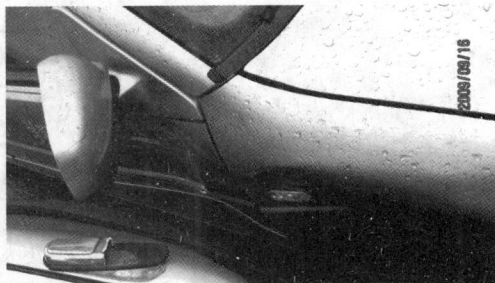

图 2-4-43　三者车损伤部位(二)

图 2-4-44　三者车损伤部位(三)

任务步骤 3　确定车辆修换方案

确定了损伤项目之后,定损人员应当根据车辆损失程度、车辆配件的价格、车辆损失部件按照汽车配件换修标准确定换修方案。在此事故中,经过检验后,双方车辆换修方案如下:

1. 标的车维修方案

标的车维修方案如图 2-4-45 所示。

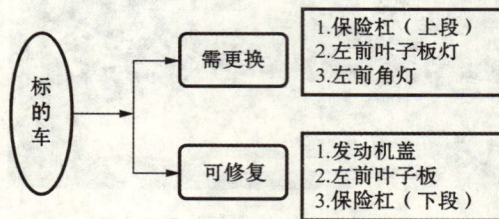

图 2-4-45　标的车维修方案

2. 三者车维修方案

三者车维修方案如图 2-4-46 所示。

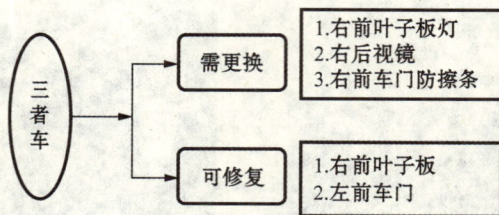

图 2-4-46　三者车维修方案

任务步骤 4　确定材料费用

1. 在定损时根据车辆维修单位和配件来源来确定换件材料的费用,一般有两种方式

(1) 特约维修站的配件价格以厂家指导价确定。

笔记

（2）一般维修厂则是在市场零售价的基础上加上部分管理费,管理费一般是15%。

2. 此事故中双方车辆均在二类维修厂维修,事故车的材料费用如下

1）标的车配件费用

（1）保险杠（上段）：_____

（2）左前叶子板灯：_____

（3）左前角灯：_____

此车材料费用为：_____

2）三者车配件费用

（1）右前叶子板灯：_____

（2）右后视镜：_____

（3）右前车门防擦条：_____

此车材料费用为：_____

任务步骤5　确定修复费用

在实际定损工作中,维修费用包括以下几项,各不同工种应分开计算,同一工种项目一起计算。本案件中车辆的维修费用如下：

1. 标的车维修工时费项目

（1）拆装费用。前保险杠、左前大灯、左前叶子板灯：_____

（2）钣金修复费用。前保险杠（下段）、左前叶子板、发动机盖：_____

（3）喷漆费用。前保险杠、发动机盖、右前叶子板：_____

此车维修费用为：_____

2. 三者车维修工时费项目

（1）拆装费用。右叶子板灯、右后视镜、右前车门防擦条：_____

（2）钣金修复费用。右前叶子板、右前门：_____

（3）喷漆费用。右前叶子板、右前门、右后视镜：_____

此车维修费用为：_____

任务步骤6　处理残值

对换件的残值应做妥善处理,一般有两种处理方法：

（1）回收旧件的一定要一一回收。

（2）不回收旧件的,应按一定比例扣除残值抵赔款(总成按10%～30%,零部件按5%～10%),更换轮胎的应按30%～50%折旧。

在此案件中旧件无回收价值,可不计残值。

任务步骤7　签订定损单

各项维修费用确定之后,就要签订定损单,定损单中,各项费用应开列明确,定损单如表2-4-10所示。

筆记

表 2-4-10　机动车保险事故车辆损坏项目确认单

报案号：

保险公司	××保险公司		牌照号码	(标的/三者)
被保险人			厂牌型号	(标的/三者)
第三者名称			承修单位	

更换零配件名称及数量	定损金额	残　值	修理项目	定损金额
			合　计	
合　计			修理工期：　　年　　月　　日至 　　　　　　　年　　月　　日计　　天	

总计金额(大写)		(小写)	
各方代表签字(章)	保险公司代表： 　　年　　月　　日	被保险人(第三者)代表： 　　年　　月　　日	承修单位代表： 　　年　　月　　日

笔 记

任务步骤 8　定损后其他需处理事项

（1）定损后,应尽快将照片录入理赔系统,上报核价。

（2）如有序增补项目,需另外上报审批。

五、任务评价

按照表 2-4-11 对任务 2.4 完成情况进行评价。

表 2-4-11　确定事故车辆损失任务考核标准

考核项目	评分标准	分　数	学生自评	小组互评	教师评价	小　计
团队合作	团队和谐 有分工合作 组员积极参与	10				
任务方案	正确、合理	10				
操作过程	定损流程正确 照片拍摄规范 换修方案合理 定损费用准确 定损单撰写规范	60				
任务完成情况	圆满完成	10				
安全作业	无安全隐患	10				
总　分		100				
教师签写		年　　月　　日		总　分		

六、学习拓展

简答题

（1）车辆定损有哪些流程?

（2）车辆如何在不同地方定损,有何不同处理方式?

（3）在定损过程中有些配件暂时无法确定损失,应当如何处理?

任务 2.5 汽车保险赔案缮制

一、学习目标

通过本任务的学习,你应当:

1. 能够审核索赔资料;
2. 能够进行赔款计算;
3. 能够能够缮制赔款计算书。

二、任务情景

情景描述	2009 年 12 月 5 日,王先生新买了一辆轿车,新车购置价为 10 万。并向保险公司投保了一份保险,投保险种包括交强险,车辆损失险(保险金额为 10 万),第三者责任险(责任限额为 20 万元),车上人员责任险(司机限额为 5 万元,乘客限额为每座位 1 万元)。在 2010 年 11 月 2 日,标的车行驶时与另一辆小轿车发生碰撞,事故导致王先生受伤,用去医疗费 12 000 元,对方受伤用去医疗费用 15 000 元,标的车车辆受损,损失费用确定为 6 000 元,对方车辆损失为 4 000 元。经过交警处理,王先生负主要责任。王先生投保的保险公司需赔付多少钱?(假设不存在增加绝对免除率情况)
任务目标	1. 审核赔案所必备的资料 2. 计算保险赔款 3. 缮制赔款计算书

三、相关知识

知识要点 1 汽车保险赔案缮制流程

在确定保险事故的损失后,被保险人可以向保险公司递交相关资料,对损失进行索赔。保险公司接受被保险人的索赔要求后,应对被保险人递交的索赔资料进行审核,迅速进行赔案的缮制。赔案缮制的流程如图 2-5-1 所示。

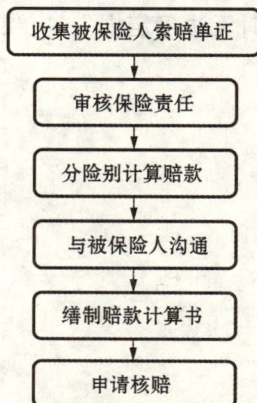

图 2-5-1 汽车保险赔案缮制流程

1．收集客户的索赔单证

被保险人索赔时应当向保险人提供其所能提供的与确认保险事故的性质、原因、损失程度等有关的证明和资料。在接受保险人的索赔资料时，保险理赔人员应仔细审核，资料不齐全的应告知被保险人补全。

2．审核保险责任

保险公司的理赔人员对于被保险人的索赔要求，依据保险合同进行审核，明确被保险人的索赔要求是否属于保险责任的赔付范围。对于不属于保险责任的索赔要求，理赔人员应不予以受理，并向被保险人解释原因。

3．计算赔款

保险公司的理算人员，对于属于保险责任的损失，应区分属于何种险种的赔付责任，计算每个险种的赔款，并与被保险人沟通。

4．与被保险人沟通

保险赔款计算最终完成后，应告知被保险人，与其沟通，对其有疑问的地方进行解释。

5．缮制赔款计算书

各险种赔款计算完成，进行审查无误后，应缮制赔款计算书，出具缮制意见，并签章。

6．申请核赔

赔案缮制完成后，需及时提交赔案，申请索赔。

知识要点2　汽车保险索赔流程

车辆出险之后，被保险人应及时向保险公司报案索赔。被保险人索赔流程如图 2-5-2 所示。

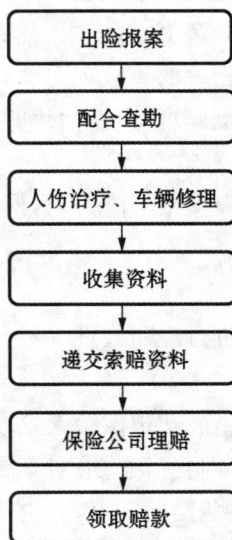

出险报案

配合查勘

人伤治疗、车辆修理

收集资料

递交索赔资料

保险公司理赔

领取赔款

图 2-5-2　汽车保险索赔流程

1．出险报案

《保险法》中规定："投保人、被保险人或者受益人知道保险事故发生后，应当及时通知保险人"因此,发生事故后,被保险人应当及时通知保险公司,否则造成损失,无法确定或扩大损失部分,保险公司将不予赔偿。

(1)报案期限。在事故发生后48小时内报案。保险条款中有规定,发生保险事故时,被保险人应在保险事故发生后48小时内通知保险人。故意或者因重大过失未及时通知,致使保险事故的性质、原因、损失程度等难以确定的,保险人对无法确定的部分,不承担赔偿责任。

(2)外地出险报案。在外地出险的,可向保险公司在当地的分支机构报案,并在48小时内通知保险公司。在当地的公司查勘后,再回到投保的所在地向承保公司申请索赔。

2. 配合查勘

发生保险事故后,被保险人应当提供事故发生的有关情况,积极协助保险人进行现场查勘。以保证保险公司及时准确查明事故的原因,核定损失的程度和损失的大致金额。

3. 车辆修理

在确定事故损失后,保险人可以进行车辆的修理,修理前被保险人应当会同保险人检验,协商确定修理项目、方式和费用。否则,保险人有权重新核定;无法重新核定的,保险人有权拒绝赔偿。

4. 收集资料

保险合同中条款有注明,被保险人索赔时,应当向保险人提供与确认保险事故的性质、原因、损失程度等有关的证明和资料。

被保险人索赔时应当提供保险单、损失清单、有关费用单据、被保险机动车行驶证和发生事故时驾驶人的驾驶证。

属于道路交通事故的,被保险人应当提供公安机关交通管理部门或法院等机构出具的事故证明、有关的法律文书(判决书、调解书、裁定书、裁决书等)及其他证明。

属于非道路交通事故的,应提供相关的事故证明。

因此保险人在处理交通事故,车辆修理,人伤治疗的过程中要注意保留有关资料。

5. 递交资料

被保险人索赔时,将有关索赔资料交给保险公司,保险公司应当对索赔资料迅速审查核定,并将核定结果及时通知被保险人。

6. 保险公司办理理赔

保险公司接受索赔后,应当迅速进行理赔处理。

7. 领取赔款

当保险公司确定了赔偿金额后,应通知被保险人领取赔款。对属于保险责任的,保险人应在与被保险人达成赔偿协议后十日内支付赔款;对不属于保险责任的,保险人应自作出核定之日起三日内向被保险人发出拒绝赔偿通知书,并说明理由。

知识要点3　汽车保险索赔资料

被保险人进行索赔时需要提供与保险事故有关的资料,所提供的资料各类案件有所不同。下面对各种案件的所需的索赔资料进行说明。

1. 基本索赔资料

基本索赔资料是常规的车险各类事故中通用的资料。基本索赔资料如表 2-5-1 所示。

表 2-5-1 基本索赔资料

序号	基本索赔资料	说　明
1	机动车保险索赔申请书(完整填写并签章)	通用
2	保险单正本复印件	通用
3	机动车行驶证正副本复印件	通用
4	机动车驾驶证正副本复印件	通用
5	营运证、特种车辆操作证	营运、特种车辆出险时
6	交警责任认定书	经过交警处理的交通事故
7	交警赔偿调解书	经交警调解的交通事故
8	法院民事判决书(民事调解书)	经法院判决、调解书的事故
9	仲裁委员会仲裁书	经仲裁的事故
10	当事人自行协商赔偿协议	当事人自行协商的交通事故
11	火灾证明	因火灾造成的损失
12	自然灾害证明	因自然灾害造成的损失

2. 车辆损失索赔资料

车辆损失索赔资料,是发生事故导致车辆(包括标的车和第三者的车辆)遭受损失,索赔时需要提供的资料。车辆损失索赔资料如表 2-5-2 所示。

表 2-5-2 车辆损失索赔资料

序号	车辆损失索赔资料	说　明
1	机动车保险事故损失项目确认书	通用
2	汽车修理发票	通用
3	机动车保险一次性定损自行修车协议	当采用一次定损确定损失时
4	修复车辆验收通知单	当所维修的车辆需要验收时
5	第三者财产损失证明及赔偿凭证	第三者的车辆发生损失的事故
6	货物运单及价格、数量凭证	需要赔偿货物损失的事故
7	事故车辆施救费赔偿凭证	事故车辆需要施救的事故

3. 人员伤亡索赔资料

人员伤亡索赔资料指交通事故中出现人员伤亡的情况,这一部分的损失需要保险公司赔偿,索赔时须提供资料。人员伤亡索赔资料如表 2-5-3 所示。

表 2-5-3　人员伤亡索赔资料

序号	人员伤亡索赔资料	说　明
1	医院诊断证明	人员在门诊治疗时
2	医疗费凭证	通用
3	病历	通用
4	诊疗及药品清单	通用
5	伤亡人员单位误工证明	索赔误工费时（单位开具）
6	伤亡人员医院误工证明	索赔误工费时（医院开具）
7	护理证明	伤员需要护理时
8	护理人员误工及收入证明	索赔护理人员的误工费时
9	后续医疗证明	受伤人员需要后续治疗时
10	住院伙食补助费凭证	索赔住院伙食补助费时
11	营养费凭证	索赔营养费时
12	交通费凭证	索赔交通费时
13	住宿费凭证	索赔住宿费事
14	交通事故伤残鉴定	发生伤残，进行鉴定的事故
15	残疾辅助器具证明	索赔残疾辅助器费用时
16	死者户籍注销证明	发生死亡的事故
17	丧葬费凭证	索赔丧葬费时
18	被抚养人户籍关系证明	索赔抚养费用时
19	被抚养人丧失劳动能力证明	索赔抚养费用时

4. 财物损失索赔资料

财物损失索赔资料，指发生车辆之外的财物损失，索赔时须提供的索赔资料。财物损失索赔资料如表 2-5-4 所示。

表 2-5-4　财物损失索赔资料

序号	财物损失索赔资料	说　明
1	机动车保险第三者财产保险损失证明	需要赔偿第三者财产损失时
2	机动车保险第三者财产保险赔偿凭证	需要赔偿第三者财产损失时
3	货物运单及价格、数量凭证	索赔货物损失时
4	损失物资回收单	有损失的物资需要回收时
5	第三者财物施救费赔偿凭证	索赔第三者财物施救费时

笔记

5. 盗抢险索赔资料

盗抢险索赔资料,指发生盗抢险,索赔时所须提供的索赔资料。盗抢险索赔资料如表 2-5-5 所示。

表 2-5-5　盗抢险索赔资料

序号	盗抢险索赔资料	说　明
1	保险车辆盗抢案件立(破)案证明	通用
2	报警回执	通用
3	车辆报停或注销证明	通用
4	车辆来历证明或购车发票原件	通用
5	购置附加税凭证	通用
6	登载车辆被盗抢声明的报纸(市级以上)	通用
7	权益转让书	通用
8	机动车登记证原件	通用
9	被保险人身份证或营业执照复印件	通用

✎ 知识链接

《保险法》关于索赔资料的的规定

我国《保险法》对于保险公司接受被保险人的索赔资料,索赔资料的补充、保险公司审核索赔资料期限有明确规定。

《保险法》第二十二条规定:保险事故发生后,按照保险合同请求保险人赔偿或者给付保险金时,投保人、被保险人或者受益人应当向保险人提供其所能提供的与确认保险事故的性质、原因、损失程度等有关的证明和资料。保险人按照合同的约定,认为有关的证明和资料不完整的,应当及时一次性通知投保人、被保险人或者受益人补充提供。

《保险法》第二十三条规定:保险人收到被保险人或者受益人的赔偿或者给付保险金的请求后,应当及时作出核定;情形复杂的,应当在三十日内作出核定,但合同另有约定的除外。保险人应当将核定结果通知被保险人或者受益人;对属于保险责任的,在与被保险人或者受益人达成赔偿或者给付保险金的协议后十日内,履行赔偿或者给付保险金义务。

知识要点 4　汽车保险赔款理算

赔款理算是理算人员根据被保险人提供的经审核无误的有关费用单证,根据保险条款、事故证明等确定保险责任及赔偿比例;计算汽车保险赔款、缮制赔款计算书。

赔款理算的流程如图 2-5-3 所示。

```
┌──────────────────┐
│   接受待理算赔案   │
└──────────────────┘
         ↓
┌──────────────────┐
│  整理、审核赔案材料 │
└──────────────────┘
         ↓
┌──────────────────┐
│   确定保险责任     │
└──────────────────┘
         ↓
┌──────────────────┐
│    赔款计算        │
└──────────────────┘
         ↓
┌──────────────────┐
│  缮制赔款计算书     │
└──────────────────┘
         ↓
┌──────────────────┐
│  赔款计算书复核     │
└──────────────────┘
         ↓
┌──────────────────┐
│   打印、签名       │
└──────────────────┘
         ↓
┌──────────────────┐
│   移交核赔岗       │
└──────────────────┘
```

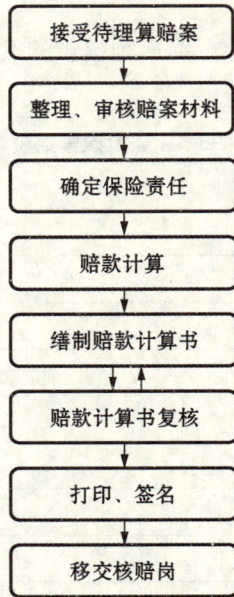

图 2-5-3　汽车保险赔款理算流程

1. **接收赔案**

在接收待理算的赔案时，应对赔案资料进行清点，并核对签名、签章是否齐全有效。主要审核下列单证：

（1）抄单、批单；

（2）车损、物损损失确认书；

（3）伤亡人员费用核损结果；

（4）查勘记录、事故证明；

（5）事故现场照片、车损、物损照片；

（6）客户签名确认的书面索赔申请、报案记录；

（7）其他相关证明、票据；

（8）委托代理索赔委托书、权益转让书等其他相关材料。

如赔案资料完整无误，应在"索赔材料回执单"上进行登记，由双方签字确认；对资料不完整的，应及时要求补充提供有关证明或资料。

2. **整理赔案资料**

理算员对接收的赔案资料审核完毕后，指导赔案上交人员对赔案材料按规范要求进行粘贴整理。

（1）所有非 A4 规格的单证、票据，均在专用赔案票据粘贴用纸上进行粘贴。单证、票据应分类、分项粘贴。

（2）冲洗照片并应用赔案照片粘贴单粘贴。

（3）传真件应复印后将复印件归入赔案。

3. **确定保险责任**

审阅事故责任证明、现场查勘记录、报案记录等，了解出险原因及经过，根据投保情况对照保险条款确定保险责任。

4. 确定事故责任比例、赔偿比例

根据保险条款及相关法规、保险事故责任证明,确定事故责任比例;核实是否足额投保,不足额的进行比例分摊;核实施救费用是否涉及比例分摊;确定免赔率或免赔额度。

5. 赔款计算

在对应险别项下,根据各项损失确认书确定的损失金额、事故责任比例、赔偿比例、免赔比例、残值扣除等内容计算赔款。条款约定有绝对免赔的,应予以扣除。

6. 缮制、复核赔款计算书

对赔款计算复核无误后,缮制赔款计算书。

7. 将赔案移交核赔岗

理算工作完成后,重新整理赔案资料,填写赔案流转表,将赔案资料移交核赔岗。

知识要点5　交强险赔款计算

交强险的赔偿项目有:受害人的死亡伤残费用、受害人医疗费用和受害人的财产损失费用三部分。交强险的赔款为各分项目的赔款总和,即

赔款＝受害人的死亡伤残费用＋受害人医疗费用＋受害人的财产损失费用

各分项的金额不超过其赔偿限额,赔偿限额如表 2-5-6 所示。

表 2-5-6　交强险赔偿限额

保障内容	赔偿限额/(元)	
	被保险人有责	被保险人无责
死亡伤残	110 000	11 000
医疗费用	10 000	1 000
财产损失	2 000	100

知识要点6　车辆损失险的赔款计算

1. 投保时按保险车辆的新车购置价格确定保险金额

1) 全部损失

全部损失,即保险车辆在保险事故中发生整体损毁或受损严重失去修复价值,即形成实际全损或推定全损。

(1) 保险金额高于保险事故发生时保险车辆的实际价值时:

赔款＝保险事故发生时保险车辆的实际价值×事故责任比例×

(1－事故责任免赔率)×(1－绝对免赔率之和)－绝对免赔额

① "保险事故发生时保险车辆的实际价值"(以下简称"实际价值")按保险事故发生时同种类型车辆市场新车购置价(含车辆购置附加费(税))减去该车已使用年限折旧后确定。即

实际价值＝新车购置价－折旧金额

折旧金额＝保险事故发生时的新车购置价×被保险机动车已使用月数×月折旧率

笔记

9 座以下客车月折旧率取 0.6%；10 座以上客车月折旧率取 0.9%。满一月扣除一月折旧，不足一月的部分不计折旧。

② "事故责任比例"，按照由交警部门、法院裁定的事故责任比例确定，交警部门处理但未确定事故责任比例的，按照表 2-5-7 方法确定事故责任比例。

表 2-5-7　事故责任比例

交通事故责任类型	事故责任比例（%）
被保险机动车方负全部责任	100
被保险机动车方负主要责任	70
被保险机动车方负同等责任	50
被保险机动车方负次要责任	30
被保险机动车方无责任	0

③ "事故责任免赔率"是指，依据保险车辆驾驶员在事故中所负事故责任比例而由其自负的免赔率。

④ "绝对免赔率之和"是指，保险车辆应当由第三者负责赔偿且确实无法找到第三者的、违反安全装载规定、超出约定行驶区域、非约定驾驶员驾驶保险车辆肇事后需要加扣的免赔率之和。

（2）保险金额等于或低于实际价值时：

赔款 ＝保险金额×事故责任比例×（1－事故责任免赔率）×
（1－绝对免赔率之和）－绝对免赔额

2）部分损失

赔款 ＝实际修理费用×事故责任比例×（1－事故责任免赔率）×
（1－绝对免赔率之和）－绝对免赔额

若赔款大于等于实际价值，则按照实际价值赔付，赔款＝实际价值；若赔款小于实际价值，则按照实际计算出的赔款赔付。

3）施救费赔款计算

施救费赔款 ＝实际施救费用×事故责任比例×
（保险财产价值÷实际施救财产总价值）×
（1－事故责任免赔率）×（1－绝对免赔率之和）－绝对免赔额

施救费赔款最高不超过保险金额的数额。

2. 投保时按保险车辆的实际价值确定保险金额或协商确定保险金额

1）全部损失

（1）保险金额高于保险事故发生时保险车辆的实际价值时：

赔款 ＝实际价值×事故责任比例×（1－事故责任免赔率）×
（1－绝对免赔率之和）－绝对免赔额

（2）保险金额等于或低于实际价值时：

赔款 ＝保险金额×事故责任比例×（1－事故责任免赔率）×

$$（1－绝对免赔率之和）－绝对免赔额$$

2）部分损失

$$赔款 ＝实际修理费用×事故责任比例×$$

$$（保险金额÷投保时保险车辆的新车购置价）×$$

$$（1－事故责任免赔率）×（1－绝对免赔率之和）－绝对免赔额$$

若赔款大于等于实际价值，则按照实际价值赔付，即，赔款＝实际价值；若赔款小于实际价值，则按照实际计算出的赔款赔付。

3）施救费赔款计算

$$施救费赔款 ＝实际施救费用×事故责任比例×$$

$$（保险金额÷投保时保险车辆的新车购置价）×$$

$$（保险财产价值÷实际施救财产总价值）×$$

$$（1－事故责任免赔率）×（1－绝对免赔率之和）－绝对免赔额$$

施救费赔款最高不超过保险金额的数额。

知识要点7　第三者损失险赔款计算

第三者责任险的赔偿金额，按照《道路交通安全法》及国家政府机构制订的相关文件、管理规定或条例规定的赔偿范围、项目和标准，以及本保险合同的约定进行确定和计算。

1. 当被保险人按事故责任比例应承担的赔偿金额超过责任限额时

$$赔款＝责任限额×（1－事故责任免赔率）×（1－绝对免赔率之和）$$

2. 当被保险人按事故责任比例应承担的赔偿金额低于责任限额时

$$赔款＝应承担的赔偿金额×（1－事故责任免赔率）×（1－绝对免赔率之和）$$

3. 应承担的赔偿金额即第三者的损失减去在交强险限额内赔偿的部分后再乘以事故责任比例，即

$$应承担的赔偿金额＝（第三者损失－交强险赔偿限额）×事故责任比例$$

4. 车辆损失险、第三者责任险赔款计算应注意的问题

（1）赔款计算依据交通管理部门出具的《交通事故认定书》以及据此做出的《交通事故损害赔偿协议书》。当调解结果与责任认定书一致时，对于调解结果中认定的超出被对保险人责任范围内的金额，保险人不予赔偿；对于被保险人承担的赔偿金额低于其应按责赔偿的金额的，保险人只对被保险人实际赔偿的保金额在限额内给予赔偿。

（2）法院判决被保险人应赔偿第三者的金额，如精神损失赔偿费等，保险人不予承担。

（3）保险人对第三者责任事故赔偿后，对受害第三者的任何赔偿费用的增加不再负责。

知识要点8　全车盗抢险赔偿计算

1. 全部损失

（1）保险金额高于保险事故发生时保险车辆的实际价值时：

$$赔款＝实际价值×（1－绝对免赔率之和）$$

（2）保险金额等于或低于实际价值时：

$$赔款＝保险金额×（1－绝对免赔率之和）$$

2. 部分损失

(1) 保险金额高于保险事故发生时保险车辆的实际价值时：

$$赔款＝实际修理费用×(1-绝对免赔率之和)$$

(2) 保险金额等于或低于实际价值时：

$$赔款＝实际修理费用×(保险金额÷投保时保险车辆的新车购置价)×$$
$$(1-绝对免赔率之和)$$

赔款金额不得超过本险种保险金额。对全车盗抢险收回车辆有关费用的计算，为特殊案件按照损余物资处理的有关规定执行。

知识要点 9   车上人员责任险赔款计算

1. 当被保险人按事故责任比例应承担的每座车上人员伤亡赔偿金额未超过保险合同载明的每人责任限额时

$$每人赔款＝应承担的赔偿金额×(1-事故责任免赔率)×(1-绝对免赔率)$$

2. 当被保险人按事故责任比例应承担的每座车上人员伤亡赔偿金额超过保险合同载明的每人责任限额时

$$每人赔款＝责任限额×(1-事故责任免赔率)×(1-绝对免赔率)$$

3 赔款 ＝ $\sum$ 每人赔款

赔偿人数以投保座位数为限，其中区分司机座位和乘客座位，分别不超过相应的最高赔偿限额。

4. 免赔率

(1) 发生保险事故时，超出行驶区域的，增加 10% 的免赔率。

(2) 指定驾驶人的车辆，由非指定驾驶人驾驶发生保险事故的，或者指定驾驶人的信息不真实的，增加 10% 的免赔率。

知识要点 10   主要附加险赔款计算

1. 玻璃单独破碎险

$$赔款＝实际修理费用$$

2. 自燃损失险

(1) 全部损失：

$$全部损失赔款＝保险金额×(1-20\%)$$

(2) 部分损失：

$$赔款＝实际修理费用×(1-20\%)$$

赔款金额不得超过本险种保险金额。

(3) 施救费用

$$施救费赔款＝实际施救费用×(保险财产价值÷实际施救财产总价值)×(1-20\%)$$

施救费用以不超过保险金额。

3. 车身划痕损失险

$$赔款＝实际损失金额×(1-15\%)$$

笔记

4. 车上货物责任险

（1）当被保险人按事故责任比例应承担的车上货物损失金额未超过保险合同载明的责任限额时：

$$赔款＝应承担的赔偿金额×（1－事故责任免赔率）$$

（2）当被保险人按事故责任比例应承担的车上货物损失金额超过保险合同载明的责任限额时：

$$赔款＝责任限额×（1－事故责任免赔率）$$

5. 不计免赔特约条款

$$赔款＝一次赔款中已承保且出险的对应险种免赔额之和$$

下列被保险人自行承担的免赔金额，保险人不负责赔偿

（1）车辆损失保险中应当由第三方负责赔偿而确实无法找到第三方的；

（2）违反安全装载规定加扣的；

（3）同一保险年度内多次出险，每次加扣的；

（4）因保险车辆实际行驶区域超出保险单的约定范围而加扣的；

（5）对保险合同中约定驾驶人员的，保险事故发生时，由非约定驾驶人员驾驶而加扣的，因约定的驾驶人身份不真实而加扣的；

（6）全车被盗抢、抢劫、抢夺，因被保险人不能提供机动车登记证书、行驶证、购车发票、车辆购置税完税凭证等加扣的；全车被盗窃，因原配的全套车钥匙缺失而加扣的。

知识要点 11 重复保险处理

重复保险是指投保人对同一保险标的、同一保险利益、同一保险事故分别向两个以上保险人订立保险合同的保险。

发生保险事故时，重复保险的投保人应将重复保险的有关情况通知各保险人或业务人员。经调查发现有重复保险的情况，按照《保险法》的规定进行处理。重复保险的保险金额总和超过保险价值的，各保险人的赔偿金额的总和不得超过保险价值。保险价值指保险车辆出险当时的实际价值。除合同另有规定外，各保险人按照承保的保险金额与各保险人承保保险金额总和的比例分摊赔偿责任。

重复保险赔款的计算：

$$赔款＝核定赔款×（本保险合同的保险金额÷所有有关保险合同保险金额的总和）$$

四、任务实施

任务步骤 1 拟定任务实施计划

在确定保险事故的各项损失后，被保险人向保险公司索赔，向保险公司提供与事故相关的各项索赔资料，保险理赔人员在接受索赔后，应迅速进行赔案缮制，计算赔款，快速理赔，赔案缮制可按照图 2-5-4 所示流程进行。

笔记

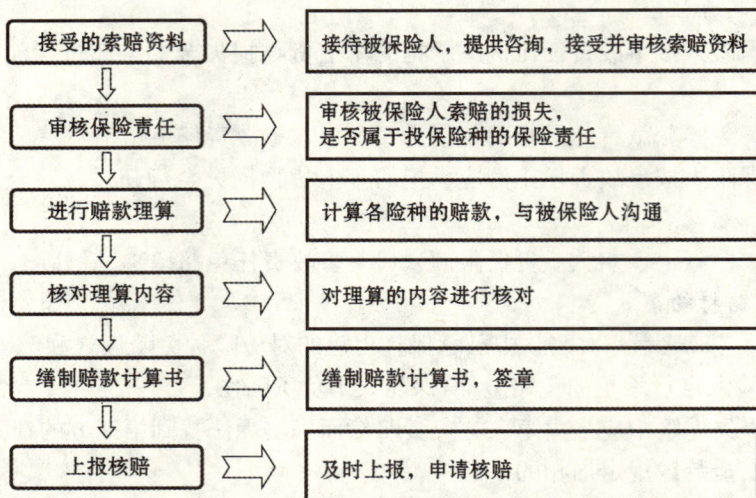

图 2-5-4　赔案缮制任务实施流程

任务步骤 2　接受索赔资料

保险理赔人员应当热情接受咨询,接待客户,接收车险索赔资料,并审核索赔资料,保证车险理赔案件资料的正确流转。

(1) 理赔内勤接收客户索赔材料时要认真逐一审核,要仔细查看每一张单证、每一项数字、每一个印章,重点审核地点、金额、时间、报损单等,保证客户所交材料齐全、有效,拒收不合格的材料和不予赔付项目的材料,注意审核请求赔款的人是否有权提出索赔。单证要求齐全标准和有效。对于客户上门报案和定损员现场查勘均未见到两证原件的,要求客户提供两证原件补验,防止两证未审验合格,客户提供两证复印件做假。

(2) 客户提交索赔的单证不完整,暂不予受理客户的索赔单证提交,并一次性、详细告知需补充、完善的单证。

(3) 填写机动车辆保险索赔材料交接单,如表 2-5-8 所示,交接单一式两联,一联交与客户,一联留存案卷内。需要注意的是,填写机动车辆保险索赔材料交接单时要根据客户提交的材料逐项"打钩"并标明是否为原件或复印件,对于未提交的项目要逐项"打叉"进行否定;填写领取赔款的时间,要考虑审批时间等因素而慎重地约定。

(4) 简单计算赔付金额并告知客户,必要时让被保险人签署确认书。向被保险人说明理算基础:解释保单时,条理分明;依承保标的分类逐一说明理算金额及依据,有共识部份先请客户签字;利用快速与便捷的服务弥补赔款差异,承诺在几天内赔付,提供便捷的付款方式。

(5) 不予以赔付的项目应同时告知客户。若事故属以下非保单责任,需验明:非承保范围、未出单、保单已过期、低于自负额。然后,书面函告被保险人:简洁明了,条理分明;适时告知,不要延迟。

笔记

表 2-5-8　机动车保险索赔材料交接单

被保险人		保险单号
出险时间		赔案编号
出险类别		车牌号码

类别	材料项目
A 各类损失通用	1. 机动车保险索赔申请书□ 2. 保险单正本□　复印件□ 3. 机动车行驶证正本:原件□　复印件□ 4. 机动车驾驶证正本:原件□　复印件□ 5. 营运证□　特种车辆操作证□ 6. 交警责任认定书□ 7. 交警赔偿调解书□ 8. 法院民事判决书(民事调解书)□ 9. 仲裁委员会仲裁书□ 10. 当事人自行协商赔偿协议□ 11. 火灾证明□ 12. 自然灾害证明□
B 车辆损失 A+本栏项目	13. 机动车保险事故损失项目确认书□ 14. 汽车修理发票□　共　　份 15. 汽车修理项目和零部件更换项目清单□ 16. 机动车保险一次性定损自行修车协议□ 17. 修复车辆验收通知单□ 18. 第三者财产损失证明及赔偿凭证□ 19. 货物运单及价格、数量凭证□ 20. 事故车辆施救费赔偿凭证□
D 财物损失 A+本栏项目	40. 机动车保险第三者财产保险损失证明□ 41. 机动车保险第三者财产保险赔偿凭证□ 42. 货物运单及价格、数量凭证□ 43. 损余物资回收单□ 44. 第三者财物施救费赔偿凭证□
E 盗抢损失 A+本栏项目	45. 保险车辆抢案件立(破)案证明□ 46. 报警回执□ 47. 车辆报停或注销证明□ 48. 车辆来历证明或购车发票:原件□　复印件□ 49. 购置附加税凭证:原件□　复印件□ 50. 登载车辆被盗抢声明的报纸(市级以上)□ 51. 权益转让书□ 52. 机动车登记证原件□ 53. 被保险人身份证或营业执照复印件□ 54. 注销抵押证明(办理抵押登记车辆)□
其他单证	
合　计	共　　份材料，共　　张单证据

笔记

续表

C 人员伤亡 A+本栏项目	21. 医院诊断（出院）证明□	交接记录
	22. 医疗费凭证□	第　次交接。全部材料□已齐全　□未齐全
	23. 病历□　处方□	
	24. 诊疗及药品清单□	确认声明： 我公司已经收到您交来的以上共　　份单证，现予以正式确认
	25. 伤亡人员单位误工证明□	重要提示：
	26. 伤亡人员医院误工证明□	我公司会尽快处理本赔案，请您留下联系电话，等候我们的协助调查、定损和
	27. 护理证明□	领取赔款通知。领赔款时，请您在我们通知的时间内，携带身份证件（单位携
	28. 护理人员误工及收入证明□	带财务专用章）或委托书，到我公司办公职场办理
	29. 后续医疗证明□	
	30. 住院伙食补助费凭证□	交单人（被保险人或委托人）：
	31. 营养费凭证□	签章：
	32. 交通费凭证□	电话：
	33. 住宿费凭证□	接单人（保险公司经办人）：
	34. 交通事故伤残鉴定□	签章：
	35. 残疾辅助器具证明□	电话：
	36. 死者户籍注销证明□	交接日期：
	37. 丧葬费凭证□	
	38. 被抚养人户籍关系证明□　户口本复印件□	
	39. 被抚养人丧失劳动能力证明□	

任务步骤3 审核保险责任

（1）被保险人将索赔单证交齐后，应仔细审核，确认属于保险责任，对于客户要求赔偿的损失，判断是否在其投保的险种保障范围内。如不属于保险责任，则应通知被保险人，告知被保险人保险公司的处理决定，出具拒赔通知书送交被保险人。

（2）对照事故的损失类型，判断各损失属于何种险种的保险责任，应当在哪个险种内赔偿，如表2-5-9所示。

表2-5-9　各项损失的赔付险种

损失项目	赔付险种
标的车辆的损失	车辆损失险
标的车上人员	车上人员责任险
三者财产损失	交强险
三者人员伤亡	交强险
三者财产损失（超出交强险限额部分）	第三者责任险
三者人员伤亡（超出交强险限额部分）	第三者责任险

（3）核对损失金额，对于超出相应险种的赔付限额内的损失，应明确说明保险公司的赔付金额以赔付限额为限，超过部分被保险人自己承担。对索赔单证审核无误后，录入赔款信息并确认。

（4）核对保单承保范围主要有：免赔率、免赔额扣除、责任限额、折旧、重复比例分摊。在此基础上，进行赔款理算。

任务步骤4 进行赔款理算

根据各项损失的情况，确定在何种险种中赔偿，在对应险种下，根据各项损失确认书确定的损失金额、事故责任比例、免赔率、残值扣除等内容计算赔款。条款约定有绝对免赔的，应予以扣除。

1. 各项损失项目的损失金额

查验通过核损核定的各项人伤、车辆、财物损失金额。注意审核被保险人提供的发票、赔付凭证上注明的金额是否与核定损失金额一致。

2. 保险金额

查对保险金额，注意各项损失是否超过保险金额。

3. 事故责任比例

根据交警部门事故认定书、法院判决书等材料确定标的车的事故责任比例。

4. 事故责任免赔率（相对免赔率）

根据标的车在交通事故中所承担的事故责任比例确定的事故责任免赔率。

5. 绝对免赔率

标的车发生事故，有无"车辆损失保险中应当由第三方负责赔偿而确实无法找到第三方"、"违反安全装载规定加扣"等保险合同条款规定应该加扣绝对免赔情况,如果有,则理算时加扣相应免赔率。

6. 规定的免赔额

标的车有无存在应该扣除保险合同规定的应该扣除免赔额的情况,如果有,则加扣相应的免赔金额。

7. 残值

车辆损失的残值确定,以车辆损失部分的零部件残值计算。如车辆残值归被保险人,则在赔款中扣除,否则车辆残值收归公司所有。

任务步骤5　核对理算内容

完成各险种的赔款计算后,核对理算内容,主要有:

(1) 理算单价;

(2) 费用估算;

(3) 折旧,依照条款约定的《折旧率表》执行;

(4) 对于拖车费、停车费、吊装费以及损坏路面、护栏、路标、草坪、绿地、苗木等的赔偿标准,按照财政局、物价局的规定和补偿标准赔偿;

(5) 追偿款及追偿费用的处理:在系统结案前,追偿款收入及追偿费用支出可在该赔案项下缮制机动车保险赔款计算书,直接从此案项下做冲回处理;在系统结案后,追偿款收入及追偿费用支出通过系统追偿处理功能界面进行处理,从该赔案项下冲回。

任务步骤6　缮制保险赔款计算书

在赔款计算核对无误后,可缮制保险赔款计算书,计算书须有理算人、核赔人签章。保险赔款计算书如表 2-5-10 所示。

表 2-5-10　机动车保险赔款计算书

保单号		赔案号	
被保险人		车牌号码	
保险期限		出险时间	
出险地点		事故责任	
赔款计算			
理算项目			

险别	费用项目	索赔金额	核损金额	责任比例	赔付金额	是否垫付
合计						

查勘费		校验费		公估费		其他费用	
本次赔付金额		垫付金额		本次赔付最终金额			
缮制人：	年　月　日	复核：		年　月　日			
核赔人意见		理赔经理意见		最终核赔意见			
签字　　年　月　日		签字　　年　月　日		签字　　年　月　日			

在以往的理赔系统中,缮制人员对赔款的理算以缮制赔款计算书的形式出现,然后提交核赔审核。在现今的理赔系统中,缮制人员对赔款的理算可以直接在理赔系统中的缮制平台处理,缮制人员根据案件的损失情况直接在平台上录入损失金额、责任比例、各种免赔信息等相关因素,然后系统将自动计算,生成赔款计算书,很快即可得出赔款金额。

任务步骤7　上报核赔

理算工作完成后,重新整理赔案资料,填写赔案流转表,将赔案资料移交核赔岗。

五、任务评价

按照表 2-5-11 对任务 2.5 完成情况进行评价。

表 2-5-11　汽车保险赔案缮制任务考核标准

考核项目	评分标准	分　数	学生自评	小组互评	教师评价	小　计
团队合作	团队和谐 有分工合作 组员积极参与	10				
任务方案	正确、合理	10				
操作过程	能接待客户的索赔 能审核索赔资料 能确定保险责任 能计算各险种赔款 能缮制赔款计算书 能与被保险人沟通赔款事项	70				
任务完成情况	圆满完成	10				
教师签写		年　月　日	总　分			

六、学习拓展

选择题

李先生购买一辆轿车家庭自用,新车购置价为 20 万,在保险公司投保了一份保险,险种包括交强险、车辆损失险(保险金额为 20 万元)、第三者责任险(赔偿限额为 20 万元)、车上人员险(司机位赔偿限额为 50 000 元)、全车盗抢险(保险金额 20 万)、车身单独划痕险(保险金额 5 000 元)。在某一天,李先生驾驶已保险车辆与另一轿车碰撞,发生交通事故,经过核定损失,李先生车辆损失 4 000 元,李先生受伤,住院医疗费用 20 000 元,对方车辆损失需 3 000 元,对方司机车司机受伤,住院医疗费用 12 000 元,交警认定李先生负主要责任。试回答下列问题(假设不存在增加绝对免除率情况)

(1) 该起交通事故造成的损失不涉及哪个险种?

A. 交强险　　　　B. 第三者责任险　　　C. 车辆损失险　　　D. 玻璃单独破碎险

(2) 被保险人索赔时不用提供哪项索赔资料?

A. 车辆维修发票　　B. 事故认定书　　　C. 行驶证　　　　D. 施救费赔偿凭证

(3) 该起事故李先生的事故责任比例为_____。

A. 100%　　　　　B. 70%　　　　　C. 50%　　　　　D. 30%

(4) 该起事故中,计算第三者责任险赔款时,应当扣除_____事故责任免赔率。

A. 15%　　　　　B. 10%　　　　　C. 8%　　　　　D. 5%

(5) 本次事故中,李先生的承保公司应当赔付的赔款是多少?

任务2.6　汽车保险核赔与结案

一、学习目标

通过本任务的学习,你应当:

1. 知道汽车保险核赔流程;
2. 能够审核汽车保险赔案;
3. 能够进行汽车保险赔付结案;
4. 能够进行汽车保险拒赔工作。

二、任务情景

情景描述	2011年12月1日,王先生新买了一辆轿车,新车购置价为20万。向保险公司投保一份保险,险种包括交强险,车辆损失保险金额20万元,第三责任者险责任限额为20万元,全车盗抢险保险金额20万,车上人员责任险,司机限额为5万元,乘客限额为每座位1万元,玻璃单独破碎险,不计免赔约险,保险期限为2011年12月2日零时起至2012年12月1日二十四时止。在2012年3月1日晚20点左右,王先生驾驶标的车行驶时发生翻车事故,事故导致王先生受伤,用去医疗费12 000元,标的车车辆受损,损失费用确定为15 000元,道路设施损失核定为4 000元。经过交警处理,王先生负全部责任,王先生向保险公司递交了相关索赔资料进行索赔。缮制人员经过理算,计算出赔款12 750元,交强险赔款为2 000元,三责险的赔款为1 600元,车上人员责任赔款为1 020元不计免赔约险的赔款为2 250元。王先生应当递交何种索赔资料?核赔人员应当如何对赔案进行审核?(保险公司选用A款的保险条款)
任务目标	1. 审核保险赔案索赔单证 2. 全面审核赔案 3. 出具赔案核赔意见 4. 进行赔付结案工作

三、相关知识

知识要点1　汽车保险核赔流程

汽车保险核赔就是对整个案件信息的审核,包括报案、查勘定损、核损、缮制等。通过对上述工作信息的综合审核给出赔付意见,如果赔案符合赔付要求则核赔同意,案件转入赔付结案环节;如果赔案不符合要求则退回相应环节处理。

核赔是汽车保险理赔当中一个关键环节,是赔案进行赔付之前的一道关口,对于控制理赔工作质量、防灾防损有重要的意义。

以往的核赔一般是根据查勘定损环节提供的照片,结合前面环节的审核意见书及被保险人提供的单证原件进行审核,核赔人确认无误后在缮制赔款计算书上签署核赔赔付意见。在核赔过程中核赔人需要查看审核单证原件,流程比较繁琐,效率较低。

现代汽车保险理赔,引入互联网,核赔环节基本不必再审核单证原件,单证可以在理赔系统中查看。前面环节审核意见可以在理赔系统内体现,同时案件所需的单证都由前面相应环节上传到系统上,核赔人可以直接查看系统,审核案件的全部信息,核赔人对案件的审核意见也可以在系统中记录。

核赔工作的流程如图 2-6-1 所示。

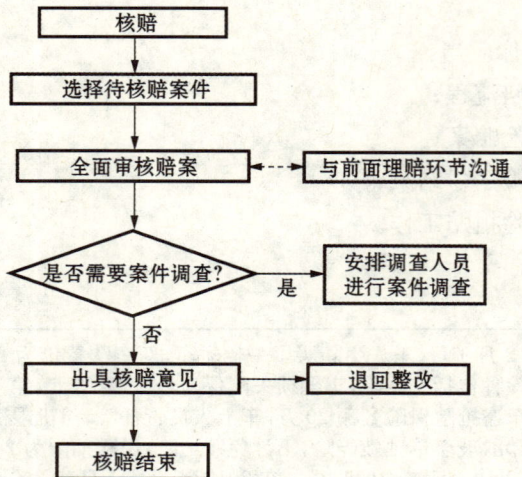

图 2-6-1　汽车保险核赔流程

1. 选择待核赔案件

在理赔系统中进行核赔工作,首先应进入车险核赔平台中,各保险公司核赔系统的功能环节与界面不尽相同,但一般可以查找待核赔的新赔案,选择待核赔案件之后即可以进入该核赔案件。在系统中可以查看报案、保单信息、查勘定损信息、核损信息、历次出险信息的内容。

2. 全面审核赔案

对汽车保险赔案的审核是通过查看赔案的各项信息以确认案件是否符合赔付要求。主要需审核的信息有:

(1) 报案信息;

(2) 保单信息;

(3) 图片信息;

(4) 查勘信息;

(5) 损失录入信息;

(6) 核损复勘信息;

(7) 缮制理算信息;

(8) 支付信息。

核赔人在审核案件的过程中,对于案件出现的疑问应当与前面相应的理赔环节沟通。

3. 案件调查

核赔人在审核过程中,发现案件有疑点,如可能存在酒后驾车、故意肇事等情况,而无法确定的事故,可以将案件转让调查岗,安排人员对案件进行详细调查,以查明事故真实情况。

◀◀◀◀

笔记

4. 出具核赔意见

如案件符合赔付要求,则核赔同意,案件结案转入支付环节。

如案件不符合赔付要求,则核赔不同意,核赔人给出不同意的原因,将案件退回前面相应理赔环节继续处理。

知识要点2　汽车保险核赔内容

核赔工作不是简单的核对案件信息,检查单证,重要的是对整个赔案的处理过程进行管控,控制理赔案件的质量。核赔工作的主要内容如图 2-6-2 所示。

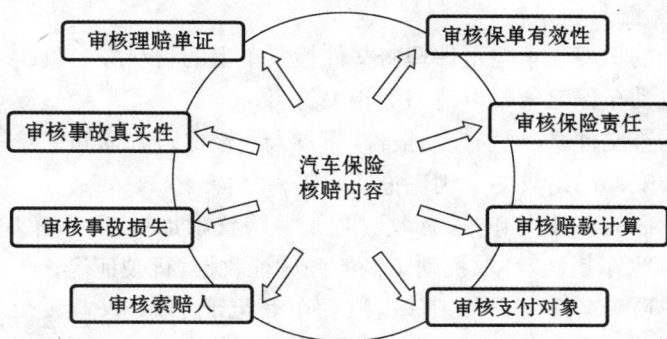

图 2-6-2　汽车保险核赔内容

1. 审核理赔单证

1) 理赔单证否齐全

(1) 车损事故索赔材料审核。

① 核赔案卷中的材料与车险案件理赔文件检索单上的材料应一致;

② 留存车险机动车保险索赔申请书,并核实车险机动车保险索赔申请书的填写项目应齐全准确有效;

③ 应留存事故调查文件,如保单抄件、车辆查勘报告、定损单等;

④ 证明损失金额的文件应齐备、有效,如维修发票、机动车保险车辆修理项目清单、施救费用单据、财产损失清单及单据、经济赔偿执行凭证等;

⑤ 属单方重大事故及双方事故的,应留存国家机关出具的事故证明,如:《交通事故认定书》和《损害赔偿调解书》、《当事人自行解决交通事故协议书》等;属非交通管理部门管辖的地域出险,应由管辖派出所出具相应证明;案情简单,当事人无争议的轻微和一般事故;

⑥ 重大案件和有疑点的案件,应留存询问笔录等;

⑦ 参考理赔文件检索单,其他必要的理赔文件也应齐备、有效,如:行驶证、驾驶证的复印件;相关部门出具的证明,如:气象部门出具的自然灾害证明、消防部门出具的火灾证明等。

(2) 人伤事故索赔材料审核。

① 核赔案卷中的材料与车险案件理赔文件检索单上的材料应一致;

② 留存出险通知书,机动车保险索赔申请书;

③ 留存事故调查文件,查勘/调查报告等;

④ 证明损失金额的文件应齐备、有效,如:机动车保险人伤损失清单,经济赔偿执行凭证,残疾鉴定书,就医医院的诊断证明、休假证明、继续治疗证明,伤者医疗、医药费收据,死亡证明及注销户籍证明,伤者、护理者所在单位劳资部门出具的完税凭证和误工扣款证明,法院裁决书,交通费单据等;

⑤ 留存国家公安机关出具的事故证明,如:《交通事故认定书》和《损害赔偿调解书》等事故证明及计算说明(过程);

⑥ 参考理赔文件检索单,其他必要的理赔文件应齐备、有效,如:行驶证、驾驶证的复印件,事故现场照片等;

(3) 盗抢事故索赔材料审核。

① 核赔案卷中的材料与车险案件理赔文件检索单上的材料应一致;

② 留存车险机动车保险索赔申请书等相关材料;

③ 留存事故调查文件,如现场查勘报告,当事人或被保险人询问笔录等;

④ 留存国家公安部门出具的车辆盗抢证明等;

⑤ 证明损失金额的文件应齐备、有效,如:车辆购置附加费证,购车原始发票或旧机动车辆交易发票,全部汽车钥匙,存取机动车辆停驶凭证收据,行驶证等;

⑥ 其他必要的理赔文件应齐备、有效,机动车登记证书如,权益转让书,机动车辆保险单正本,被保险人身份证复印件/企业营业执照复印件(盖章),车辆丢失登报声明及凭证,驾驶证复印件等;

⑦ 检查是否取得律师费、查勘费、公估费、事故处理费等费用的原始发票。

2) 索赔单证必须有效

单证材料和票据应有效。索赔材料必须满足以下要求:索赔单据、事故证明以及其他证明材料必须是原始材料,如使用复印件必须有充分的理由和原件留存单位加盖公章;有关单位证明必须具有权威性,否则无效;所有书面材料应是字迹清晰,无涂改,或涂改处有签章;事故证明必须要有相关部门盖章或签字,签字和签章清晰的索赔材料才有效。

2. 审核保单的有效性

(1) 出险时间是否在承保有效期内。

(2) 被保险人与行驶证车主是否一致。

(3) 保险费是否已经缴清。

3. 审核事故真实性

1) 核实标的车辆

核对出险车辆车牌号、车架号、发动机号码,确认是否为承保标的车。

2) 核实三者车辆

核对三者车辆外观、车架号、车牌号是否与客户报案、现场查勘图片、事故认定书一致。

3) 事故各要素清楚

出险时间、出险地点、出险相关人员、出险原因、出险过程、损失结果应齐全清楚。

4) 事故表述一致

调度信息、查勘信息、定损信息、核损信息、复勘信息、缮制信息对事故的描述应完全一致。

5）事故发生合理性

事故发生的时间、地点、过程、结果、损失等需符合常理、具备逻辑关系。对事故原因的分析应和事故的现场痕迹,车辆状况具有逻辑关系。

6）事故可再现性

指原则上任何一起事故根据实际情况的描述都可再现,导致的结果应与索赔的损失一致。

4. 审核保险责任

对于保险责任的审核主要有:

（1）出险时间是否在保险合同有效期内;

（2）出险地点是否在保单载明的形式范围内;

（3）出险原因是否属于投保人已投保险种的保险责任范围内,这可用近因原则进行判断,即若事故的近因属于保险责任,事故所造成的损失属于保障范围;

（4）出险驾驶人是否有驾驶标的车辆的资质;

（5）车辆使用性质是否符合保单规定、是否内审合格、车辆是否合法;

（6）是否符合保单特别约定中明示的责任、义务。

5. 审核事故损失

1）车辆损失

（1）车辆与外界碰撞物的材料构成、颜色、运动轨迹、碰撞方向、碰撞点等是否匹配,报损的项目是否确实是此次事故造成的。

（2）车辆定损项目、损失程度确定是否合理、准确。

（3）更换的零件是否按规定进行市场询价、工时确定是否符合市场情况,定损项目是否与报价项目一致。

（4）残值的处理是否合理。

2）其他财产损失

（1）通过照片及相关单证审核物损是否属于保险事故造成。

（2）财产损失金额的确定是否合理。

3）人员医疗费用

（1）费用项目是否属于此次保险事故造成,不属于保险责任范围内的项目是否已剔除。

（2）各项目费用的核定是否合理。

（3）被保险人索赔的损失费用是否与交警部门、医疗机构提供的单证一致。

4）施救费用

根据案情和施救费用的有关规定,核对施救费用金额确定是否合理、单证是否有效。

6. 审核赔款计算

（1）事故责任比例是否应用准确。

（2）免赔率使用是否准确。

（3）查勘、核损、复勘意见中指出所需加扣的免赔率是否已应用。

（4）各险种赔款理算是否准确。

7. 审核索赔人

(1) 索赔人应当为被保险人。

(2) 当索赔人非被保险人时,应持有相应的法律证明(法院判决书、死亡证明、失踪证明)或符合法律要求的被保险人委托办理索赔的授权委托书。

8. 审核支付对象

(1) 根据案件的实际情况,确认赔款支付对象无误。

(2) 原则上赔款只能支付给被保险人或法定受益人。

(3) 被保险人或法定受益人委托办理赔款的,应提供齐全的委托手续。

(4) 某些特定的情况下,收款人可以是交通事故的受害人、医院、法院等。

知识要点3　核赔中案件调查

核赔人员在审核赔案过程中,如果认为案件疑问需要进行调查,可将案件转入调查程序,调查人员按照调查流程对案件进行调查,调查完之后及时上报调查结果。案件调查要点如图2-6-3如示。

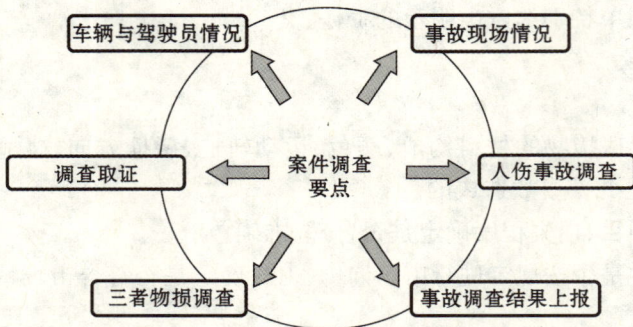

图2-6-3　汽车保险案件调查要点

1. 调查现场车辆和驾驶员基本情况

(1) 核对出险车辆的牌照号码、铭牌、车架(或车型编号)及发动机号码,与保单信息、行驶证进行核对。特别注意车架号(或VIN码)是否与保单信息相符,有无改动痕迹,确认是否为承保标的。

(2) 对于套国产品牌的进口车、改装车、特种车,要分别注明国产型号和原厂车型,对有关特征作出必要的说明。

(3) 一般车损应核对车辆的车架号,对车辆牌照脱离车体、临时牌照或无牌照的车辆、全损车、火烧车及重大案件(损失在1万元以上),必须拓印并翻拍车架号、发动机号或直接用数码相机拍车辆的车架号。

(4) 调查驾驶员情况,主要有出险时驾驶员的状态,出险时车上人数,车上其他人员的情况。

2. 事故现场调查

(1) 对照现场照片、现场草图、现场查勘报告等记录事故现场的资料,对事故现场情况进行分析调查。

(2) 核对有关痕迹、物证,分析事故的成因。

事故车辆痕迹查勘，包括：轮胎行驶印迹、刹车印迹、路面擦划痕迹、车体痕迹和附着物痕迹。其中附着物痕迹注意收集现场遗留物证，包括车辆、物品的撞击碎片、漆皮，如有可能要收集司机的遗留血样。

3. 调查取证

查找当事人和目击者，了解事故原因、事故经过、现场保护、施救等情况，对重大复杂案件和有疑问的情节，要向有关当事人和知情人调查取证，要求其在问询笔录上签名。

4. 人伤事故调查

有人伤的案件，由事故调查员向客户直接了解伤者及治疗情况，必要时可请医疗调查岗协助，由医疗调查岗通过电话向客户了解情况。

5. 三者物损调查

（1）对保险事故造成的其他财物损失，应会同被保险人和有关机构，对财物损失进行核定，按修复原状或折价赔偿。

（2）对于不能修复或一时难以修复的，可以协商折价进行赔偿。

（3）对技术性强、难度大的物品，如较难掌握赔偿标准可聘请技术监督部门或专业维修部门鉴定，切不盲目讨价还价。

（4）市政和道路交通设施：如广告牌、电灯杆、防护栏、隔离桩、绿化树等受损的，对受损财产进行丈量，清点，定损中按损坏物产的制作费用及当地市政、路政、交管部门的赔偿标准核定。

（5）房屋建筑。了解房屋结构、材料、损失状况，然后确定维修方案，最后请当地数家建筑施工单位对损坏部分及维修方案进行预算招标，确定最低修复费用。

（6）道旁农田庄稼。对受损庄稼进行丈量，在青苗期按青苗费用加上一定的补贴即可，成熟期的庄稼可按当地同类农作物平均产量测算定损。

（7）家畜、牲畜。牲畜受伤以治疗为主。受伤后失去使用价值或死亡的，凭畜牧部门证明或协商折价赔偿，公路上散养的家畜不在赔偿范围之内。

（8）车上货物及其他货品。应根据不同的物品分别定损，对一些精密仪器、家电、高档物品等应核实具体的数量、规格、生产厂，可向市场或生产厂了解物品价格。另外，对于车上货物还应取得运单、装箱单、发票，核对装载货物情况，防止虚报损失。

6. 事故调查结果上报

根据调查结果，撰写调查报告。将事故调查信息（事故原因及施救经过、事故责任划分）、被保险人承担责任的判定、本次事故是否属于保险责任、本次事故涉及承保险别在查勘系统中进行记录，对于有疑点或异常情况的要做认真详细的说明，及时上报核赔人员。

知识要点4　汽车保险赔付结案

1. 支付赔款

赔案按分级权限审批后，业务人员根据核赔的审批金额，填写《机动车保险赔款领取通知书》，并将赔案编号填写在赔款计算书上，然后通知被保险人领取赔款，并告知客户领款所需证件，之后将案卷转财务部门，理赔内勤需打印赔款收据，赔款收据加盖保险公司"理赔专用章"后案件即为可赔付状态，赔款收据转交财务部后，财务人员即可支付赔款。保险人领

笔记

取赔款时需在赔款收据上签章。

支付赔款时应按下列要求操作

（1）检查是否取得律师费、查勘费、公估费、事故处理费等费用的原始发票；

（2）向第三人支付赔款时，必须取得被保险人的委托书；

（3）被保险人是单位的，一律以转账支票方式支付赔款。支票必须填写抬头，且抬头应与被保险人名称一致。赔款收据上应加盖被保险人的公章或财务章，并同时出示领款人的有效证件（身份证/驾驶证/护照等）原件；

（4）被保险人是个人的，领赔款时必须出示有效证件，包括：身份证、驾驶执照、护照、军人证、户口本（只限于本市人口）、港澳台回乡证等能够证明自己身份的证件，并在赔款收据上签字；除被保险人外，其他代领赔款人员仅限于被保险人的直系亲属（以户口本为准），对将赔款直接划入被保险人信用卡的，领款人不作限制；

（5）代理人领个人赔款的，除必须提交本人的有效证件外（并留存其复印件）还必须出示被保险人的身份证原件（并留存其复印件），同时提交被保险人签章的委托书，电话核实被保险人；代理人领单位赔款，必须提交加盖被保险人公章的委托书；

（6）定点、合作修理厂代领赔款应严格审查。必须电话核实被保险人；必须提交被保险人签章（章）的委托书，被保险人的身份证原件（并留存其复印件），修理厂的证明和修车合同原件（并留存其复印件）。经查实有过欺诈案例的，不允许其代领赔款。

被保险人领取赔款后，业务人员按赔案编号，录入《保险车辆保险已决赔案登记信息》。

2. 单据清分

赔付结案后，应进行赔案单据的清分。一联赔款收据交被保险人；一联赔款收据、一联《机动车辆保险赔款计算书》或《机动车辆保险赔款审批表》交财务部门作为已赔付的凭证；一联赔款收据、一联《机动车辆保险赔款计算书》或《机动车辆保险赔款审批表》连同整个赔案的其他资料作为赔案卷宗。

3. 卷宗管理

理赔卷宗必须一案一卷进行整理、装订登记、保管。卷宗必须单证齐全，编排有序，目录清楚。归档案件按赔案号顺序放置，由专人保管。

知识要点5　汽车保险拒赔处理

1. 拒赔原则

拒赔案件要严格依据《保险法》、《机动车辆保险条款》有关规定处理。拒赔要有确凿的证据和充分的理由，慎重决定。拒赔前，应向被保险人明确说明原因，认真听取意见并向被保险人做好解释工作。

拒赔案件必须经分公司法律事务岗审查后，报分公司首席核赔人审批。金额较大的必须书面上报总公司审批。

2. 拒赔流程

1）立案前拒赔

（1）接报案岗人员接到报案并查阅保单信息后，对于超出保险期限、未投保险种出险等明显不属于保险责任的情形，应明确告知报案人拒赔理由。对在报案环节不能明显判断为非保险责任的案件,按正常案件受理。

（2）如报案人要求提供书面拒赔材料的,按"立案后拒赔"程序处理,出具拒赔通知书。

（3）查勘定损人员经现场查勘后,发现明显不属于保险责任的,应出具查勘报告,并在报告中注明该次事故不属于保险责任,向客户解释说明拒赔理由,让客户在查勘报告上签名确认,将相关查勘资料提交到相应权限级别的核赔人员逐级审批后归档。如与客户意见有分歧,客户拒绝在查勘报告上签名,查勘人员应谨慎处理,告知客户待将查勘资料提交公司风险控制部审核后,通知客户处理结果。

（4）查勘结束后,查勘人员应将查勘资料在一个工作日内提交到相应权限级别的核赔人员,如通过审核后暂无充足拒赔理由,按理赔正常案件流程处理。

2）立案后拒赔

立案后在理算、核赔等业务处理环节发现的不属于保险责任的案件,按核赔权限逐级审批,如审核结论为拒赔,由风险控制部签发《机动车辆保险拒赔通知书》,如通过审核后暂无充足拒赔理由,按理赔正常案件流程处理。

对拒赔案件的所有材料必须进行妥善保管,需要时补充其他有效证明材料,做好法律应诉的准备工作。

知识要点6　汽车保险追偿

在案件支付后,对需要进行追偿的案件,应进行追偿处理。保险追偿是指本身应当由第三者承担赔偿费用,而由保险公司支付赔款的,保险公司保留向第三者责任方追回已赔付赔款的权利,保险公司进行对本应第三者承担赔付赔款追偿即为保险追偿。保险公司进行追偿的方式可以是自行追偿,也可以是委托中介追偿。

汽车保险中应考虑追偿的情况

（1）在公共收费停车场车辆丢失、损伤;

（2）在物业收费的小区车辆丢失、损伤;

（3）在公路断道维修等未设立禁行标志路段出险造成车损的;

（4）非被保险人允许的驾驶员开车肇事造成车辆损失;

（5）由他人肇事引起保险车辆的损失,暂时找不到他人的;

（6）酒店代为停车发生事故;

（7）高速公路有异物引起事故造成的损失等;

（8）广告牌、建筑物掉落倒塌等造成车辆损失;

（9）新车因质量问题发生事故造成的损失;

（10）因开凿或爆炸造成保险车辆的损失。

知识要点7　汽车保险欺诈

保险欺诈是指投保人、被保险人或受益人以骗取保险金为目的,以虚构保险标的、编造保险事故或保险事故发生原因、夸大损失程度等手段,致使保险人陷于错误认识而向其支付保险金的行为。

笔 记

1. 汽车保险欺诈的形成原因

1) 社会原因

(1) 整个社会尚缺乏诚信体系和健全的监控机制。在不少人看来,保险欺诈是一种可以原谅的过错,并不是什么违法行为。

(2) 法律环境的影响。部分司法判例,出于保护被保险人的考虑,选择了有利于被保险人的证据,驳回了保险公司的拒偿主张,从而助长了欺诈者的嚣张气焰。

2) 投保人原因

(1) 投保人企图通过参加汽车保险,实现发财的目的。

(2) 投保人由于某种偶然因素的诱发,比如他人诱惑,才产生了欺诈的念头。

3) 保险公司原因

(1) 对防止保险欺诈重视不够。

(2) 保险业信息交流不畅。

(3) 承保与理赔程序不科学。

(4) 保险公司对某些已经识破了的欺诈行为处理过松。

(5) 理赔人员素质偏低,把握不住理赔关。

2. 汽车保险欺诈的主要表现形式

1) 出险在先,投保在后

指汽车出险时尚未投保,出险后才予以投保,然后伪装成在合同期内出的险,以达到获取汽车保险赔款的目的。

2) 改变用途,出险索赔

如被保险汽车,起初是按照非营运属性投保的。但在经过一段时间之后,却改变了汽车的用途,开始从事营运工作。

3) 无中生有,谎报出险

这是指投保人、被保险人或受益人,在保险期限内对并未发生的损失向保险公司提出索赔的行为。被保险人通过"制造"虚假事故、更换报废零部件、单方事故后再重新伪造双方事故、将本不属于保险索赔范围但事后制造事故骗取修理金等手段实施欺诈。

4) 编造原因、隐瞒真相

事故发生后,对于所造成的经济损失,依据保险合同,或者属于免责范围,或者需要车主本人承担的费用进行隐瞒,以骗取保险赔款。

5) 报案不实、夸大损失

是指出险汽车的真实损失很小,被保险人却故意夸大损失程度或损失项目,以小抵大,骗取赔款。

6) 二次撞击、扩大损失

是指保险事故发生后,被保险人为了获得高额的保险赔偿,放任损失的继续扩大,甚至故意扩大标的的损失程度。

7) 故意造案,骗取赔款

是指被保险人故意使投保的车辆出险,造成损失,以谋求骗取赔款的行为。

8）移花接木、混淆视听

包括以下几个方面：

（1）无证驾驶或酒后驾驶发生事故后，找具有正常驾驶资格的人顶替真实驾驶员承担责任；

（2）正常维修的车辆，换上损坏了的旧件，然后假冒原车损坏件向保险公司索赔；

（3）一辆已经定损、索赔了的车，被换上另外一辆车的牌照后，再次索赔；

（4）故意混淆事故责任比率，改变保险公司承担事故责任的比率；

9）一险多报、重复索赔

（1）一次事故向多个保险人索赔，属于重复投保；

（2）一次事故多险索赔；

（3）在一次事故中，先由事故责任者给予赔偿，然后再向保险公司索赔。

10）内外勾结、狼狈为奸

是指保险公司内部的相关工作人员与汽车修理厂相互勾结，利用被保险人因为发生小事故造成轻微损伤的标的车，通过再次碰撞的方式扩大损失；或者利用车主虽然投保了车损险，但只是前来进行例行维护的汽车进行故意碰撞，以此相互勾结，骗取保险公司的高额赔偿。

四、任务实施

任务步骤 1 拟定任务实施计划

在赔案缮制完成后，缮制人员，将赔案资料交由核赔人员审核，并在系统内上报申请核赔，待核赔的案件，将会派工给核赔人员，核赔人员需及时进行审核，保证理赔服务的质量，赔案核赔同意后，即可以进行支付结案工作。进行核赔与结案处理可按图 2-6-4 所示流程进行。

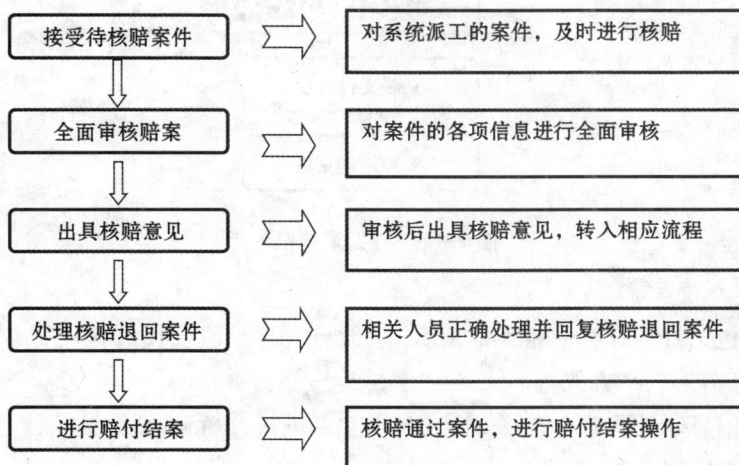

接受待核赔案件 ⇨ 对系统派工的案件，及时进行核赔

全面审核赔案 ⇨ 对案件的各项信息进行全面审核

出具核赔意见 ⇨ 审核后出具核赔意见，转入相应流程

处理核赔退回案件 ⇨ 相关人员正确处理并回复核赔退回案件

进行赔付结案 ⇨ 核赔通过案件，进行赔付结案操作

图 2-6-4 核赔与结案任务实施流程

任务步骤 2　接受待核赔案件

（1）申请、接受核赔案件派工，现代保险赔案的核赔都是使用网上理赔系统，经派工待核赔案件在保险公司的理赔系统中可以直接查看，选择核赔案件之后就可以进行核赔处理，接受任务时应认真审核相关案件信息：保险责任、事故责任、损失信息、赔款理算及缮制意见。核赔人在核赔时做到不惜赔，不滥赔，遵守法律，依照条款规定规范操作。

（2）符合条件的"立等可结"案件，接受派工后应立即处理。

（3）对于接受派工的案件，必须当日完成核赔，严格按照作业规则进行核赔作业。

（4）对于属于非保险责任案件、疑难问题案件，分别转拒赔流程和调查流程。

（5）超权限的案件需发送上级核赔岗审批。

（6）对于需追偿的案件、勾选案件，核赔结案后案件自动转入追偿流程。

任务步骤 3　全面审核赔案

开始核赔工作后，对赔案信息进行全面审核，赔案审核的信息点如图 2-6-5 所示。

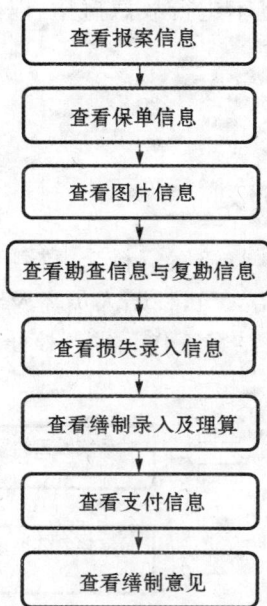

```
┌──────────────────┐
│    查看报案信息    │
└──────────────────┘
          ↓
┌──────────────────┐
│    查看保单信息    │
└──────────────────┘
          ↓
┌──────────────────┐
│    查看图片信息    │
└──────────────────┘
          ↓
┌──────────────────────┐
│  查看勘查信息与复勘信息  │
└──────────────────────┘
          ↓
┌──────────────────┐
│   查看损失录入信息   │
└──────────────────┘
          ↓
┌──────────────────┐
│  查看缮制录入及理算  │
└──────────────────┘
          ↓
┌──────────────────┐
│    查看支付信息    │
└──────────────────┘
          ↓
┌──────────────────┐
│    查看缮制意见    │
└──────────────────┘
```

图 2-6-5　赔案审核信息点

1. 查看报案信息

报案信息包括：出险时间、报案时间、出险地点、出险经过、损失程度、报案人、报案地点、出险驾驶员、报案大联系方式等。

审核报案信息时注意审核的关键点，对风险点进行分析：

1）出险时间

（1）午饭或晚饭后一小时出险可能有酒后驾车情况。

（2）半夜或非正常时间出险可能存在故意行为。

（3）出险时间距离保单到期时间较近的，可能存在故意行为。

2）报案时间

（1）出险后马上报案的，其对事故的描述可信度较高。

（2）事故经交警处理后报案，其对事故的描述可信度较高。

（3）出险后第二天报案的，其对事故的描述可信度一般。

（4）出险后 48 小时后报案的，其对事故的描述可信度较低。

3）出险地点

（1）在繁华市区出险的，作假的可能性较小。

（2）在车流量较大的道路出险的，作假可能性较小。

（3）在偏僻及可疑地区出险的，作假可能性较高。

4）报案人

（1）修理厂人员报案的，车损可能存在扩大损失的情况。

（2）保险公司业务员报案的，可能存在被指点、扩大赔偿的情况。

5）报案地点

（1）在现场报案风险较小。

（2）在修理厂报案可能存在扩大损失情况。

2. 查看保单信息

保单信息的查看主要为以下信息点：

1）车辆信息

车辆信息主要有：牌照号码、车架号码、厂牌型号、使用性质、车辆初次登记时间、核载重量（运营车辆）、核定满载人数（运营客车）。

2）承保信息

（1）保险价值与保险金额，确定是否足额投保。

（2）各险种的绝对免赔率、绝对免赔额。

（4）是否为指定驾驶员。

（5）是否在约定行驶区域。

（6）保单特别约定。

（7）此次事故是否属于投保险种的责任范围。

（8）属于玻璃单独破碎险，且以投保玻璃单独破碎险的，明确投保的是国产玻璃还是进口玻璃。

（9）出险记录超过三次，应仔细分析出险经过及出险原因，是否有骗赔可能。

3. 查看图片信息

1）车辆的验标信息

核定出险车辆是否为保单承保标的车，通过车架号、车牌号是否与保单行驶证等相关信息一致来判断，如图 2-6-6 与图 2-6-7 所示。

2）查看标的车行驶

查看行驶证上车牌号、车架号是否与保单一致，年审是否合格，如图 2-6-8 与图 2-6-9 所示。

图 2-6-6   标的车

图 2-6-7   车架号

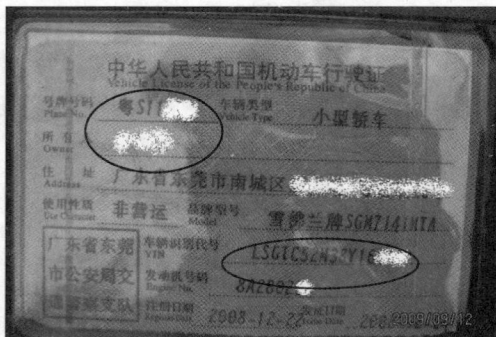

图 2-6-8   行驶证正本

图 2-6-9   行驶证副本

3）查看出险驾驶员的驾驶证

查看出险驾驶员的驾驶证准驾车型是否与标的车相符，是否按时审查，如图 2-6-10 与图 2-6-11 所示。

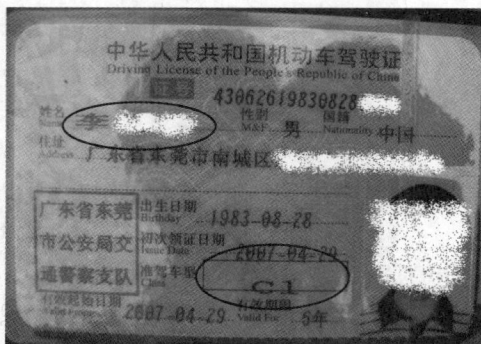

图 2-6-10   驾驶证正页

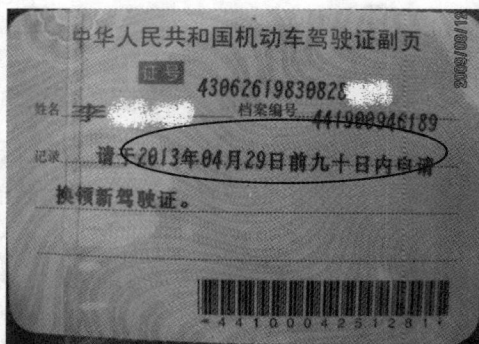

图 2-6-11   驾驶证副页

4）查看查勘、损失图片

查看标的车的损失图片，审核损伤项目、损伤程度是否与现场碰撞情况相符，如图 2-6-12 与图 2-6-13 所示。

图 2-6-12　碰撞部位

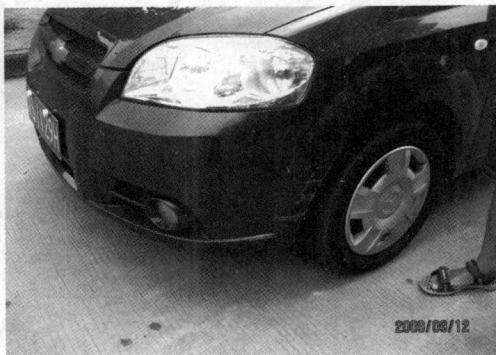

图 2-6-13　损伤部位

5）查看缮制理算图片

缮制环节应上传部分索赔单证，虽然缮制人员在缮制环节对索赔资料进行过审核，但缮制环节仅仅是对单证本身的审核，在核赔环节需核赔人员综合整个赔案情况进行审核。核赔环节各类案件的单证审核参照缮制单证的审核要求。

4. 查看查勘信息与复勘信息

（1）查勘信息是对查勘出险经过的描述与补充，是查勘人员对事故整个案件查勘意见的反映，相对出险通知书的报案信息来说，查勘信息更能反映案件的真实情况。

（2）复勘信息是复勘人员对复勘结果的反映，一般以复勘报告的形式出现。

5. 查看损失录入信息

（1）配件更换项目是否与车损一致，配件价格是否符合当地市场标准。

（2）维修项目是否与车损一致，工时费是否符合当地市场工时标准。

（3）查勘环节的损失录入是否与核损环节核定的金额一致。

6. 查看缮制录入及理算

根据案件的综合情况，审核缮制对损失的录入是否规范，计算是否正确，同时是否按要求录入与案件相关的一些信息。

1）损失录入要根据各种索赔材料，确定以下损失项目

（1）配件费；

（2）工时费；

（3）人伤赔付项目；

（4）其他财产损失；

（5）施救费用；

（6）律师费用；

（7）盗抢赔付项目。

2）审核标的车损、施救费用的录入及理算金额

3）审核三者车损、人伤、物损、施救费用的录入及理算金额。三者赔款理算时需注意商业险与交强险的关系，查看交强险是否在本公司投保

4）附加险的录入及理算金额

5）其他特殊案件的录入，比如诉讼案件、拒赔案件等

7. 查看支付信息

查看支付信息需要审核收款方是否符合要求，赔付金额是否正确，支付方式是否符合要求。

8. 查看缮制意见

缮制意见是缮制人员对案件信息的补充，应重点关注其对案件的特别说明。

9. 核赔中对保险责任的审核

1）根据完整的承保资料确定承保范围

如保单抄件、保险协议、与被保险人之间的特别约定，生效的批单等。

2）根据完整的理赔材料确定保险责任

如车辆查勘报告、定损单、责任认定书、修车发票等；事故类型是否属承保责任保险责任认定是否合理；赔偿适用条款是否准确；是否按规定进行了现场查勘，是否需进行复查。

3）正确判断保单责任

（1）事故发生在保险期限内；

（2）事故发生的地点在约定的承保地点或承保区域内；

（3）受损车辆是保单承保的标的车；

（4）受害第三方对被保险人提出的请求充分有效；

（5）被保险人对保险人提出的赔偿请求充分有效；

（6）伤者或受损财产属于承保范围且不属于免责范围，如标的车受损财产非原车所有而是后来加装的应予以剔除；

（7）正确判定被保险人的请求属于保单除外责任；

（8）正确判定被保险人未履行法定或合同义务的情况对保险责任的影响，如告知义务、危险增加时的告知义务、保护保险人追偿权的义务、防止损失扩大的义务等。

（9）判断有无代为追偿的可能，如有应报告分公司法律事务负责人。

10. 核赔时应注意的其他一些要点

（1）核赔赔案严格按权限进行，权限内可自行决定；

（2）通融赔付案件按照公司规定的流程进行并单独保存案件；

（3）应在案卷上签署核赔意见，并录入计算机系统；

（4）核赔审批应在规定的时限内完成；

（5）超权限上报审批。超过授权范围和有争议部分请示上级；通融赔款由承保部门考虑决定。

任务步骤4　出具核赔意见

对案件进行全面审核后，核赔人应当出具核赔意见。

（1）核赔同意通过的，案件将自动转入赔付结案环节。

（2）核赔中发现有信息不完整、不规范、有异议的案件，应注明原因，退回相应环节处理。

（3）对于经审核不属于保险责任的案件，做拒赔处理。

（4）怀疑有欺诈可能案件的处理。

① 对怀疑有欺诈可能的案件，应进行深入地调查，并在案卷中做详细的调查说明和结论；

② 应对已核查属实的欺诈案件做拒赔处理；

③ 如无法取证核查，也应使疑似欺诈案件的赔付损失降到最低程度。

任务步骤5　处理核赔退回案件

核赔人按照赔案审核要求进行审核，重点审核相关环节是否按照要求进行案件的处理，结合各环节的案件处理信息和承包情况综合考虑，给出最终赔付意见。如果核赔人对案件有异议，应对问题进行说明后，退回前面相应环节进行处理。前面相关环节的责任人对于退回的案件应当及时处理，处理完毕后，重新发送核赔审核。核赔人确认问题得到解决后方可核赔通过。常见的核赔退回问题及处理方式如表 2-6-1 所示。

2-6-1　常见的核赔退回问题及处理方式

常见问题	责任人	处理方式	退回用语示例
单证不全	缮制人员	补充相关单证	缺××单证
理算错误	缮制人员	重新理算	××险种计算错误
验标信息不全	查勘定损人员	上传验标信息	缺车架号（车牌）
损失项目异议	核损人员	重新核定损失项目	××更换不合理
项目价格异议	核损人员	修改价格	××价格偏高
事故真实性异议	查勘或核损人员	重新调查事故	请核查事故真实性

任务步骤6　赔付结案

核赔同意的案件可以进行结案支付，工作步骤如下：

（1）理赔内勤填写《机动车保险赔款领取通知书》，通知被保险人领取赔款，并告知客户领款所需单证；

（2）收取客户支付单证，将案卷转给财务部门；

（3）财务部门接收和审核支付单证，单证欠缺或不合格的，转收单初核岗联系客户完善资料；

（4）审核无误后，在网上车险理赔系统中录入支付信息并上传相关单证；

（5）被保险人领取赔款后，进行结案登记；

（7）进行单据清分；

（8）进行卷宗管理。

五、任务评价

按照表 2-6-2 对任务 2.6 完成情况进行评价。

表 2-6-2　汽车保险核赔与结案任务考核标准

考核项目	评分标准	分　数	学生自评	小组互评	教师评价	小　计
团队合作	团队和谐 有分工合作 组员积极参与	10				
任务方案	正确、合理	10				
操作过程	能正确审核赔案的各项信息 能够出具核赔案件 能处理核赔退回案件 能进行赔付结案操作	70				
任务完成情况	圆满完成	10				
教师签写		年　　月　　日	总　分			

六、学习拓展

选择题

（1）近因原则是判断风险事故与保险标的损失之间的因果关系，确定保险赔偿责任的一项基本原则，这里近因是指导致损失的（　　）。

A. 时间上最近的原因　　　　　　　　B. 第一个原因

C. 最后一个原因　　　　　　　　　　D. 最直接、最有效的原因

（2）下列情形中哪一种不属于盗抢险保险责任（　　）

A. 保险车辆被盗后追回，发现仅车上 CD 设备丢失

B. 因受他人诈骗但造成全车丢失

C. 保险车辆被盗后追回，但发现部分零部件需要修复

D. 保险车辆被抢劫后发生碰撞起火

（3）关于交通事故伤者评残，以下哪一种描述是正确的（　　）

A. 交通事故伤者评残应在伤者病情最严重时进行

B. 交通事故伤者评残应在治疗终结后进行

C. 当交通事故评残与劳动工伤等级鉴定同时进行时，伤残等级应以两者的高者为准

D. 伤者构成两处以上的伤残应当按累计伤残级别之和作为最终伤残等级

（4）VIN 码 1GNDM15Z8RB122003 代表的汽车生产国为（　　）

A. 中国　　　　　　B. 日本　　　　　　C. 美国　　　　　　D. 德国

（5）残疾者生活补助费、根据伤残等级、按照（　　）计算……

A. 原居住地平均生活费　　　　　　　　B. 交通事故发生地居民生活困难补助标准

C. 交通事故发生地国营同行业平均收入　D. 伤残前原年平均收入

（6）某停车场，与保险车辆相邻车辆发生自燃，由于保险公司被保险人及时发现，迅速采取措施，扑灭大火，避免了保险车辆的重大损失，此后被保险人将此消防设备消耗费用向保险公司提出索赔，该项费用（　　）

A. 属于施救费用，应予赔付　　　　　　B. 不属于施救费范围，不应赔付

C. 应根据已烧毁车辆进行比例赔付　　　D. 应该通融赔付

（7）根据目前机动车辆保险条款（A 款）规定,对于以下原因（　　）,造成的车辆损失,保险公司不承担赔偿义务。

A. 违反《道路交通管理条例》中有关机动车辆装载规定

B. 受本车所载货物的腐蚀

C. 核反应、核污染、核辐射

D. 恐怖活动、被查封

E. 减值损失

F. 地震

（8）交通事故中的财产损失一般情况下仅包括（　　）

A. 车辆、财产的直接损失　　　　　　　B. 现场抢救人身伤亡善后处理的费用

C. 停工、停业等所造成的财产间接损失

参考文献

[1] 王绪瑾,汪福安,李怡,等.保险学[M].北京:经济管理出版社,1997.

[2] 石社轩,李津津.汽车保险与理赔[M].武汉:武汉理工大学出版社,2008.

[3] 王健康,周灿.机动车辆保险实务操作[M].北京:电子工业出版社,2009.

[4] 荆叶平,王俊喜.汽车保险与公估[M].北京:人民交通出版社,2009.

[5] 李景芝,赵长利.汽车保险与理赔[M].北京:国防工业出版社,2007.

全国职业教育汽车类专业高技能人才培养论坛介绍

一、论坛介绍

全国职业教育汽车类专业高技能人才培养论坛是由中国高等职业教育汽车类专业教学委员会组织,并定期举办的汽车专业职业教育论坛。论坛旨在搭建职业教育汽车类专业交流平台,促进教学研究活动的开展,提高教育教学质量,推动我国汽车类专业高技能人才培养模式的改革和发展。

二、举行时间和地点

论坛年会将于每年 8 月份举行。每年更换年会地点。

三、论坛参与人员

政府相关主管部门领导;职业院校汽车类专业院长、系主任、教研室主任、学科带头人、骨干教师;职业教育专家;汽车相关企业专家及负责人。

四、主要议题

1. 教学交流:专业建设、培养方案、课程设置、教学改革、教学经验等。
2. 科研交流:科研立项、教改研究、教学资源库建设、立体化教材编写等。
3. 人才交流:高技能师资引进和储备、高技能人才就业与创业等。
4. 信息、资源交流:招生和就业信息、校际合作机制等。
5. 校企合作和国际交流:产学研合作机制、学生国外游学项目、教师海外进修等。

五、论文与出版物

被论坛年会录用的论文将正式出版,经专家评审后的部分优秀论文将推荐在核心期刊上发表。

六、秘书处联系方式

通信地址:上海市番禺路 951 号 505 室　邮编:200030　传真:021-64073126
联系人:张书君　电话:021-61675263
　　　　刘雪萍　电话:021-61675235
E-mail:qicheluntan@foxmail.com

七、论坛相关资料索取

请您认真填写以下表格的内容,并通过电子邮件、传真、信件等方式反馈给我们,我们将会定期向您寄送论坛邀请函、出版物等相关资料。

资 料 索 取 表

姓　名		性别		职务/职称	
院　系					
通信地址				邮编	
联系电话			传　真		
E-mail			手机号码		
院长/系主任姓名					